グローバルな物語の時代と歴史表象

『PACHINKO パチンコ』が紡ぐ植民地主義の記憶

PACHINKO

[編著]
玄武岩
金敬黙
李美淑
松井理恵

[著]
テッサ・モーリス=スズキ
鄭炳浩
姜信子
李成市
伊地知紀子
スー・ヒュー
ハン・トンヒョン
深沢潮
宮地忠彦
小薗崇明
高鮮徽
武藤優
藤野陽平
倉橋耕平
イム・ジョンス
趙慶喜

青弓社

グローバルな物語の時代と歴史表象——『PACHINKO パチンコ』が紡ぐ植民地主義の記憶

目次

第2部　『パチンコ』を読み解く

第3部　『パチンコ』と歴史表象のポリティクス

装丁――Malpu Design［清水良洋］

序章　グローバルな物語としての『パチンコ』——小説からドラマへ

玄武岩

はじめに

「Apple TV+」のオリジナルドラマシリーズ『PACHINKO パチンコ』は、在米コリアンのミン・ジン・リー(Min Jin Lee)の同名小説『パチンコ』上・下巻(日本語版:池田真紀子訳、文藝春秋、二〇二〇年)を原作として制作され、二〇二二年三月から四月にかけて第1シーズン(全八話)が配信された。ドラマ『パチンコ』は高く評価され、第1シーズン全話の公開直後に第2シーズンの制作が発表された。二四年公開の予定だ。

原作の『パチンコ』は、一九一〇年代から八〇年代にかけて、在日コリアン家族の波乱に満ちた生きざまを描いた年代記だ。植民地期朝鮮の釜山《プサン》沖にある影島《ヨンド》で労働者向け下宿を営む夫婦とその娘キム・ソンジャの物語から始まり、戦後に大阪でパチンコ店を経営するソンジャの息子、そしてアメリカ帰りの孫の世代へと続く四世代の家族を描く。彼らが生きた時代を、世代間の葛藤や価値観の違い、アイデンティティをめぐる苦悩に焦点を当てながら描き出す壮大な物語である。

『パチンコ』は、在米コリアンが英語で執筆した在日コリアンの物語である。この異色の長篇小説は、アメリカの「ニューヨークタイムズ」が選定する二〇一七年のベストセラーに取り上げられ、当時、アメリカ前大統領バラク・オバマ氏も自身の「Facebook」で推薦するなど話題を呼んだ。アメリカで最も権威がある文学賞の全米図書賞ノンフィクション部門の最終候補作品に選ばれた同書は、差別と蔑視に耐える移民の物語であり、誰もが共感できる典型的な構成になっている。これこそが多くの読者を魅了したゆえんだろう。

著者のミン・ジン・リーは、幼少期に渡米した韓国生まれの在米コリアンである。イェール大学で歴史学を学び、ジョージタウン大学ロースクールを経て弁護士になるが、その後作家に転身する。大学在学中、日本で活動するアメリカ人宣教師の講演会に参加して在日コリアンが被る深刻な差別をたまたま知り、それに自らの境遇を重ねた。『パチンコ』の謝辞には、著者が日系アメリカ人の夫の転勤によって二〇〇七年から四年間東京に滞在したこと、その際に多くの在日コリアンから話を聞き、それがきっかけで小説を書くようになったことが記されている。[1] 同書は二〇年に日本でも翻訳出版された。韓国では一八年に初版本が出ている。

時間の流れに沿って物語が進む原作とは異なり、ドラマ『パチンコ』は過去（戦前期）と現代（一九八〇年代後半）をしきりに行き来する。主人公ソンジャの幼少期から青年期までと、老年期を往復する構成になっているのである。第1シーズンが描く戦前期は、ソンジャの夫イサクが逮捕されソンジャがキムチの露天商を始める一九三八年の時点までである（原作では一九三九年）。これは『パチンコ』上巻の三分の二程度にあたる。現代を含めても全体のおよそ半分の分量だ。必然的に、在日コリアンを生成する、植民地朝鮮から帝国日本への人の「移動」が物語のなかで重要な役割を果たす。

ドラマでは、戦前期はソンジャを中心に、現代は孫のソロモンの視点から物語が語られ、二つの時間軸が交差する。この編成は、原作の、時間軸に沿った年代記的な叙述よりも家族が生きる時空をいっそう密接に絡める。ソンジャとソロモンが選択を迫られる場面を「交差」させて描くことが、切っても切れないソンジャとハンスの執拗な「因業」という新たな物語要素を創出するのである。植民地出身女性のソンジャと、アメリカで大学を出て投資銀行に勤めるエリート青年ソロモンの価値観はたびたび衝突する。それにもかかわらず二つの時空を生きる家族がやがてどのように結び付くのか、その来歴は第1シーズンでは十分に明かされない。それでもソンジャとソロモンが生きる二つの時空が、苦難と差別に耐えて生きてきた四世代にわたる家族の宿命によって連続していることは示される。

こうしたドラマ『パチンコ』の展開を踏まえて、原作全体の半分にあたる第1シーズンを理解する手助けになるよう、次節では移動・交差・因業の三つをキーワードに、ストーリーの時間軸をざっくり整理して解説する。

1　ドラマ『パチンコ』の世界——移動・交差・因業

植民地朝鮮から帝国日本への移動

主人公のキム・ソンジャは、貧しい労働者に寝食を提供して生活の糧を得ている下宿屋の一人娘。母ヤンジンと体が〝不自由〟な父フニは三人の赤ん坊を一歳にも満たないうちに立て続けに亡くした末、ソンジャを元気に育て上げる。フニは娘に格別の愛情を注ぐが、まだ幼いソンジャと妻を残して病死する。ソンジャは成長し、同じ年頃の姉妹の使用人とともに母の下宿業を支えるようになる。釜山の海産物市場を巡回する高圧的な巡査にもひるまないソンジャの凛とした姿を、鮮魚仲買人のコ・ハンスは遠目に眺めている。

端整な顔立ちですらりとしたスーツ姿のハンスは、朝鮮人でありながら権力者の日本人の上に立っている名士だ。一人は経済力で一人は気概でそれぞれ統治権力に立ち向かうハンスとソンジャは引かれ合い、子を授かる。ハンスは、自身の権力の源である暴力団の娘との間に三人の女の子をもうけていた。しかし妻に愛情はなく、家族の面倒をみるかわりに愛人になるようソンジャに迫る。それを拒否したソンジャを待ち受けていたのは、未婚のシングルマザーに伝統社会が刻印する不名誉と侮蔑だった。

ソンジャと母に救いの手を差し伸べたのが、キリスト教伝道師として平壌《ピョンヤン》から大阪に向かう途中にソンジャの下宿屋に立ち寄ったペク・イサクだ。結核に倒れ死にかけたイサクをソンジャ母娘は懸命に看病した。療養中、母娘の絶望に気づいたイサクは日本への同行をもちかける。イサクはソンジャが身ごもった子を育てることが神の意志と考え、二人は夫婦の契りを結んで渡日する。ようやくたどり着いた大阪駅で、イサクの兄ヨセフに迎えられる。イサクとソンジャはヨセフが暮らす生野／猪飼野へと向かう。そこはきらびやかな都会とは対照的に、場末の暗くて汚い、済州島《チェジュド》の方言が飛び交う朝鮮人の街だ。

弟の決意をたしなめるヨセフをよそに、その妻であるギョンヒは肩身の狭いソンジャにも親切に接した。ソンジャはハンスから受け取った懐中時計を質屋で処分し、自らの渡航費のためにヨセフが背負った借金を返済しようと考える。そのためにソンジャとギョンヒは高利貸し業者に足を運ぶが、ヨセフはそれさえ気に食わなかった。家族への責任感が強い分、家父長主義を剝き出しにするヨセフにソンジャは翻弄される。しかし子が生まれると、ソンジャはヨセフに生まれてきた子の作名を委ねた。ヨセフはソンジャの子に新たな世を開く人という意味を込めてノアと名づける。その後、ソンジャとイサクの間にも次男モーザスが生まれる。

交差する戦前期と現代

一九八九年、東京。ニューヨークの投資銀行に勤めるペク・ソロモンは昇進が見送られると、上司に自分は在日コリアンだと告げる。それだからこそ自分は日本で事業を滞らせている在日コリアンとの契約に力を発揮できるとアピールしたのだ。そしてソロモンは東京の支社へ飛ぶ。父が経営する大阪のパチンコ店に立ち寄ったソロモンを、父モーザスは固く抱擁する。実家では老年のソンジャが笑顔で孫を迎える。ソロモンが韓国語に長けているのは、早逝した母（原作では事故死するユミ）にかわってソンジャに育てられたからだ。

食事の支度を手伝うソロモンとソンジャが対話する場面で、二人の間の溝があぶり出される。この溝は、世代間の価値観の間隙だが、二人には過去にこだわることを不毛に思う共通点もある。頂点を目指すソロモンにとって、出世は家族、ひいては民族という〝重力〟に逆らってこそ手に入れられるものである。ソンジャは故郷に背を向けて生きてきた。そのソンジャに、ソロモンはハン・グムジャという人物を説得するために同行してほしいと頼む。ハン・グムジャはホテル建設予定地内に住んでいて、自家の売却を拒んでいるのだ。在日一世の苦労について語るグムジャを前に、ソロモンの思惑はあっけなく頓挫する。ところが後日、グムジャから居住地の売却に同意するという連絡が入り、ソロモンの会社は祝賀ムードに包まれる。

ソロモンが手柄を立てるときがきた。会社の役員一同、礼儀を尽くしてグムジャを迎えて契約書を差し出した。契約書に目を通すグムジャは、日本で受けた差別と住居を手に入れるまでの苦労を語り、韓国語でソロモンに次のように問いかける。「あんたの祖母（略）の悲痛に満ちた血が、その一滴一滴の血がサインするのを止めたとしたら？　〝サインしろ〟と言うの？」。ソロモンがうなずけばサインはすぐにされただろう。ところがソロモンは何かに取り憑かれたように、〝サインしないで〟とつぶやく。すると突然場面は切り替わる。時間は戦前期に飛び、ソンジャらが乗船した関釜連絡船の徳寿丸でオペラ歌手が突如パンソリ（伝統芸能）を歌いだして自決する場面になる。このシーンは、明らかにソロモンが出世を投げ打って、マイノリティとして生きてきた在日コリアンのアイデンティティに目覚める瞬間を表している。

土壇場で契約を台無しにしたソロモンの選択は、彼の人生を左右する転換点だった。ソロモンは解雇されただけでなく、アメリカビザまで打ち切られる羽目になる。会社を飛び出したソロモンは吹っ切れたかのように、幼なじみの大蔵省官僚を感心させ「お前も俺たちと大して変わんねえよ」と言わせたブランドもののネクタイを投げ捨て、マイノリティとして生きることを象徴するように螺旋階段を駆け下りる。その姿は、かつてソンジャがハンスの愛人になって「自分を半分に割って生きる」ことを拒み、徳寿丸の船底へと階段を下っていった姿をほうふつとさせる。ソンジャは船底への階段を下り、出稼ぎにいく労働者らとともに日本に渡った。ソロモンの選択がかつてのソンジャの選択と同じものであることを、ドラマは視覚的に表現する。老年のギョンヒが息を引き取る間際、「他の道を選んだなら、どんな人生になったか想像してみたことはない？」とソンジャに問いかけているが、ソロモンもまた人生の岐路に立たされていたのである。

グムジャに感化されたのはソロモンだけではない。ソンジャも同じだった。グムジャの家でごちそうになったご飯の舌触りは、ソンジャが日本にたつ前日、母ヤンジンがかろうじて手に入れて炊いた白米を思い出させた。ソンジャは故郷に帰りたかったという無念を残して逝ったギョンヒの遺骨を故郷へ持ち帰ると言いだして、モーザスに連れられ釜山に向かう。釜山の海岸にたどり着いたソンジャは海に飛び込み、雨に打たれながら泣き叫ぶ。場面が切り替わり、ソロモンはスーツの上着を脱ぎ捨てて、降ってきた雨に打たれながら路上ライブのリズムに乗って踊り始める。ともに雨に打たれている二人は水のメタファーで結ばれて〝民族的主体〟へ回帰するのである。

水のメタファーはイサクを描く際にも用いられる。イサクは女性信者に息子を説得してほしいと頼まれる。しかしイサクは体制への不満を口にする若者に共感してしまう。そのイサクが、ヨセフに「我が子には自分の輪郭を意識しながら持てる力を尽くして堂々と生きてほしい」と吐露する場面も雨に降られているのである。スーツを着ていると現実がみえないと信者の息子に言われたことが心に突き刺さったイサクは、それ以降スーツを身につけなくなる。若者の訴えに動揺するイサクの姿は、ソロモンに向かってハナが警告する場面と行き来しながら描かれる。スーツが象徴するものは、ソロモンに向かってハナが警告する次の台詞《せりふ》に端的に表れる。「あんたはなんぼ高い服着てもええ学校出ても日本人にはなられへん」

むろん、ソロモンにとって現実は甘くない。グムジャの気持ちを汲み取ったソロモンをソンジャはいたわり、孫の選択を何度も苦難を乗り越えてきた自らの経験に重ねた。しかし現実を受け止められずにいる孫と祖母はすれ違ったままだ。もっとも先述したように、戦前と現代という二つの時空を生きる家族の歴程は、第1シーズンではまだ断絶しているようにみえる。それでも、ここでは四世代にわたって苦難と差別に耐えた家族の隔世遺伝的な連続が見て取れる。例えば次のような場面である。

戦前期に政治権力によってイサクが理不尽に逮捕されたこと（および死に至ったこと）がもたらす家族の別れ

は、現代ではモーザスの内縁の妻エツコの連れ子であるハナが、当時恐れられたＡＩＤＳ（後天性免疫不全症候群）に感染して病死することによる家族の離別として繰り返される。また、大阪でソンジャらを救った懐中時計は、呪縛のように祖母から失意の孫へと手渡される。ハンスが幼いノアに預けた懐中時計をソンジャが所持するに至る経緯は、ノアの運命とも絡んでいるにちがいない。その運命の行き着くところは、いまのところ、病床のハナに「もう一人息子がおった。でも私があの子の人生をめちゃくちゃにしたせいで、逝ってしもた」と告白するソンジャの悔恨から推察するしかない。

こうしたソンジャ一族の歴程の空白を埋めるようにして、過去と現代、ソンジャとソロモンの青年期は、抗いがたい逆境に屈することなく自らの力で活路を開く意志によって結ばれている。しかし、その先にはハンスの影が揺らめいている。ドラマの冒頭、父のパチンコ店に立ち寄ったソロモンは、テレビで不正会計の疑惑を追及されるヨシイ・マモルが祖父について言及するのを見て、「祖父って誰や」とけげんな顔をする。「とっくに死んであの世に行った人間や。俺らには関係あらへん」と真顔になるモーザスは、息子に会わせようと呼び寄せたゴトウ（原作ではモーザスのかつての社長）と意味深長な視線を交わす。このシーンは、今後ソンジャとハンス一族の因業が波乱をもたらすことを暗示している。

因業にもがくソンジャ一族

コ・ハンスは外国人居留地がある横浜で暮らしてアメリカ行きの夢を膨らませていたが、関東大震災に巻き込まれて父を亡くす。その経験を経て現実主義・実力主義の申し子となってソンジャの前に現れる。そこに至るまでの心理的な変遷を第七話が描いている。第1シーズン全八話のうち、第七話だけが原作にないエピソードだ。つまり、『パチンコ』の制作者は、在日コリアンの歴史を描くにあたり、関東大震災の際に朝鮮人が虐殺された悲惨な事件をなんとしても盛り込まなければならないと考えたのだ。

済州島からやってきたハンス親子が暮らす一九二三年の横浜。暴力団のもとで賭場の会計を担当する父は、芸妓に溺れて賭場の資金に手を出す。それが発覚して親分のリョウイチにとがめられた矢先に地が揺れだした。崩壊した建物のがれきに押しつぶされ絶命した父を残して、リョウイチとハンスは混乱する市街地から郊外へと逃れる。途中、リョウイチ一行は朝鮮人が暴動を起こしたという噂を耳にする。

不吉な予感が的中し、リョウイチは追いかけられた朝鮮人らが駆け込んだ納屋に自警団が火を放つのを目撃する。事態の深刻さを察したリョウイチはハンスをかくまって命を助ける。幸い妻子と再会し、ハンスを家族に紛れ込ませて手下に置くことにしたのだ。命が危ぶまれるハンスに選択肢はない。やがて暴力団の婿になるのだろう。

リョウイチが展開する事業の責任者として釜山に派遣されたハンスは、そこでソンジャと出会う。日本では厳しい生活が待ち受けているという警告を無視して、自分の子を宿して渡日するソンジャをハンスは放っておかなかった。いずれソンジャが懐中時計を質屋で処分することを見込んで、要求される売り値で買い取るよう質屋の店主に手を回した。正体こそ明かさなかったものの、登校する小学生のノアに近寄って声をかけてもいる。

時を経て、十四歳のソロモンがハナの悪巧みで万引き犯にされ警察署に連れていかれるという事件が起きる。この際、「権力者の友達」のはたらきかけでソロモンは放免されるが、このことにもハンスが絡んでいることは容易に想像できる。苦境に陥ったソンジャを陰ながら支えるハンスとの因縁がソンジャ一家に悲劇をもたらすことは、先のソンジャの告白と、「いい子に育ったノア兄さんはどうなった」とモーザスに責められて、ソンジャが「ソロモンをノアと同じような目には遭わせない」と答える、その覚悟が暗示する。

解雇されアメリカに戻れなくなったソロモンは、不動産開発業者のヨシイ・マモルに誘われてパチンコ事業に取り込まれていく。「じいさんと孫は同じ血を分けとんねん」と言って、絶縁したはずのヨシイ・マモルと関わることにモーザスが断固反対していることから、マモルとハンスとの関係が推察できる。マモルはソロモンに向かって互いに共通点が多いと語る。「共通点」は、二人ともアメリカ留学の経験があるということだけではないだろう。

一方、教会で信者たちに反戦を説くようになったイサクは、密告されて警察に捕らえられる。ソンジャにとって、善良な牧師である夫の逮捕は理解を超えていた。弟の無実を訴えるヨセフまでが「非国民」扱いされ職を追われると、ソンジャは母に譲られた指輪を売って工面したわずかの元手でキムチの商売を始める。冷たい視線を向けられ罵声を浴びながらも、被差別部落出身であることをほのめかす豚肉露天商の好意にも助けられ、ソンジャは心を奮い立たせて声を張る。その姿を俯瞰して第1シーズンは終了する。

ドラマは最後に、在日コリアンの歴史を説明するテロップを流す。それに続いて、高齢の在日一世の女性を登場させて、彼女たちこそが多くのソンジャであることを物語る。

2　『パチンコ』は誰の物語なのか

『パチンコ』の新しい物語スタイル

苦難に耐えて激動の時代を生きる在日コリアンの女性に焦点を当て、壮大なスケールで四世代にわたる在日コリアンの家族史を描いた小説や映像作品は多くない[2]。『パチンコ』は新しいスタイルの物語である。ここで問わなければならないのは、『パチンコ』の新しいスタイルはどのようなものか、そうした新しさをもたらすのは何か、さらにこれらの物語がその舞台である日本と韓国、ならびに当事者である在日コリアンに与えるインパクトはどのようなものかである。

世界の視聴者をターゲットにする『パチンコ』は、植民地主義の被害者の物語でなく、必然的に資本主義の暴力構造に巻き込まれる移民の物語になる。世界中の人々の共感を呼び起こすには、在日コリアンの特殊性よりも移民の普遍性に焦点を当てるのが得策なのだ。そして政治的・社会的苦境に立ち向かっていく主人公らの生きざまは、その舞台になる日本や韓国でも従来の歴史ドラマが植民地支配下の朝鮮を描いてきた表象戦略を揺さぶっている。

詰まるところ、『パチンコ』の新しさは、このドラマが誰の物語なのかという問いを日本や韓国、そして在日コリアンの視聴者に投げかけていることである。グローバルなメディア環境での生産・消費のスタイルのなかで『パチンコ』が駆使する表象戦略は、国民国家の枠組みで制作されるドラマの規制を無化する。そのことが日本や韓国のアイデンティティを揺さぶるのだ。すなわち『パチンコ』現象は、表象・生産・消費・規制・アイデンティティという五つの「文化の回路」を縦横するようにして作動している(3)。

『パチンコ』は、植民地支配下の在日朝鮮人コミュニティーの暮らし、在日朝鮮人が多く居住する大阪・猪飼野の風景、朝鮮人労働者の動員、関東大震災での朝鮮人虐殺、特高（特別高等警察）による在日朝鮮人の監視など、海外の視聴者にとっては目新しい光景を丹念に映像化している。また、老年のソンジャは釜山で下宿屋の使用人だったボクヒに再会するが、ボクヒの回想は、日本軍「慰安婦」の動員を示唆する。ドラマ全編にわたって日韓の近代史を映像化し、日韓相互の歴史認識の違いを示す諸問題が全世界に同時配信されることは、グローバルなメディア現象の新たな一幕である。

これらの出来事の表象は現在の日韓の歴史認識の問題とも絡んでいるが、それが韓国や日本でなく、アメリカで制作され、OTT（オーバー・ザ・トップ）というインターネット動画配信サービスを通して世界で流通することに特徴がある。『パチンコ』は、「Netflix」など動画配信サービスが提供するドラマや映画が世界中の人に共感をもたらすことを明らかにした。ところが、物語が植民地期朝鮮からスタートしているために、日本ではいまひとつ知名度が上がらず、公開当初から話題になった海外との温度差を感じさせる。そもそも戦後の人の移動が植民地主義と切り離され、移民研究がその断絶を隠蔽してきたことが顕著な日本で、在日コリアンは移民の物語の普遍性に位置づけられることすらない(4)。

いうなれば、OTTがメディアを牽引する時代の歴史的リアリティーは、日韓間の歴史認識問題の再考を迫っているのである。こうしたグローバルな物語とローカルな物語の間の緊張があぶり出すのは、ドラマが不調に終わった日本での歴史認識のありようだけではない。『パチンコ』がブームになった韓国でも、視聴者は国内の番組に比べて「悪辣」とはいえない帝国日本の統治権力にもどかしさを感じるのではないか。韓国で制作されるいわゆる「植民地もの」とはずいぶん異なる植民地時代の描き方が違和感をもたらすのである。日本軍「慰安婦」について明確に表象しなかったことについても不満が残るだろう。

グローバルとローカルのはざま

日本や韓国の視聴者が『パチンコ』に違和感を覚える一方で、在日コリアンは自らの歴史が丹念に描かれていることに感心しながらも、ドラマ的効果を狙ったアイデンティティの単調な描写に首をかしげるかもしれない。孫のソロモンが出自について覚醒する場面にみられたような普遍性に訴えるドラマ的効果は、在日のアイデンティティを単調に描写することで劇的に際立つ。こうしたアイデンティティの表象は、『月はどっちに出ている』（監督：崔洋一、一九九三年）や『GO』（監督：行定勲、二〇〇一年）など、在日文学や在日コリアンが主人公となる映画の自己表象に比べれば、平板なアイデンティティ論に寄りかかっていることが明らかだ。

原作『パチンコ』が登場するはるか前から、在日の作家や知識人がこれらの問題と格闘してきたことを思えば、人種や文化的な境界に限定された小説を書くことに興味がないミン・ジン・リーの作品が新境地を開拓するものでないことは明らかだ。[5]さらに、キムチ露天商に打って出るソンジャの勇気と決断を際立たせるため朝鮮人からも疎まれているように描かれるソンジャの窮状が、当時の猪飼野朝鮮市場の雰囲気と釣り合わないなど、『パチンコ』は歴史文化的リアリティーに問題があると指摘される。[6]こうした評価によって、同作は「日本を舞台にした在日ファミリーの物語でありながら、なにか遠い国のお話のよう[7]」に読まれるのだろう。ドラマ『パチンコ』も受け継いでいる問題だ。

移動する人々の物語が世界のディアスポラの共感を誘うことはできる。ドラマの最後に登場する在日一世の女性たちは、これまでも在日の監督による映像に繰り返し登場してきた、なじみ深い存在だ。多くのソンジャたちの物語である『パチンコ』が世界中の人に与えたのは、過酷な植民地支配を耐え抜いた「対立する民族間の問題」への関心だったり、ディアスポラとして流転する「移民たちの物語」への共感だったりする。[8]だが、そのヒューマニズムの主張は、普遍主義がしばしばそうであるように、その具体性と植民地主義を覆い隠してしまう恐れがある。[9]

在日の物語がインターネット動画配信サービス経由で世界配信されることは、在日コリアンの人々にとって、苦難の近現代史を生き抜いてきた自らの存在を、グローバルに向けて発信する画期的な出来事であるにちがいない。それは同時に、グローバル資本によって生産された物語が、全世界の視聴者をターゲットにして語られる場合、在日コリアンが移民や移住者としてグローバルな文脈に置き直されることでもあった。

それでも、ソンジャたちの家族史を苦難と差別に立ち向かう移民のグローバルな物語と捉えて普遍性を追求する姿勢が、説得力がある独自のナラティブをソンジャに付与し、そうすることで、〝オモニ〟として表象される韓国人女性の典型的なパターンに収まらない〝女〟の歴史を描くことを可能にしたのではないか。[10]具体性の物語を捨象した女性の表象に対する異議申し立てともいうべき戦略がそこにはある。在日の文学や映像表現は、グローバルとローカルの緊張のはざまで、どのように女性の物語として俯瞰的に家族を表象できるのか問われている。

3 「記憶と和解」のポリティクス

『パチンコ』が提起した映像コンテンツの表象をめぐるポリティクスは、歴史認識の領域にも及んでいる。「これは日本人を糾弾する小説ではない」と原作『パチンコ』日本語版の解説者は力説するが、[11]ドラマ『パチンコ』が日本で不調に終わった背景には、「反日」の要素が視覚的に映像化されることで、小説以上に「反日」として受け止められたことがある。国民国家が描く物語とグローバル資本が欲する物語とのずれをあらわにした先駆的な作品を受け入れる土壌が、日本には、とくに植民地支配を表象する様式としては、まだ定着していない。『パチンコ』で表象される植民地支配の実態ばかりに注目する韓国の消費パターンも、短絡的であることに変わりはない。こうした受容の仕方は、文学研究者のデイヴィッド・ロが小説『パチンコ』について示した視点とは相いれないだろう。つまり、道徳的にも民族的にも常に緊張がはたらく小説『パチンコ』は、必然的に過酷な植民地支配の記憶や差別の現状を浮き彫りにするが、どちらかの側への擁護を拒否することで逸脱した規範から復元する物語構造をとおして還元的システムを暗に批判している[12]。ここで「還元的システム」を、加害／被害の対立構図と言い換えても差し支えないだろう。東アジアの文脈では、『パチンコ』の歴史表象を都合よく活用しようとする力学が依然として作動している。

　歴史認識が商業主義を通して大衆文化として消費される歴史修正主義の時代にわれわれは生きている。日本の戦争責任の問題解明を担ってきた専門家の研究やジャーナリストの映像作品に裏付けられる学知は、こうした言説空間ではファクトチェックの機能をあまり果たせていない。それどころか、情動的な主張を展開する歴史修正主義の組織的な動きは、「戦後五十年」に向けて表明されて一定の共感を引き出した歴史認識のコンセンサスを掘り崩している。

　歴史修正主義の組織的な動きが幅を利かせていることは、学知と社会の間隙がますます乖離していることを意味するだけではない。今日では、学知そのもののありようが問われている。二〇二〇年以降、日本軍「慰安婦」制度や関東大震災での朝鮮人虐殺を正当化し、在日コリアンや沖縄、被差別部落など日本のマイノリティのネガティブなステレオタイプを助長する、ハーバード大学ロースクールのジョン・マーク・ラムザイヤー教授が発表した一連の論文[13]が学術的な基準を満たしていないとして批判された。ここには、学知そのものが歴史修正主義に取り込まれている状況が見て取れる。

　このように学知と社会の間隙がますます乖離する時代に、加害／被害の対立構図を超えて、東アジアでは互いに共感できる歴史／物語をいかにして築き上げることができるのか。その意味で、様々な分野の専門家が時代考証にコミットした『パチンコ』は、アカデミズムとジャーナリズムが連携する「良質な物語」といえる。[14]『パチンコ』が、ラムザイヤー論文の差別的で植民地主義的な歴史認識を相対化し、世界のスタンダードとなる知のフレームを形成することに寄与することも大いに考えられる。

東アジアでの植民地主義の記憶を表象するドラマ『パチンコ』は、歴史とフィクションのはざまをくぐり抜けて、グローバルな物語として対話を促す可能性を秘めている。『パチンコ』は、『反日』の著者レオ・チンがいうように、「反日」として表れる感情の政治が「日本の若者が脱植民地過程への出発点としてアジアと向き合うために」[15]重要な言説になると期待して、『パチンコ』を絡まり合う歴史を考える手がかりにすることもできるはずだ。なぜなら、「反日」は、アジアの人々が植民地支配に対する日本の歴史的責任について「呼びかけ」ようとする試みであるからだ。

そうだとすれば、イギリスの文化理論家スチュアート・ホールの言葉を借りれば、『パチンコ』はまさに「「呼びかけ」ようとする試み、語りかける試み、特定の言説の社会的主体としてのわれわれの場所に招き入れようとする試みをする言説・実践」である。その視聴者は「主体性を生産し、「語りかけられる」ことのできる主体としてわれわれを構築するプロセスとの出会いの点」に立っている。[16]そこで『パチンコ』の視聴者は不安定になるかもしれない。自ら「不安定」な位置に立つことは、他者が感じる隔たりを想像することと同じだが、そうした隔たりを超える理性と想像力だけが、和解と連帯に内実をもたらすのだ。[17]

そして『パチンコ』に「語りかけられる」ことができる「記憶と和解」のポリティクスが、加害／被害の対立構図という還元システムを相対化することができる。もっとも、戦前期のイサクと現代のハナの死というかたちで反復する家族の別れは、単に苦難が繰り返されることを示すのではない。イサクの逮捕は朝鮮人と日本人運動家を連帯させ、またハナの闘病は在日家族の哀れみを呼び起こす。「元植民者と元被植民者との親密性」[18]（レオ・チン）によって逸脱した規範から復元するのだ。『パチンコ』は理不尽で不可抗力な苦難に立ち向かう「親密性」の物語でもある。

おわりに

「Netflix」に代表されるグローバルなメディア市場でのコンテンツのあり方は、国民国家が生産する物語とグローバル資本が生産する物語の間にずれを生じさせ、歴史的リアリティーについての問いを提起している。『パチンコ』は、これまで当該地域の歴史的・文化的な表象空間で国内に向けて生産されてきた物語が、グローバル資本によって生産されることで、その歴史的・文化的な文脈から逸脱して新たなメディア・コンテンツになることを指し示している。このことは、映像表現の歴史的リアリティーにしても東アジアの歴史認識問題にしても、今日ではもはやアメリカの「ソフトパワー」を抜きにしては考えられないことをわれわれに突き付けている。

ただしこのことは、グローバルなメディア・コンテンツの唯一の勝者がアメリカであることを意味しない。ミン・ジン・リーは『パチンコ』のドラマ化にあたって白人俳優ではなくアジア系の俳優が出演することにこだわったという。この条件を受け入れたのが「Apple TV+」だった。ただし、コリアン系アメリカ人であるエグゼクティブ・プロデューサーのスー・ヒュー（Soo Hugh）は、『パチンコ』は「コリアンの物語を伝えようとした作品ではあるが、グローバルな物語[19]」であると公開前のプレスカンファレンスで強調している。

第九十五回アカデミー賞で監督賞・脚本賞など七部門を制した『エブリシング・エブリウェア・オール・アット・ワンス』（監督：ダニエル・クワン／ダニエル・シャイナート、二〇二二年）をめぐって政治学者の姜尚中が語るように、この圧倒的な偉業が、「アジア的なるもの」を消費する、新手の、手の込んだ表象の創造といえなくもない。しかし『パチンコ』もまた、アメリカ内部の変化を反映する、「アジア的なるもの」がハリウッド的なエンターテインメントのなかに溶け込んでいる主要なテクストであることは間違いない。[20]『パチンコ』を読み解けば、歴史のリアリティーは誰に向けて、どのように構築されるのか、東アジアで歴史表象がグローバル化する様態をつかむことができる。
本書は、ドラマ『パチンコ』をその表象と生産・消費・規制・アイデンティティという五つの「文化の回路」から考察することになるだろう。グローバルなコンテンツの生産と流通が日常的におこなわれる今日の状況に鑑み、これらの表象が消費されるスタイルに照準を合わせる。そして、従来の規制を飛び越してアイデンティティに再考を迫るドラマ『パチンコ』を読み解くことで、東アジアでの歴史対話とコミュニケーションの新たな可能性を探りたい。

注

(1) ミン・ジン・リー『パチンコ』下、池田真紀子訳、文藝春秋、二〇二〇年、三四九ページ
(2) 浮葉正親「ミン・ジン・リー『パチンコ(上)・(下)』に見る「在日」の世界」「抗路」第八号、抗路舎、二〇二一年、三六ページ。浮葉正親は、年代記的な手法で家族の物語を描いた小説として、金蒼生『風の声』(新幹社、二〇二〇年)と深沢潮の『海を抱いて月に眠る』(文藝春秋、二〇一八年)、同『李の花は散っても』(朝日新聞出版、二〇二三年)を挙げている。
(3) ポール・ドゥ・ゲイ/ステュアート・ホール/リンダ・ジェーンズ/ヒュー・マッケイ『実践カルチュラル・スタディーズ――ソニー・ウォークマンの戦略』暮沢剛巳訳、大修館書店、二〇〇〇年、八ページ
(4) 伊豫谷登士翁「移動経験の創りだす場――東京島とトウキョウ島から「移民研究」を読み解く」、伊豫谷登士翁/平田由美編『「帰郷」の物語/「移動」の語り――戦後日本におけるポストコロニアルの想像力』所収、平凡社、二〇一三年、三二〇ページ
(5) David S. Roh, *Minor Transpacific: Triangulating American, Japanese, and Korean Fictions*, Stanford University Press, 2021, pp. 125-130.
(6) 林浩治「パチンコという表象――アメリカでベストセラーになった、ドラマティックな在日朝鮮人三世代の物語」

「図書新聞」第三千四百七十号、武久出版、二〇二〇年、六ページ

（7）斎藤美奈子「世の中ラボ（百二十八）新世代の在日文学を読んでみた」「ちくま」二〇二〇年十二月号、筑摩書房、一九ページ

（8）中村和恵「隣人とわたし――『パチンコ』とジュリー・オオツカ、移民たちの物語」「群像」二〇二〇年十一月号、講談社、二九六ページ

（9）レオ・チン『反日――東アジアにおける感情の政治』倉橋耕平監訳、趙相宇／永冨真梨／比護遥／輪島裕介訳、人文書院、二〇二一年、二三七ページ

（10）ドキュメンタリー映画ではあるが、在日コリアン女性を主人公にした作品として、いずれも二〇〇四年に製作された『海女のリャンさん』（監督：原村政樹）、『花はんめ』（監督：金聖雄）、『ＨＡＲＵＫＯ ハルコ』（監督：野澤和之）などが挙げられる。これらの作品の主人公の女性は独自のナラティブを付与されていない典型的な〝オモニ〟として描かれる。一方、ヤン ヨンヒ監督の『スープとイデオロギー』（二〇二一年）は、これまでのヤン作品では後景に追いやられていた母を主人公にして、母と娘の女同士の対話を完成させた作品である。大阪に生まれ、終戦直前に大空襲のため済州島に疎開した康静姫《カンジョンヒ》の、四・三事件に巻き込まれて婚約者を失った過去が語られる。これは、〝女〟として初恋の思い出に居場所を与えることであり、この作品は『パチンコ』に通じる女性の物語になっているといえる。同作は、同監督の『Dear Pyongyang ディア・ピョンヤン』（二〇〇五年）と『愛しきソナ』（二〇〇九年）と合わせて在日家族の年代記を構成する。

（11）渡辺由佳里「解説」、前掲『パチンコ』下所収、三六一ページ

（12）Roh, *op. cit.*, p. 134.

（13）ジョン・マーク・ラムザイヤー「社会資本と機会主義的リーダーシップの問題――在日コリアンの事例」（J. Mark Ramseyer, "Social Capital and the Problem of Opportunistic Leadership: The Example of Koreans in Japan," *European Journal of Law and Economics*, 52(1), 2021.）

（14）辻田真佐憲「歴史に「物語」はなぜ必要か――アカデミズムとジャーナリズムの協働を考える」、前川一郎編著、倉橋耕平／呉座勇一／辻田真佐憲『教養としての歴史問題』所収、東洋経済新報社、二〇二〇年、一九五ページ

(15) 前掲『反日』二三二ページ
(16) スチュアート・ホール「誰がアイデンティティを必要とするのか?」、スチュアート・ホール/ポール・ドゥ・ゲイ編『カルチュラル・アイデンティティの諸問題――誰がアイデンティティを必要とするのか?』宇波彰監訳・解説、大村書店、二〇〇一年、一五ページ
(17) 重田園江『隔たりと政治――統治と連帯の思想』青土社、二〇一八年、一七七―一八二ページ
(18) 前掲『反日』二〇六ページ
(19) 「「パチンコ」製作陣に韓国系アメリカ人が多数…「移住民のアイデンティティを扱った」」「聯合ニュース」二〇二二年三月十八日(韓国文)(https://www.yna.co.kr/view/AKR20220318102000005)[二〇二三年十二月六日アクセス]
(20) 姜尚中『アジアを生きる』(集英社新書)、集英社、二〇二三年、四―五ページ

第1部　国際シンポジウムの記録

PACHINKO

第1章　基調講演『パチンコ』と在日コリアンの「社会資本」

――歴史とフィクションのはざま

テッサ・モーリス＝スズキ

はじめに

「すべての歴史はフィクションである」（“All history is fiction”）。十九世紀以来、このフレーズは英語圏の歴史学の議論で何度も引用され、何度も討論の対象になってきました。今日の発表で、私は歴史とフィクションの間にどのような関係があるかを考えたいと思います。この五年の間に、英語圏では在日コリアンの歴史に関するいくつかの作品――小説、テレビドラマ、学術論文など――が話題になっています。今日の発表では、その作品群に在日コリアンの過去と現在がどのように描写・反映・表象されているかを検討したいと考えます。そして、その作品群のなかに存在する歴史とフィクションの「はざま」に存在する関係性を考えたいのです。

ここで、私は二つの事例に焦点を当てます。最初に取り上げるのは、小説とテレビドラマの『パチンコ』です。そして、次にハーバード大学教授ジョン・マーク・ラムザイヤーが書いた論文「社会資本と機会主義的リーダーシップの問題――在日コリアンの事例」（“Social Capital and the Problem of Opportunistic Leadership: The Example of Koreans in Japan”）にも少しふれます。その過程で、ハリウッド映画『否定と肯定』（監督：ミック・ジャクソン、二〇一六年）についても簡単にふれたいと思います。のちほど説明しますが、現在、メディアの文脈では、学術的な歴史とフィクショナルな歴史、つまり作り話、あるいは「偽学問」や単なるデマ・フェイクニュースの類いの間の境界線が曖昧になってしまいました。こうしたなか、歴史記述の構図を了解し、その記述の内容を精査・分析して、自己の意見を形成する能力をもつことは、ますます重要になっています。

歴史とフィクションの関係を考える際、私はアメリカの著名な作家アーシュラ・K・ル＝グウィンの解釈が示唆的であると考えます。ル＝グウィンは次のように述べました。「「すべての歴史はフィクションである」が、「すべてのフィクションは歴史ではない」」。このル＝グウィンの解釈には、のちほど少し追加で説明を加えます。歴史とフィクションの関係性を考えるために、本シンポジウムのテーマである『パチンコ』という小説と、それをテレビドラマ化した作品を検討してみたいと思います。

1　小説『パチンコ』に関する読者の反応

二〇一七年にアメリカで出版されたミン・ジン・リーの小説『パチンコ』（Pachinko）は、またたくまに大ベストセラーになりました。この小説は、「ニューヨークタイムズ」紙によって、一七年に出版されたベストブック十冊のうちの一冊に選ばれ、アメリカで最も有力な文学賞の一つである全米図書賞（National Book Awards）の候補作リストにも載りました。英語圏で最もよく知られているウェブ上のブッククラブ「Goodreads」では、小説『パチンコ』に関する書評を書いた一般読者の数が三万三千人を超えています。その一般読者の書評のなかには、次に示すコメントのような傾向をもつものが多いのです。

私がよく描写された歴史小説を好んで読む理由の一つは、それが私を別の時代と別の空間に連れていくことができ、そして深い学習経験ができるという点だ。私は一九一〇年から第二次世界大戦までの日本の朝鮮占領についてほとんど何も知らなかった。

この本は、とくに二十世紀初頭から中期にかけて、朝鮮人と日本人の間のダイナミクスについて多くのことを教えてくれた。この本の歴史的背景について、私は全く知らなかった。そして、(略)それについて学ぶことは魅力的な経験であって、この小説は私が最近読んだ小説のなかでおそらくもっとも教育的な小説の一つである。(1)

読者たちの書評を読めばわかるのですが、大部分の英語圏の読者にとって、『パチンコ』という小説のなかで描かれた歴史は、彼ら/彼女らが知らなかった全くの新しい世界でした。そして、この小説はテレビドラマ化され、二〇二二年前半から「Apple TV+」で連続ドラマとして放映されました。それまで知られてこなかった歴史の物語は、さらに巨大な数のオーディエンスに広く知られるようになったのです。

2 小説とテレビドラマ

『パチンコ』という小説とテレビドラマ化された作品は、在日コリアンの歴史と社会をこれまで全く知らなかった人々に、どのような情報やイメージを伝えたのでしょうか。この質問に答えようとするとき、小説『パチンコ』と同タイトルのテレビドラマの内容の間に様々な相違が存在する点に留意する必要があります。その相違のなかでとくに注目したいのは、政治的局面の描き方の違いです。もちろん小説『パチンコ』にも、大日本帝国の植民地主義に対する批判的記述はありました。しかし、そうした政治的な文脈はあまり強調されていません。小説の最初の一行はとても象徴的だと思います。"History has failed us; but no matter."、日本語への翻訳ヴァージョンでは「歴史が我々を滅ぼしたがそれでもかまわない」になっています。実は、英語原文と日本語翻訳版の間に微妙なずれがあるように思います。私が訳すとすれば "history has failed us" は、「歴史が我々を滅ぼした」というより、「歴史は我々を裏切った」となるだろうと考えます。

著者は、政治的な抑圧と差別の重要性をしっかり意識していると思います。しかし彼女はこの作品で、おそらく政治的問題に焦点を当てるよりも、歴史という大きな渦のなかで人々はどのように生きていけるのか、というテーマを取り上げたかったのでしょう。雑誌「ザ・ニューヨーカー」のインタビューで、著者ミン・ジン・リーは次のように発言しています。「学問としての歴史は、声をもたない貧しい人々を裏切った、と論じたかった。しかし、それ以上に、権威をもつ人々が愚かであると主張したかった。なぜなら、普通の人々のほうが抵抗を試み、はるかに生き残ったからです(2)」。著者は、四年間にわたり日本に住んで在日コリアンの歴史を勉強し、その過程でたくさんの在日の人々の個人史を聞き取り調査しました。その経験に基づいて、彼女は、例えば主人公のキム・ソンジャという、とても魅力的なキャラクターを創出したのでした。

一方、テレビドラマでは、その監督が意識的に内容をかなり書き換えたと思います。植民地主義に対する直接的な批判をより多く導入しました。例えば、小説のなかでは、関東大震災時の朝鮮人虐殺に関する記述はほとんどありません。しかしテレビドラマの第七話では、大震災と朝鮮人虐殺を中心的なテーマとして描いています。ここでは小説の描写とテレビドラマの描写のどちらがいいのか、議論するつもりはありません。そうではなく、私は『パチンコ』を好事例として取り上げて、様々な歴史に関する記述のなかでの「歴史に対する真摯さ」(historical truthfulness) という問題に焦点を当てたいのです。

3　歴史に対する真摯さ

「歴史的真実」という表現は一般的によく使われます。しかしここでは、私がほかの著作で論じた「歴史に対する真摯さ」という概念[3]に関して少し説明しようと思います。「歴史に対する真摯さ」は、過去の出来事に関わる記述をして伝達しようとする人たちと、その記述を聞き、読み、あるいはほかの方法で消費する人々との間の関係性のなかに存在します。歴史の語り手は、過去の重要な出来事を真摯に聞き手に伝えようとします。一方、聞き手は語り手の話を注意深く聞きながら、自らの疑問や問題意識を形成し、その物語との対話に入ります。その意味で「歴史に対する真摯さ」という概念は、学問的な歴史関連論文だけではなくて、歴史小説やテレビドラマにも適用できると私は考えます。

ル＝グウィンがいうように「すべての歴史はフィクションである」、つまり歴史の語り手は、常に無数の事実や出来事のなかから、重要な部分を取捨選択して物語を作る必要があります。例えば、あなたは「昨日、何をしたか?」と聞かれたとき、朝目が覚めてから夜寝るときまでしたことの全部をそっくりそのまま語るのは現実的ではありません。そのかわりに、重要だと思う部分だけを選んで答えます。その意味では、すべての歴史と同じように、あなたが語った物語は作り話——フィクション——なのです。

しかし、ル＝グウィンはさらに「すべてのフィクションは歴史ではない」といいます。これは、どのような意味でしょうか。あなたが「昨日、何をしたか?」という質問に答えるとき、全くしていないことを偽って語って、本当に重要な出来事を意識的に隠蔽して答えると、それは歴史ではなくて単なる嘘になってしまいます。その意味で「すべてのフィクションは歴史ではありません」。

ル＝グウィンはさらにもう一つ重要なことを指摘します。過去の出来事に関して記述する語り手は、どの種類の物語を作成しているのかを明記することがとても重要である、と彼女は主張します。歴史の語りには、様々なカテゴリ（あるいはジャンル）が存在します。例えば、学問的な歴史論文、ドキュメンタリー映画、歴史小説、テレビドラマなど。そして、各カテゴリに、著者と受け手（読者・視聴者）の間の特定な相互理解（あるいは明示的でない合意）が存在します。歴史小説の読者やテレビドラマの視聴者は当たり前に、自分が読んでいる（あるいは観ている）物語は文字どおりに実際にあった歴史の出来事ではないと理解するはずです。例えば、『パチンコ』の読者や視聴者は、ソンジャという人物が実在したとは考えないでしょう。歴史フィクションに読者や視聴者が求めるのは、文字どおりの真実ではなく、歴史的な信頼性（credibility）です。そのフィクションの歴史的背景が実際に起こったことに近いことと、その背景のなかでの主人公たちの行動が説得力をもち信じるに値するものになることは重要です。こうした歴史小説やテレビドラマを通して、読者や視聴者は歴史的背景に関する知識を得るだけではなく、その歴史的背景に対する自分の想像力や好奇心を刺激されます。それは歴史小説やテレビドラマのとても重要な役割です。

小説とテレビドラマの『パチンコ』は、単純化してみれば読者と視聴者に在日コリアンの歴史に関する次のような物語を伝えます。――植民地時代に日本に移住した朝鮮人には様々な階層の人々がいた。貧しい層の移住者たちが圧倒的に多かったが、例えばコ・ハンスのように、ヤクザや政治の黒幕と関係をもつ有力者や富裕層に属する人たちもいた。また、ベク・イサクのように教育を受けた宣教師などもいた。戦前と戦時中に、その移住者たちの大部分は貧困や差別と闘いながらも生き抜いた。経済的に成功し、昭和も終わりごろになると裕福になった家族もさほど珍しくはなかった。それでも、少なくとも昭和の終わりの時点で差別はなくなっていないし、在日コリアンのアイデンティティに関する矛盾と葛藤を感じている朝鮮半島出身者は多いので、まだまだ闘いは続く。――このようなところになるのでしょうか。

テレビドラマ『PACHINKO パチンコ』の脚本家と監督は歴史家ではありませんが、内容に関して専門的な歴史家と相談して、できるかぎりその「信頼性」を確保しようとしています。しかし、視聴者がこのドラマを観るときに、その歴史的信頼性に関して自分の意見を形成するのは大切なことです。

4 ラムザイヤー論文と在日コリアンの歴史

次に、在日コリアンの歴史に関するもう一つの最近の記述を考察しましょう。小説とテレビドラマの『パチンコ』が海外で広範な読者と視聴者を得ている間に、同じ在日コリアンの歴史をテーマとして取り上げたある学術論文が論争と批判の対象になりました。ハーバード大学ロー・スクール教授であるジョン・マーク・ラムザイヤーが書いた論文です。論文はSpringer社が出版する雑誌"European Journal of Law and Economics"に二〇二一年に掲載されました。タイトルは、日本語にすると「社会資本と機会主義的リーダーシップの問題——在日コリアンの事例」となります。ラムザイヤーが最近出したほかの論文、とくにいわゆる日本軍「慰安婦」問題に関する論文も激しい論争と批判の対象になっていますが、ここではこのシンポジウムのテーマに沿って、在日コリアンの歴史に関する彼の論文に注目したいと思います。この論文で描かれた在日コリアンのイメージと、小説とテレビドラマ『パチンコ』が伝える在日コリアンのイメージとを比較してみましょう。

作家ミン・ジン・リーの場合とは異なり、ラムザイヤーには在日コリアンの聞き取り調査をおこなった痕跡はほとんどありません。しかし彼は学者の立場から、在日コリアンの近代史と現在を分析していると主張します。ラムザイヤーは、植民地時代の朝鮮半島から日本への移住プロセスを次のように説明しました。——日本に移住した朝鮮人は「貧しい農村からの若い男性」であって、彼らは無教育で労働的価値が低かった。朝鮮半島からの移住者たちは「お金のために」日本に移住してきている。ここで注目すべきは、『パチンコ』の著者と異なって、ラムザイヤーは、戦前・戦中の在日社会の多様性を一切認めていないことです。また、朝鮮半島からの移住者の多くは犯罪を起こしたし、テロを起こした人々も少なくない、と主張しました。事例として、ラムザイヤーは、関東大震災直後の「朝鮮人の暴力とテロ」に関する噂を、内務省や朝鮮総督府などのレポートから無批判に引用しました。また日本敗戦後の在日コリアンの歴史についてのラムザイヤーの記述も、同じようにとてもステレオタイプ的な一般化をしていますが、ここでは時間が限られていますので、その部分を詳しく紹介しません。

とにかく、ラムザイヤー論文の驚くべき結論を要約しますと、次のようになります。——時間とともに、教育や社会資本をもつ在日コリアンの人々は「日本社会に溶け込んで」、コリアンとしてのアイデンティティを失った。結果的に、「いちばん弱者」である人々だけが在日コリアンとしてのアイデンティティを主張した。そのため戦後から現在まで存在しつづけた在日社会は社会資本が欠落した「機能不全な社会集団」(dysfunctional group) であって、その社会集団は機会主義的な極左のリーダーによってコントロールされている。また、日本社会に存在する「強烈な民族間緊張」(enormous ethnic tensions) や在日コリアンに対する「敵意と差別」(hostility and discrimination) は、その在日コリアンのリーダーたちと、リーダーの行動を十分抑える能力をもっていない在日コリアン社会一般によって生成されたものである。

5　映画『否定と肯定』で語られている歴史に対する真摯さとフェイク

さて、このラムザイヤー論文をどう考えるべきでしょうか。学術論文の場合、著者と論文読者の間にどのような相互理解（あるいは暗黙の合意）が存在するのでしょうか。学術的な論文や本を読む読者は、自分が読んでいる対象は、百パーセント正しい完璧な歴史に関する記述ではないと知っているはずです。なぜなら、それぞれの研究者は各自の興味と主張をもっています。そしてその興味と主張は、研究者が書く論文にも当然反映されます。しかし、その読者は、自分が読んでいる学術論文が少なくとも信頼できる資料に基づいていて、注意深く検討された専門的な研究の成果である、と信じることでしょう。

ここで、ル＝グウィンの「すべてのフィクションは歴史ではない」という指摘に戻ります。それを説明するために、日本史とは関係がない一つの事例を少し取り上げてみたいと思います。ここにいる多くの方々は、おそらく二〇一六年のハリウッド映画『Denial』（日本語タイトルは『否定と肯定』、監督：ミック・ジャクソン）を観たことがあると思います。大変興味深い映画でした。この映画のテーマは、ホロコーストを否定するイギリスの歴史学者デイヴィッド・アーヴィングがアメリカの歴史学者デボラ・リップシュタットに対して起こした名誉毀損の裁判に関わるものです。『Denial』という映画はもちろんドキュメンタリー映画ではなくドラマですから、その内容をすべて現実に起こったこととして捉えることはできません。しかし、幸いにもこの訴訟に関する裁判記録はすべてウェブ上に掲載されています。[4] したがって、映画の内容と裁判で争われた主張を比較することが可能です。

デイヴィッド・アーヴィングは大学教授ではありません。しかし一九六〇年代以降、ドイツの近代史の専門家として英語圏で知られるようになりました。最初のころ、彼はホロコーストを全面的に否定しませんでしたが、八〇年代後半からホロコーストの完全否定論者になりました。それに対してデボラ・リップシュタットは、アーヴィングのホロコーストに関する主張は真っ赤な嘘だ、と主張しました。そのため、アーヴィングはリップシュタットに名誉を毀損されたとして裁判を起こしたのです。

この裁判は、歴史に対する真摯さを考える際に大切な示唆を与えてくれます。アーヴィングは、リップシュタットやそのほかの批判者たちが自分の表現の自由を弾圧した、と主張しました。一方、リップシュタットの弁護チームは、アーヴィングのホロコースト否定論は偽りで「真っ赤な嘘」だ、と立証しようとしました。裁判の中心的な争点は、学問的な歴史に境界線が存在するかどうか、という部分にありました。

つまり、すべての歴史はある程度まで創作された物語であるなら、特定の創作された物語が歴史ではなくて嘘である、フェイクである、と証明することは可能なのでしょうか。

それに関して、裁判で証人台に立ったイギリスの歴史家リチャード・エヴァンズの説明はとくに興味深いものでした。エヴァンズは、境界線は明らかに存在していて、アーヴィングが主張する歴史は単なる偽りの歴史(bogus history)――つまり嘘――だと主張しました。なぜなら、アーヴィングは学術的な歴史記述に存在する著者と読者の間の暗黙の相互理解や合意を無視し、読者をわざわざ誤解に誘導したのだから、とエヴァンズは証言しています。

エヴァンズはアーヴィングのホロコーストに関する論文を詳しく分析して、以下の学術的誠実性（academic integrity）の根本的欠落を指摘しました。

・引用文献の内容を歪曲したり操作したりする。
・意図的に重要な歴史事実や資料を隠蔽する。
・統計を意図的に改竄する。
・明らかに信頼できない情報源を学術的な資料として紹介する。
・信頼するに足る資料を説明なしに議論から排除する。
・引用する本や情報源の結論を意図的に歪曲して読者に紹介する、など。

こうした学術的誠実性の欠落は、アーヴィングの論文では何回も繰り返されています。そしてアーヴィングがこういった欠落を都合よく組み合わせてホロコーストは存在しなかったという結論を意図的に導き出した、とエヴァンズは主張しました。

歴史家はもちろんときどき間違いを犯す、とエヴァンズも認めます。しかし一つの歴史論文にこのようなたくさんの学術的誠実性の欠落や欠陥があって、またその欠落や欠陥が全部同じ結論に論文を導くとするなら、私たちはそれが「偽りの歴史」であると確認できる、とエヴァンズは結論づけました。すなわち、ル＝グウィンの言葉を借りると、アーヴィングのホロコースト否定論は「歴史にはならないフィクション」である、ということです。

アーヴィングは、リップシュタットに対して起こした名誉毀損裁判で、完全敗訴の判決を受けました。

6 在日コリアンの過去と現在――歴史とフィクション

アーヴィング＝リップシュタット裁判で争われた歴史に関する議論は、東アジアを含めた様々な地域で歴史論争を考える際に示唆的だと思います。とくに、いま現在、日本のなかで喧伝されているいわゆる「歴史戦」を考える際、エヴァンズのアプローチはとても深い意味をもちます。

さて、ラムザイヤー論文に関する議論に戻りましょう。実は、何人かの歴史学者たちがこのラムザイヤー論文に関する抗議文を、その論文を載せた雑誌の編集者と出版社に送りました。私もその一人です。結果として、ラムザイヤーは短い「訂正文」を出しました。しかしそこにはごくわずかの細かい訂正しか記載されておらず、論文の趣旨と結論はそのままでした。それだけではなく、「訂正文」のなかにも誤解を導く記述が存在しました。

ここで、ラムザイヤー論文の内容を詳しく述べる時間的余裕はありませんので、その内容を調べて、自分でその内容に関する意見を形成して伝達することをみなさんにお勧めします。その際、先ほど紹介したリチャード・エヴァンズの「学術的誠実性の基準」は参考になるでしょう。例えば、ラムザイヤーの論文は注意深い研究の成果であるのか。また、ラムザイヤーは引用文献の内容を正しく伝えているか、それともその内容を歪曲して紹介しているのか。それを考えるとき、渡辺延志が二〇二一年に出版した『関東大震災「虐殺否定」の真相』[5]はとても参考になると思います。なぜなら、渡辺はラムザイヤーが引用した日本語の元資料を一つひとつ読み込み、そこに書かれている内容とラムザイヤーのその内容に関する説明を比較し、精査・分析したからです。

また、ラムザイヤーがよく引用する資料は、学術的な信頼性をもつ資料であるのか、それとも彼が、エヴァンズズの言葉を借りると「明らかに信頼できない情報源を学術的な資料として紹介」しているのか、という点を各自が判断するのはとても重要なことです。坂東忠信『在日特権と犯罪』[6]『余命三年時事日記』[7]などは、ラムザイヤーが在日コリアンに関する学術論文で日本語の文献としてよく引用します。これらは驚くべきことに、ラムザイヤーが自説の正当性を論証するために、学術ジャーナルに投稿した学術論文で引用した文献なのです。

そしてここは重要だと思うのですが、ラムザイヤーが投稿した学術ジャーナルで英語論文の「査読」をおこなった者たちは、歴史とは異なるジャンル、つまり法律や経済の専門家です。おそらく日本語を読めない査読者がほとんどだったと私は想像します。したがって、日本語資料を検証せずに、「ネトウヨ本」からの引用などではなく「まともな文献」からの引用だと考えてしまったのでしょう。もちろん、このような学術的誠実性、あるいは「歴史に対する真摯さ」の基準は、ラムザイヤーの論文だけではなく、あらゆる研究者の歴史論文に対して当てはめなければならないと思います。

さて、『パチンコ』やほかの歴史小説やテレビドラマを考えるとき、私たちはそこに存在する「歴史に対する真摯さ」をどのように判断できるのでしょうか。もちろん、小説やドラマは学術論文ではないのですから、エヴァンズが提示した学術的誠実性の基準をそのまま適用することはできません。しかし学術的誠実性の基準とほぼ同様なそれを適用する必要があるのではないでしょうか。小説やテレビドラマの歴史的信憑性を判断する際に、次のような問いが重要ではないかと考えます。

・その物語で、重要な歴史的出来事が無視されたり隠蔽されたりしていないか。
・実際に全くなかった歴史的出来事が、単なるエモーショナルな効果、あるいはステートメント的な効果などのために創作されていないか。
・日常生活の場面は、どこまで実際性をもって描かれているか。
・主人公たちの行動は、浅くて単純化されたステレオタイプのかたちで描写されているのか、それともその行動は当時の歴史的文脈のなかで、それなりの真実性をもって描かれているのか。

こうした基準を念頭に置いて、小説とテレビドラマ『パチンコ』の歴史的信頼性について話し合うのはとても興味深いことです。

おわりに

英語圏で在日コリアンの歴史が以前よりも注目されるようになったのは、いろいろな意味で望ましい現象だと思います。しかし同時に、今回の発表で取り上げた事例を考えてみると、現在のグローバル・メディアのなかでの歴史に関する議論の問題点と危険性も明らかになってきました。すでに検討したように、急速に変わりつつあるメディアの文脈では、フェイクニュースが広範に流布され、捏造された歴史、学術的な歴史、そして単なる真っ赤な嘘といったものの境界線が曖昧になってしまいました。多くの人々にとって、信頼できる情報と信頼できない情報を明確に線引きして区別することは、大変困難になっています。こうした状況で大切なのは、メディア・リテラシーだけではなく「歴史リテラシー」でもあるのです。歴史記述の文脈的構図を理解すること、そしてその理解に基づいて様々な歴史物語の信頼性を自分で判断する能力をもつことは、これからとても重要になっていきます。

現在、多くの人々は教科書や学術的な本からではなく、テレビドラマや映画などから歴史を学びます。その意味では、『パチンコ』はラムザイヤーの学術雑誌論文よりもはるかに大きな影響力をもちます。一方、多くのいわゆる学術的出版社が出す本とジャーナルは、経済的または資本的な事情によってその質が著しく低下しました。ウェブ上では、「偽学問」が広範に流通しています。そうした状況のなかで、私たちはどのように歴史に対する真摯さを保持できるのか。また、歴史の当事者が権威をもつ学者たちによって裏切られないために、私たちはどのような保証を得ることができるのか。それは、これからのとても大きくて大切で重要な課題です。

注

（1）"Pachinko""goodreads"（https://www.goodreads.com/book/show/34051011-pachinko）［二〇二三年七月十日アクセス］
（2）Michael Luo, "What Min Jin Lee Wants Us to See""The New Yorker," Feb, 17, 2022.（https://www.newyorker.com/culture/the-new-yorker-interview/what-min-jin-lee-wants-us-to-see）［二〇二三年七月十日アクセス］
（3）テッサ・モーリス゠スズキ『過去は死なない――メディア・記憶・歴史』田代泰子訳（岩波現代文庫）、岩波書店、二〇一四年
（4）Tam Institute for Jewish Studies,"Holocaust Denial on Trial: TRIAL MATERIALS,"（Retrieved Jun 27, 2023）（https://www.hdot.org/trial-materials/）［二〇二三年七月十日アクセス］
（5）渡辺延志『関東大震災「虐殺否定」の真相――ハーバード大学教授の論拠を検証する』（ちくま新書）、筑摩書房、二〇二一年
（6）坂東忠信『在日特権と犯罪――未公開警察統計データからその実態を読み解く！』青林堂、二〇一六年
（7）余命プロジェクトチーム『余命三年時事日記』青林堂、二〇一五年

第2章　座談会　ドラマ『パチンコ』から考えるグローバル・メディア時代の記憶と忘却

テッサ・モーリス＝スズキ／鄭炳浩／姜信子／金敬黙

司会（金敬黙）　第一部の講演会に続き、座談会を始めます。早速、テッサさんのお話について、姜信子さんにお聞きします。それを踏まえて本日、座談会で進めていく内容について、少しずつスクラップ&ビルド形式で話を進めていきます。それではよろしくお願いいたします。

姜信子　こんにちは、姜信子《きょうのぶこ》といいます。姜信子《カンシンジャ》ともいいます。民族―国家―アイデンティティの絡まりを超えたところで自分を名づけ直してきて、名前はいくつももっているのですが、便宜上、今日は姜信子《きょうのぶこ》ということで。

このシンポジウムへの声がかかったときに、できれば私は参加したくないという思いがありました。というのも、まず『パチンコ』という小説に興味がなく、作品を読んでいなかったんです。では、なぜ興味がなかったのか。それは、先ほどテッサ先生が話してくださったラムザイヤー論文にも関わることでもありますが、私のこの微妙な気持ちがみなさんに伝わるかどうかわかりませんが、言ってしまえば「在日のことが書かれているものを読むのが怖い」というのがあるんです。すごくナイーブな気持ち。ナイーブなことばっかり言っていても仕方ないので、その怖さを乗り越えて、必要なときには読むということをやってきているわけです。

それから、もう一つ。私は〝在日〟について考えるとき、日本のなかで〝在日〟であることを考えるというよりも、日本の外をずっと旅して、〝在日〟を超えることを考えてきました。

例えば旧ソ連（ソビエト連邦）の高麗人と呼ばれる人たち、コリョサラムと呼ばれる人たちのもとへと旅したりしていました。私はコリョサラムに出会ったことで、コリアン・ディアスポラという概念を実にリアルな具体として得ました。日韓のはざまに閉じ込められている小さな点のような〝在日〟という感覚を、ディアスポラというダイナミックな動きのなかでつかみなおすことができた。コリアン・ディアスポラとしてのコリョサラムは、実はチェチェン・ディアスポラのようなコーカサスの人々をはじめとする、ソ連の権力によってディアスポラの運命へと押し流されていった様々な民ともつながっているんです。

さらに、いま、テッサ先生のお話を聞いていて思い起こしたのは、帝政ロシアの時代からロシアのナショナル・ヒストリーでは、例えばチェチェン人、コーカサスの民族は、ロシアの歴史に登場するまでは歴史をもたない野蛮人だったとされてきたこと。そういうことをロシアの権力者たちは自国の歴史を創るにあたって言ってきたし、ロシア社会のマジョリティもそのように考えてきたわけです。

写真1　金敬黙

このシンポジウムが始まる前の打ち合わせのときに、司会の金敬黙さんに今日は在日についてちょっと語ってくださいと言われ、どうしてそんな無理難題を吹っかけるんだろうと思ったんですが、というのも、在日と呼ばれる人たちは、これをひとくくりで語ることができないほどに一人ひとりの在日としての状況や生き方が違う。これをどうして限られた時間のなかで、わかりやすく定義づけて語ることができるだろうかと。でも、テッサさんの話を聞いてなるほどと思いながら、あらためて在日とは何かを考えてみました。あえて、〝在日〟に私なりの意味づけをするとすれば、ナショナルな歴史のなかに居場所をもたない者たちのことを、とりあえず日本語では在日

写真2　姜信子

と呼ぼうと考えたんです。

さて、『パチンコ』ですが、『パチンコ』を読んだ最初の印象というのが、パール・バックの『大地』を読んだ中国人はこんな気持ちになるのかなと、『屋根の上のバイオリン弾き』を読んだユダヤ人はこんな気持ちになるのかなというようなことでした。私の知らない在日の物語が、似ているけれども、私とは違う在日の物語が当然そこには描かれているわけで、違和感もたくさんあります。その違和感については第3部でたくさん語ってくださると思いますが、その違和感の生まれ出たところについて、ちょっと考えてみました。

まずミン・ジン・リーはもともと韓国で生まれ育った人で、それでコリアン・アメリカンになって、アメリカで在日を発見しました。つまり、韓国人の彼女は、アメリカで在日を発見した。そうして在日のことを調べていった。おそらく自分のなかの在日イメージがありますね。韓国人にとっての、さらにはコリアン・アメリカンにとっての在日のイメージですね。そのイメージを接着剤にするというか、つなぎ目にしながら、コリアン・アメリカンの視点からアプローチしていく在日の物語というのをたぶん作り上げたと思うんです。

その違和感というのは本当にささいなことです。例えば、在日社会のなかで、これは濃淡があるとは思うんですけれども、横浜で育った私にとっては教会の比重というのはきわめて小さいです。ところが、いちばん遠い存在である宣教師の一族がまず出てくるということ、彼らはイサク、モーザス、ノアという名前をもつわけですね。在日の教会関係者で、洗礼名ではなく日常の名前としてそのような名前で生きている人々がいるのだろうかみたいな……。本当にささいな違和感から始まるんです。名前、宣教師一族、強烈なアメリカへのあこがれ……。そんなもろもろを、パチンコという言葉とイメージで包み込んでいることへの違和感。

私の一族のなかにも子どものときから、もう幼稚園からインターナショナルスクールに通って、兄弟・姉妹全員、アメリカに留学したという子たちもいますけれども、例えばその子たちに聞くと、インターナショナルスクールに在日はそんなにいないと。むしろ少数者であると。在日社会のなかでもインターナショナルスクールに通う子はもちろん少数者です。実例はあるけど、おそらく在日にとってはきわめて少ない例が、コリアン・アメリカンにとってはおそらくより一般的なものと感じられている。そういったイメージとつなぎ合わせることで、ミン・ジン・リーという人は在日の物語を作り上げたんだろうなと……。

一方で、『パチンコ』をきっかけにつくづくと考えたこともあります。私たちの在日の記憶というのは個々にみんな切断されたままで、先ほど申し上げたとおり、ナショナルなヒストリーのなかには入っていない。もし入っているとすれば、それは盗まれたような、利用されるようなかたちで入っているわけですけれども、個々ばらばらな記憶で在日自身は大河ドラマのような在日の物語をまだもちえていません。けれども、それをコリアン・アメリカンが書いてくれたと。もしコリアン・ディアスポラの世界地図があるとしたら、アメリカを中心にして描かれているコリアン・ディアスポラの世界地図ですね。そのなかに在日というコミュニティーを一つ書き加えてくれたと、そういうような意味もあるのかなとは思っています。あと、いろいろ思うところはありますが、それはまた追ってお話しします。

司会　ありがとうございます。とても貴重なコメント、感想、そして率直な違和感を共有してくださったと思います。いろいろとお話を重ねていきたいと思いますけれども、いまのお話のように、ミン・ジン・リーという作家がこの作品を描く段階で、在日という文脈をどのように発見したのか、そして描写したのかを考えてみることもできると思います。さらにテッサさんのお話を踏まえて考え直すと、ラムザイヤー論文がなかったら、ドラマ『パチンコ』はもう少し違うかたちで描かれたかもしれないと想像することもできます。すなわち、関東大震災の虐殺のシーンなどが、ドラマが制作されるなかでラムザイヤー論文問題の影響を受けたのではないかという深読みもしてしまいます。

次に、鄭炳浩さんにお話を伺っていきたいと思います。その前に、一つの仮説を立ててみます。ミン・ジン・リーは『パチンコ』を通じて在日に対してのシンパシー（哀れみ）は描けたけれども、コンパッション、あるいはエンパシーとしての共感共苦を十分に表現することまではできなかったのではないか、という仮説です。鄭炳浩さんは、シンパシーを超えるエンパシーという観点から人道支援活動に長年、取り組んでこられました。鄭炳浩さんには、朝鮮半島の人々の視点から在日についてお願いします。

写真3　鄭炳浩

鄭炳浩　韓国からまいりました鄭《チョン》炳《ビョン》浩《ホ》と申します。韓国という本土の観点から在日を見てくださいというふうに司会の金敬黙さんは言いましたが、実は私はちょうど姜信子さんが小説を書かれた時期にコリアン・アメリカンとして日本に来た立場の者でもあります。私は当時アメリカに移住して、アメリカに十年以上住んでいました。その後、また韓国に戻ったという経験をもっています。一九八〇年代後半ですが、私はあるアメリカの大学の講師として日本に派遣されました。ちょうど『パチンコ』にも描かれているバブルの時期ですね。

私が見たのは、「ジャパン・アズ・ナンバーワン」とでもいうべき肯定的なムードのなかで、国際化を謳う日本でした。とても面白い日本と出合った気がします。面白いとあえて言わせてください。当時の日本社会は、国際化を目指して非常にプライドをもって世界に扉を開けて、もうこれから私たち日本は国際的またはグローバルな国になるんだ、という流れで、これまでとは異なる新しいスタンスを取ろうとしていました。

アメリカの大学は私を甲南大学にある甲南・イリノイセンター所長に任命しました。当時の私は若く、三十三歳でまだ博士号も取得していない、講師でした。日本語をアメリカの大学で二、三年勉強した程度です。三十歳になってから学び始めたのです。当時は三十三歳でしたから二、三年間勉強しただけの中級レベルの日本語力の青年を所長として送り込んだわけです（笑）。甲南大学も非常に困ったというか、びっくりしたと思います。ある種のカルチャーショックが起き、甲南大学の教授会でも私の派遣について議論されたみたいです。

そのとき、住まいのアパートを借りるのにとても苦労しました。大学ではアメリカの大学から派遣された所長ですが、街ではへたな日本語やアジア系であることを理由に差別的な視線を浴びました。これが本当にいやでした。アメリカでも人種差別を受けた経験はありますが、日本では本当にちょっとの発音や抑揚の違いだけで冷たい差別の視線が浴びせられます。それで住居もなかなか貸してもらえないのです。こういうことを何度も繰り返し経験してしまうと、人間の心はいつの間にかとても狭くなってしまいます。

アメリカで私が住んでいたのはイリノイ州でしたが、そこはある意味白人中心の社会でした。そこにアジア人として一九八〇年代の初期に住むと、可視化されるマイノリティ、ビジブルマイノリティとしての経験をすることになります。日本では私は不可視化されるマイノリティでしたが、アメリカで可視化されるマイノリティとして過ごした経験よりも心理的な負担が大きく苦労しました。

日本人ではないことが「バレてしまう」瞬間があるんです。異なる言語を使った瞬間、視線がこちらに届き、背中でその視線を感じ取るのです。不可視化状態の（パッシングできる）マイノリティの心理的な負担は最初から可視化されるマイノリティのそれとは異なるのです。日常的な葛藤と負担が非常に複雑に絡んできます。

そういうことで、私は私なりにドラマ『パチンコ』の世界が、小説『パチンコ』の世界がわかります。自殺するのは同化したりなりすましたりして生きようと思っている人だという気がします。だから、何となくマジョリティの世界に、社会に入れるかもしれないと思って、入ろうと思って頑張りすぎた人間が自殺します。そういうところが何となくわかりました。

これについては、私の専門領域である文化人類学の視点から、私のいろいろな差別の体験から考えてみました。そういった視点が『パチンコ』では非常によく取り上げられています。ですから、これを単なる在日小説だと思って読んだりドラマを観たりしたら、在日の方はがっかりするところがかなりあるかもしれません。

とくにパチンコというシンボルは、在日の心に「傷」として残るスティグマであり、パチンコをキーワードに在日を表象したことは、アメリカでマフィアをシンボルとしてイタリアンを表象したのと同じようなところがあります。イタリア系の移住者は本当に豊かな文化をもっていて、とても面白い人々なのに、『ゴッドファーザー』（監督：フランシス・フォード・コッポラ、一九七二年）で起きたように、一本の映画を通じて「イタリア人はマフィアだ」、イタリア人は暴力性と残酷性をもっている民だというイメージが定着してしまうことの恐ろしさがあります。こういうレッテル貼り、スティグマ貼りで苦労している人々は非常にセンシティブに思うことを理解する必要があります。

司会　ありがとうございます。また、いろいろとお話を確認しながらお聞きしたいと思いますけれども、いわゆるアジア系のアメリカ人、あるいは欧米社会で外見で可視化されるマイノリティ集団と、日本のように一見可視化されないマイノリティのギャップ、そしてその問題から派生する異なる差別構造の問題ということが、いまのお話でした。パッシングについては、日本語に直すとしたら「なりすまし」でしょうか。見た目では可視化されないで過ごすことを英語で"pass for"というので、そのお話だったと思います。

次にテッサさんに、先ほど基調講演の話を私なりの問いに発展させてお聞きします。先ほどの話のなかに小説作品からドラマ制作に至るなかで、商業主義の話はあまり述べられませんでした。もしかしたら小説がドラマになるときに、原作者のミン・ジン・リーさんが意図していなかった政治的な文脈、またはナショナルな歴史観に回収されてしまったという側面があり、原作者はあまり喜ばしく思っていないのでは……という一種の仮説を私は立てています。

真相はご本人に確認するしかない問題ですが、実際に在日コリアンの暮らしをナショナルな物語にすべて回収してしまうような構図になったのかについて、検討してみたいです。そのような構図にはリスクと同時に意義もあるかもしれません。また、「Apple TV+」が、あるいは制作陣が商業主義（視聴率や売り上げ）をどこまで意図しながら制作したのかについて、もう少し議論を進めてみたいと思います。これが一点目のポイントです。

もう一つのポイントは、ラムザイヤー問題です。学術的な根拠や信憑性が薄い資料を引用し、それが論文になり、さらにそれを誰かが引用するという、「研究ロンダリング」的な現象が生まれることについて、どのようにお考えなのでしょうか。

テッサ・モーリス＝スズキ　ありがとうございます。大変重要な指摘だと思います。その視点から『パチンコ』を考えるのは非常に重要だと思います。なぜかというと、いまの状況を考えると、先ほどの基調講演のなかでも少しふれましたが、人々はどこから歴史を学ぶか、多くの人々はたぶんテレビドラマや映画などではないのでしょうか。ドラマを制作する際の商業性もあるでしょうし、どのようなオーディエンスのために制作されたのかという点も非常に興味深いです。

その意味ではラムザイヤー論文と『パチンコ』を比較すると面白い。ラムザイヤー論文は明らかに英語圏の、そしてたぶん比較的保守的な学者のために書かれた論文でした。そういったオーディエンスに特定の物語を伝えようとしています。そのなかで、何ロンダリングですか？

写真4　テッサ・モーリス＝スズキ

司会　「研究ロンダリング」、私の造語です。論文発表を異なるジャーナルで重ねていくことで、まるでそれがすごい研究であるかのように見せかけられるという問題です。

テッサ・モーリス＝スズキ　それはとても面白い造語です。あのラムザイヤー論文を読んだとき、それをいちばん恐れました。どんなにバカげた主張でもそれが一度、学術論文として発表されると、大学院生などはそれを引用することがあります。それでどんどん拡散していくのですね。ラムザイヤー論文は、明らかに特定のオーディエンスのために書かれたと思います。したがって、オーディエンスは独自の立場から、独自の思考によって批判する必要が生じると思います。

ところがドラマ『パチンコ』は、ある意味では世界的なオーディエンスのために制作されたものでしょう。これは全くの推測なのですが、ドラマの監督や制作陣はアメリカ、韓国のオーディエンスを真っ先に考えていたことでしょう。そこにこのドラマの面白さと同時に問題点がみえてくると思います。アメリカのオーディエンスだけが相手でしたら、いろいろな細かいことにはふれなくても不都合はない。むしろ、あまりにも細部の描写をするとオーディエンスの理解を得られない。けれども、やっぱりそうすると在日コリアンの人々がそれを観たとき、いろいろ不満があるのは当たり前かもしれません。

しかし、例えば東南アジアの人々がそれを観る、それとも例えば南米の日系の人々や様々な中南米の人々がそのドラマを観る。彼ら／彼女らがドラマを観てどう解釈していくのかというと、私には全く解答がないのですが、その視点からの分析も必要なのかもしれません。

司会　ありがとうございます。信子さんにもう一度お聞きします。先ほど在日としてこの『パチンコ』の作品にふれると違和感が生じるという話でした。あえて、この「在日」という表象を「代名詞A」に置き換えてみます。このAというマイノリティ集団のドラマや小説を通じて、「私たちも勇気を得た」「元気をもらった」「あのたくましさに感銘を受けた」というコメントを得たと仮定しましょう。その観点からみれば、この作品のインパクトというか評価というのは変わりうるのでしょうか。

姜信子　そもそも『パチンコ』という小説がどれくらい読まれたのか、あるいは「Apple TV+」版の『パチンコ』がどれくらい観られたのかという広がりにもよると思いますが、例えば『パチンコ』の物語で感動しました、「在日＝パチンコ」なんですねと言われたら、それはやっぱり困りますね。あまりにわかりやすいだけに。「在日＝パチンコ」。そのわかりやすさが取りこぼしていくものも、あまりにたくさんありますから。だから、そのあとをどうフォローしていくかをやはり考えるんですね。物書きの一人として。

司会　あるいは「パチンコたまには焼き肉」みたいな感じですね。

姜信子　「たまには焼き肉」ですね（笑）。ちょっと細かい話になりますけど、私は横浜に生まれ育ったんですが、母の実家は横浜の京浜急行上大岡駅前の大岡川沿いで捺染工場をやっていました。そして、私自身は、やはり捺染工場がいくつもあった帷子《かたびら》川沿いの町で育ちました。『パチンコ』のなかではゴルフ場造成のために捺染工場が地上げされるわけですが、その捺染工場の記述も違和感があるにはある。川がなくては捺染工場はできず、しかも横浜の捺染工場はみんな最初は市街地にあったのでゴルフ場なんかができるわけないいんだけどという、ま、それは些細なことなんですけれども。

つまり、『パチンコ』を読みながら思ったのは、これは在日の書き手はたくさん書くことがあるよと。『パチンコ』を受けて、私だったら「横浜スカーフ」を書きます。横浜スカーフというのは、もともとは明治時代に興った産業なんですけど、その横浜スカーフの捺染の働き手というのは京都の友禅からきているんです。友禅の染め上げた布を蒸したり川で洗ったりというのは、在日の仕事だったんです。横浜スカーフの担い手のなかにも在日は数多くいる。

ということは、『パチンコ』では語られていない在日の物語はまだまだいっぱいあるんですね。捺染がある、友禅がある、あるいは大阪だったらパチンコ以前には、在日は大阪の工場地帯で働いていたわけです。私の親戚はガラス工場で働いていたりもしました。もちろん焼き肉もやっていたでしょう、土木作業員もやっていたでしょう。『パチンコ』という大きな表象がグローバルな物語として広がったあとに、その背後にある無数の物語をわれわれがスピンアウトさせて語らないかぎり、これはのまれていくだけになってしまいます。

大きな歴史の外で、自分の記憶を断片化されたまま、声を放つ機会がないまま生きてきた私たちが、『パチンコ』がこうやって出てきたんだったら、もっと私たちの物語を増殖させますよ」と、その意味ではより多くの声を世に送り出す一つの入り口を与えられたと、前向きな解釈をするのもありなのかなとは思っています。

あと、ただどうしても一点引っかかることがあります。この物語のなかで、翻訳の問題なのか原作者の認識不足なのかわかりませんが、法的地位に関する記述はかなり曖昧です。この物語がフィクションでありながらも、日本のなかに生きる朝鮮半島にルーツをもっている人たちを描くのだとすれば、そこは正確に踏まえなければばいけない部分です。そこは違和感というより、改めなければいけない、書き手としてはきちんと向き合わなければいけない部分だなというのは感じました。

司会　ありがとうございます。テッサさん、炳浩さん、どちらからでもご発言ください。同じような文脈の質問になります。つまり、在日を扱う『パチンコ』という作品を肯定的に観る、消費する方法を提示していくことも大切だと私は思っています。何をもってマジョリティ、マイノリティの境界線を引くのか、またはそれらをどう規定するのかということ自体はとても難しい問題ですが、せっかくこういう表象の作品が生まれた以上は、その扱い方、呼称のあり方を含めて在日コリアンのあり方を日本の多文化社会に位置づける試みが必要だと思うのです。いわば、先に来た外国人集団、あるいは多文化共生論の先駆的な存在としてです。また造語的な表現になりますが、「ファーストカム・フォリナーズ」(first-come foreigners)[(1)]というような集団として位置づけるのです。カナダにはファーストピープル、オーストラリアにはアボリジニーという呼び方が定着しているようにです。オーストラリアを含めて、この部分はテッサさんの専門領域だと思いますが、このドラマが今後、どういうメッセージのインパクトを与えうるのか。そこには注釈や解説、解題が必要になるような気がしますけれども、その点はいかがでしょうか。

テッサ・モーリス＝スズキ　オーストラリアでも『パチンコ』はかなり観られていると思います。でもそれに関する批評・評論はまだあまり出ていません。オーストラリアは二十世紀中期まで白豪主義政策をとっていました。ですのでイギリスや西ヨーロッパからの移民の国でした。本当はそうではなかったのですが、まず移民の国という前提がありました。六万年以上住んでいるオーストラリアのファースト・ネーションズがいて、そのうえに侵略者が入ってきました。オーストラリア国民の圧倒的な大部分はその侵略者の子孫かそのあとの移民ですから、日本とは全く違う構図です。そして、第二次世界大戦後になってはじめて東欧とか南ヨーロッパから多くの人々が入ってきました。

そういう意味では、あとになって入ってきた移民に対するものは、朝鮮半島から日本への移住に似ている部分はありました。例えばステレオタイプ化された差別とか、非常に安い労働力として扱うとか、そういう部分は同じです。信子さんが話されたように、公式的な国籍問題とか、そういう部分では日本とオーストラリアは全く異なりました。それは根本的な違いでしょう。たぶん日本を全く知らないオーストラリア人の目で在日コリアンの歴史をみると、まず驚くべき部分は国籍差別問題とか社会保障の制度などにあると思います。

司会　ありがとうございます。炳浩さんにお聞きします。コリアン・ディアスポラの文脈から、または韓国が日本以上に多文化社会化している現在の状況から、『パチンコ』が「在日はかわいそうだ」「大変な集団だ」という偏ったイメージだけで消費されては困るという視点が土台としてありますが、韓国での消費についても考える必要があると思います。韓国でこの作品を消費した人たちが韓国内にいる隣人（移住者）たちの苦境には無関心のまま、同胞の「在日」に対してだけ「哀れみ」「共感共苦」「同胞愛」を感じるようではいけない、そのような文芸作品やドラマの消費の仕方では困るというのが私の問題意識です。その点、韓国社会またはコリアンという文脈からみると、この『パチンコ』作品に内在する可能性もしくは制約は何でしょうか。

鄭炳浩　『パチンコ』のドラマを妻と一緒に観たんですけれども、私はドラマを観ているとき、一九三〇年代の大阪の猪飼野でこんなことはありえないとか、あの服装は間違っているとか、そういうコメントをちょっと言ってしまうんです。そうしたら、妻は「うるさい、あなたはドラマをわかっていない」と。ドラマというのはそういうふうに観るんじゃないですよと言うんです。彼女は心理学者ですが、人類学者と歴史学者はドラマの見方がわからないんだと（笑）。

今度のシンポジウムのタイトルは、本質を突いている気がします。私からみれば『パチンコ』はグローバルなマイノリティの物語です。そういう点で普遍性がありまして、それで東アジアの歴史とか、韓国と日本とか、こういう問題について十分わかっていない人も、この作品を観て何か共感できるところがあるのです。自分も体験したいろいろな差別とか、社会的な抑圧を思い出して共感できるところが、このドラマのよさだと私は思っています。

それで少しだけ調べてみました。ミン・ジン・リーさんはとても素晴らしいお仕事をしたと思います。この小説には、出発点から可視化されたマイノリティが登場します。目にみえるマイノリティを作り出すために彼女は、主人公のお父さんに「口唇裂」と「内反足」という二つの可視化される障害を与えるんです。彼が出会って結婚した、あの主人公のお母さんは末娘です。貧乏な家庭で末娘というのは、生まれたときから差別の対象です。ここから生まれた主人公がヤクザに出会って、これもいやな世界の人間で、未婚の母になります。シングルマザーです。シングルマザーってあまりにも柔らかい言葉ですが、未婚の母というのは、これは全く伝統的な社会ではちょっと生きる道がないぐらいの生きづらい立場です。

彼女が結婚した人は、結核患者です。結核というのは当時は隔離される怖い病気だったわけですから、彼が未婚の母と結婚することになるのですね。彼が大阪に渡って出会った義理の姉キョンヒさんは不妊女性です。不妊というのは、当時では離婚の理由にもなるほどでした。

そのうえ主人公の夫は犯罪者になります。キリスト教徒でなおかつ監獄に入るのです。キリスト教徒というのは、これもマイノリティです。日本では全くのマイノリティです。彼が天皇陛下に参拝しなかったという理由で刑務所に入るんですから、これは宗教的なマイノリティですね。さらに彼の兄さんは長崎で被爆します。

モーザスの友達には発達障害の弟がいて、その家庭自体が苦境に置かれ、排除されます。彼はそのせいで気が弱くなって、学校でいじめられる。のちに警察官になりますが同性愛者でもあります。それから悦子という、彼女は離婚した女性ですね。離婚というのも、いまではそんなにスティグマではないんですけれども、当時の日本では離婚はスティグマですね。それで彼女の娘は売春婦になって、エイズを患います。

数えてみるだけで十三ぐらいのハンディキャップ、はっきり言えば社会的なスティグマが描かれています。人類学の視座からみると、文化的なスティグマを家族三代にわたって入れたんですよ。こういうスティグマがない人ってほとんどいないです。自分の家族のなかでも何でも、立場によってスティグマがない人間はいないんです。このスティグマを誰が決めるかというと、やはり主流集団です。とはいえ主流集団のなかにも、こんな自分の弱点を隠しもってる人って、いくらでもいますからね。支配権力というのは自分の利害によって、正常と非正常の線を引くんです。それははっきりそのまま固着するのではなくて、場合によって、これは動きますね。

司会　もしかしたら、そこに問題が内在するかもしれないと、いまのお話から思ったんですが、誰もがもちうる人生のなかでのスティグマ、あるいは苦の部分をマイノリティ集団の一族に全部負わせるということは、へたしたらスケープゴートを創出することになる。そんな暴力性が結果として生まれてしまう。でもそんなことを原作者は本来は意図していないと思うんです。けれども、結果論的にそうなってしまう構図を私たちが読み違えてしまうという可能性がみえてきたのかもしれません。

もしかすると、あのドラマがもう少しファンタジー的に描かれていればドラマとして素直に受け止められるかもしれませんが、そうするには描写があまりにも写実的、もしくはドキュメンタリー的になっている印象があります。『パチンコ』はフィクション、そしてドラマであるという前提で展開し、史実については視聴者や読者が個別に調べてみたいと思うような仕組みにとどめてもよかったのではないかと思ったりもします。ドラマ『パチンコ』の描写または展開のリアリティーについて、テッサさんはどう思いますか？

テッサ・モーリス＝スズキ　それは非常に面白い質問ですが、それもまたオーディエンスによって異なると思います。というのも、監督などが欧米のオーディエンスだけを考えていたら、ファンタジー的な要素を加味してストーリーはもっと面白くなるでしょう。けれども、その時代の朝鮮半島と日本の歴史をあまり知らない人々に対してそういうファンタジー面だけのドラマを放映すると、むしろ真実の描写とドラマ上のファンタジーの関係が混乱をきたしてしまうのではないだろうか、という懸念が残ります。

司会　「Apple TV+」は会員登録が必要なのでなかなか観づらいという制約もありますが、ドラマ『パチンコ』はヒストリーチャンネルみたいな局で放映するようなドラマという印象もあります。私は「ファンタジー」という言葉がいいかは別として、歴史リテラシー、メディア・リテラシーという観点からドラマ・リテラシーの基本姿勢として、このドラマを韓流スターであるイ・ミンホが出演するからという理由で観てみたいと思ってはいけないドラマだと思います。このような点については第3部で述べられるかもしれませんので、そのとき、専門家にコメントをいただきたいと思います。

これまでの話について信子さんはどのようにお考えですか？　ファンタジー性が強すぎたり、あるいはドラマが商業的な視聴率だけにこだわった作りになったりしてはいけないと思いますが、ドラマ『パチンコ』にコマーシャリズム（商業主義）の問題があるとしたらどのようにお考えですか？

姜信子　そうですね、難しい。

司会　ユン・ヨジョンとイ・ミンホを出演させる必要がどこまであったのかという話ですよね。

姜信子　「Apple TV+」を観たかぎりで、実は私はいちばん最後の場面が、あれは結構ファンタジーだなと思っていました。ソンジャが市場に出てきて、「おいしいキムチ」と大きな声を上げる場面で第1シーズンは終わるわけですけれども、これ、すごい場面だなと思ったんです。ありえない設定ですから。なるほど、ここを目指して第1シーズンは作られたのかと。これもすごくまたローカルな話になりますが、ひとくくりにされた在日のなかにも、在日社会のなかにも差別はあるわけです。物語のなかのヨセフの女たちに対する態度に如実に表れているような、きわめて厳しい、激しい、家父長制があるわけですよね。いま現在も在日の女たちはその家父長制と闘っている。ソンジャがずっと耐えて、耐えて、耐えて、いちばん最後に大きな声を放つというところ。大げさに言えば、戦士現る！という感じ。アメリカのドラマ制作チームの中心を担っているのは女性ですよね。

司会　正確に確認はとれていませんが、そうかもしれません。

姜信子　ですよね。制作チームの中心にいる彼女たちの意図はそこだなと思ったんですね。在日の歴史から離れて、小説のほうは在日の大河小説になっていますけれども、「Apple TV+」の第1シーズンの全八話を観たかぎりでは、その第八話の最後の最後が、ソンジャの家父長制乗り越えの第一声なんですね。ここのところで、韓国の女たちも、コリアン・アメリカンの女たちも、コリアン・ジャパニーズの女たちも、快哉の声を上げたのではないか。ソンジャが踏み出した一歩は、私たち女の一歩だと。ドラマは商業主義のなかにありながらも、商業主義を利用し、制作チームはそこに女たちの声を仕込んだともいえるのではないでしょうか。

司会　そうすると、日本でのK文学やKカルチャーの消費を分析的に述べるとしたら、例えば『82年生まれ、キム・ジヨン』(2)について、日本の女性たちが日々感じる苦悩を韓国の文学作品や韓国社会を通して、代弁してもらったと感じたり共感を抱いたりする状況が生まれたということにもなるかもしれません。

そのようなジェンダー問題へのまなざしがドラマ『パチンコ』にも反映された。ある人はなぜ在日の俳優ではなくユン・ヨジョンやイ・ミンホなのかと疑問を抱くかもしれないし、コリアン・アメリカンの制作陣が演出したことへの意見があるかもしれない。とはいえ仮に日本の、あるいは在日の制作陣が演出を担っていたら、女性たちの苦悩を表象したり、家父長制からの解放の必要性を訴えたりする部分がドラマからすっぽり丸ごと欠落してしまったかもしれないという問題意識でしょうか。

姜信子　はい、そうともいえるかもしれません。

司会　なるほど、ありがとうございます。

鄭炳浩　その点で少し加えたいのですが、ハリウッドなど、アメリカの近頃の文化制作や文化産業ではマイノリティの活躍が目立ちます。マイノリティの感性と革新的な人々のポリティカル・コレクトネスが、社会の実情よりも先立ってイメージを作り、そのイメージを通じて社会を変えようとしている。つまり、描写や台詞の内容が史実に基づいているか否かの問題ではないのです。例えば『빨간머리 앤（パルガンモリアン）』、日本語では何と言いますか。

司会　『赤毛のアン』ですね。

鄭炳浩　あのドラマ(3)でも原作にない、カナダの先住民たちを同化させるために導入されていた「先住民寄宿学校」の問題が描かれていたり、ＬＧＢＴＱに関する内容が含まれていたりします。原作にない現代的課題である差別問題が数多く取り上げられているんですね。そういう視点からみると、原作の小説よりも、このドラマ『パチンコ』にはポリティカル・コレクトネスの素材がたくさん含まれています。だから、その点ではファンタジー作品ともいえるんですね。

さらにこのマイノリティがただ羅列されているのではありません。例えば猪飼野で臭いが強いキムチを売っている女性に売り場を提供する人がいます。その人は肉屋なんです。こんなに臭うキムチを市場で売るなという空気感が朝鮮人にもあってキムチを売る女性を排除するんですけれども、彼女を招き入れる肉屋がいる。彼は被差別部落の人ですね。

だから、マイノリティがマイノリティ同士で助け合う姿が、この小説のあらゆる場面に出てきます。また、ジェンダー問題、女性たちは苦しんでいるということが小説の最初から最後まで描かれている。ジェンダー問題が基本的な骨格になって、そこからいろいろなマイノリティの連帯やマイノリティたちが編み出す世界をみせるんです。

ですから、作品が「History has failed us, but no matter」という言葉で始まるのです。ヒストリーというのは権力をもっている主流集団が作るものですが、生活を作るのは、その下で軽蔑され差別を受けながらもたくましく生きているマイノリティ集団だということをはっきりと言っているのです。アウトローのヤクザとか、アウトローのパチンコ屋、彼らのほうが人間的にみえるじゃないですか。大企業のエリート職員よりもです。

司会　なるほど……。ありがとうございます。さて、いつの間にか終わりの時間が近づきました。最後に短くテッサさんと信子さんにお聞きしますが、その前に一つ訂正させてください。いまの炳浩さんの話を受けて気づいた点ですが、先ほど私は『パチンコ』はシンパシー（哀れみ）は描いているけれど、エンパシーやコンパッションは十分に描ききれなかったかもしれないという話をしました。けれども、それは私の読みが浅はかだっただけかもしれないので、その点を訂正しなければいけないことに気づきました。つまり、『パチンコ』にはエンパシーやコンパッション的な要素も多分に含まれているということになります。信子さん、テッサさん、一言ずつ、本当に短い時間しかありませんけれどもお願いいたします。

姜信子　在日の問題を考えるときに、日本と韓国の間で起きた問題と捉えたり、あるいはナショナリズムに取り囲まれるようにして在日があるというような抑圧、圧力というのを私はいままで生きている間ずっと感じてきたのですが、国家や民族と否応なく結び付いているアイデンティティなるものをどうやって開いていくのか、ということをあらためて『パチンコ』を読み、観ながら考えたんですね。

最初のほうで、コリアン・ディアスポラの大きな世界地図があるというようなことを言いましたが、そこで私たち自身をコリアン・ディアスポラとしてどのように位置づけ直すか、日韓のはざまの在日ではなく、コリアン・ディアスポラという大きな文脈のなかで位置づけ直したときに、どういう展望が私たちに開けてくるのか。あるいは、どういう人たちと在日という囲いを乗り越えて、あるいはそれを破壊して、つながっていけるのか。そうしたときに、どういう新しい世界がみえるのか、どういう言葉、どういう文学、どういう芸術がそこから生まれてくるのかということをあらためて強く思いました。新しい問いが生まれたということですね。

司会　ありがとうございます。それではテッサさん、本当に短い時間ですけれども、お願いします。

テッサ・モーリス＝スズキ　先ほどファンタジーと歴史の話を出したのですが、その点を考えるときに、私にとって興味深いのは第１シーズンの最後の部分でした。実際の在日コリアンのお年寄りの女性たちが出てきて、自らの歴史を語る部分ですね。私はその部分にかなり感動したのですが、それをドラマに含めていることについて、第３部でみなさんのご意見をうかがいたいと思います。

司会　ありがとうございます。炳浩さん、一言、短い時間ですがお願いします。

鄭炳浩　差別って民族差別だけじゃないということを忘れてはいけません。実は私は、朝鮮半島の北側から逃げてきて韓国に定着した子どもたちの教育に二十年間ぐらい関わっています。韓国の小学校に入った子が北朝鮮のなまりが出てしまうかと思って、そのせいで差別されるのを恐れて、鉛筆を口にくわえてソウルの標準語を練習するんです。家で鉛筆を口にくわえて、一生懸命ソウルの言葉を練習するけれども、なかなかソウルの言葉は使いこなせないから、学校では一切声を出さない。本も読まない。運動会の日にも親たちに学校に来るなと言う、そういう感じです。北から来たことがばれると思って。同じ民族同士でも、こういうレベルの心理的な差別というのが可能です。これが『パチンコ』の世界で、ノアたち二世、三世が経験しているものです。言語にちょっとなまりがあるとか、ちょっと違う言葉遣いをするだけで差別を受けるのです。このように小さい差異を差別の口実にするというのは、これはいまの社会で起きている問題です。あらゆる差別に対して感受性を高めて連帯する、それしか解決策はありません。

司会　少し時間をオーバーしてしまったので、これをもちまして第二部を終えます。ありがとうございました。

注

(1) 現在の呼び方は「アボリジナルの人々」あるいは「ファースト・ネーションズ」。

(2) チョ・ナムジュ『82年生まれ、キム・ジヨン』斎藤真理子訳、筑摩書房、二〇一八年

(3) 『アンという名の少女』制作：カナダCBC／Netflix、二〇一七―一八年

コラム1　『パチンコ』第1シーズンの歴史考証の諮問団に参加して

李成市

私がドラマ『PACHINKO パチンコ』のシナリオコンサルタントを務めた理由は、誤解を恐れずにいえば、良くも悪くも従来の日本で語られてきた在日の歴史は、歴史の対象としての距離感がないという個人的な感慨があったためだ。とりわけ、在日の歴史が在日内部の「内輪の物語」になってはいないか、あるいは特殊な歴史と見なされていないかという危惧を抱いていた。また、私は在日コリアンの歴史は、ホスト国である日本の歴史に規定されていると考えているが、日本近現代史として在日コリアンの歴史が取り上げられることはほとんどない。日本研究が手薄な韓国にまともな在日コリアンの歴史研究がないことも、それを裏付けている。

それに対して、ドラマ『パチンコ』は、アメリカ社会に共有されている通念のフィルターを通すことで、在日コリアンの歴史を再考するうえで参考になるのではないか、具体的には、「良質な物語」とは何かということを示唆してくれるはずだと確信した。ここで私がいう「良質な物語」とは、一部の個別具体的な体験を共有する人々だけでなく、多くの人々が、例えば世界中で在日と同様の「移民」（様々な事情で祖国を離れた人々）の体験をもつ人々が共感できる物語のことである。それは、決してファンタジーのような物語ではなく、具体的な事実に基づいて構成された物語でなくてはならない。

ドラマ制作者からコンサルタントを務めるよう要請されて以来、私は制作者とメールのやりとりやオンライン会議を重ねた。そこで制作者について感じ取ったのは、大変に誠実に在日の歴史に向き合っているということである。制作を統括しているスー・ヒューさんをはじめ、制作スタッフとは何度かオンラインで質疑をおこなった。制作者たちは実に率直に、わからないことはわからないと明かした。あるいは、「シナリオには、このように書いたけれども、それは歴史的事実にかなっているのか」「もし歴史的な根拠があるならば教えてほしい」「できれば、それを裏付ける資料がほしい」と要望された。

契約後、日本語に翻訳されたシナリオ全文が送られてくると、それに対するコメントを関係資料とともに送ったが、その後もドラマ制作期間中に何か問題が生じればそれを共有できるようにコミュニケーションは続けられた。しかし、できあがった映像を観たときに、私が提言したことが映像のすべてに反映されたわけではないことに気づいた。当然のことながら、私が指摘したのはシナリオ上のことであり、それも問い合わせがあった部分に集中している。また、制作過程の映像などは一度も観ていない。

例えば、シンポジウムのなかでも言及があった関東大震災は、実は制作者にとって非常にセンシティブな問題になっていたようだ。原作の小説にはないシーンを盛り込んだわけだから、当然だ。メールのやりとりでも何度か関東大震災の虐殺の被害者数が問題になったが、それほど気になるのならば根拠をテロップで挿入したらどうかと提案したところ、実際に、ドラマの進行中にテロップが入っているので驚かされた。実は、日本側の一部のスタッフからは、関東大震災のさなかの朝鮮人虐殺がシナリオに盛り込まれているのをみて、「こうした虐殺はありえないことであり、（事実に反したことを）ドラマに組み込むことへの異議があった」と私にも伝えられた。

私はドラマ制作と同時期に、いわゆるラムザイヤー問題についてアンドルー・ゴードン氏やテッサ・モーリス゠スズキ氏からの問い合わせを受けて、作家の渡辺延志氏とラムザイヤー論文について再検討していた。そのおかげで朝鮮人虐殺の資料の所在について確信をもって伝えることができ納得してもらえた。

ところで、このたびのシンポジウムに出席して指摘せざるをえないことが二点ある。

最初に、些末なことではあるが、誤解を与える発言について述べる。討論中に、ある登壇者が「制作スタッフが東京に所在する在日韓人歴史資料館に行ったようだが、東京に行ったところで、（大阪の）在日コリアンのことはわからない」という趣旨の発言があった。しかし、これは明らかに誤解である。『パチンコ』第1シーズンの撮影は、まさにコロナ禍中にあって、撮影は韓国とカナダですべておこなわれた。日本での撮影は実現できなかった。在日韓人歴史資料館への訪問は、渡航解禁後に初めてスタッフが来日したときのことである。その来日の目的は第2シーズン制作のための調査だった。たまたま最初の訪問先が東京に所在する在日韓人歴史資料館であり、そのあとに大阪を取材するという日程だった。彼らが第1シーズン制作前に、舞台が大阪なのに、東京だけに来たということはない。

また第二に、このたびのシンポジウムの報告や討論での発言で残念なのは、ドラマ『パチンコ』の全体としての評価よりは細部の描写に対する個別具体的な事実との齟齬についての蘊蓄を傾けた指摘に終始していたことである。アメリカ人制作者の映像の細部に問題があるのは、ある意味では当然ではないだろうか。いうまでもなく、小説『パチンコ』の原作者が韓国系アメリカ人であり、ドラマ制作者のほぼ全員がアメリカ人である以上、映像のディテールに誤りが生じることを完全に防ぐのは至難の業である。そのような問題点があるから物語が破綻しているかといえば、そのようなことは必ずしもいえないだろう。

まずは、この物語のオーディエンスが誰かを問題にしなければならない。原作もテレビドラマも、第一のオーディエンスはアメリカ人ではないだろうか。もちろんドラマ『パチンコ』は、多様な言語で視聴できるように世界の視聴者に向けて制作されているが、やはり最初のターゲットはアメリカ人だろう。

そのうえで、私はつくづくアメリカ合衆国がうらやましいと思わざるをえない。合衆国の国民には基本的な約束事がある。たとえ現実には差別が横行しているとしても、不当な差別は決して認めない、国是として多様な民族の出自を認め合うという合意がある。したがって、ドラマ『パチンコ』の底流には、アメリカの基本精神に基づく「和解の物語」があると認められるのである。逆にいえば、ドラマ『パチンコ』を通して日本社会の欠損部分が浮き彫りになるのではないか。すなわち、日本でドラマ『パチンコ』がほとんど話題にならなかった理由の一端がみえてくるのではないだろうか。

例えば、ロサンゼルスのリトル・トーキョーには全米日系人博物館がある。ロナルド・レーガン政権が、アジア・太平洋戦争期に日系人を強制収容所に収監したことを謝罪して、その和解の象徴として、この博物館を設立した。そのような和解の物語が共有されているから、アメリカ合衆国には、ドラマ『パチンコ』のような映像化も可能なのではないだろうか。このようなオーディエンスとしてのアメリカ人の文脈、制作者の思想・信条の文脈、あるいは今回のシンポジウムのタイトルに掲げられた「グローバル化」の文脈でみると、『パチンコ』を読み解くために必要なのは、アメリカで在日コリアンの物語はどのように描かれ、どのように受容されるのかという視点ではないだろうか。細部の描写に対するマニアックな詮索をしてドラマの評価の可否を論じるようでは生産的な議論にならないという気がしてならない。私はドラマ『パチンコ』を、日本の在日史の語り方についての問題提起と捉えてみたい。

当日のシンポジウムではテッサ・モーリス゠スズキ氏をはじめ登壇者の講演、コメントにドラマ『パチンコ』を論じるうえで、非常に示唆に富む重要な指摘が多々あった。可能ならば、第2シーズンの制作に携わっているスタッフには、日本でのドラマ『パチンコ』の受容を知るためにも、このシンポジウムの画像をぜひ観てほしい。コンサルタントの一人としてそう願っている。

コラム2　複数の声が集まる現場から

伊地知紀子

二〇二二年八月五日、大阪コリアタウン歴史資料館（以下、資料館）の開館に向けて、企画チームが初めてのミーティングを開催したときのことだった。資料館の建物はあるものの、展示の方向性や構成はこれからという段階でみんなで材料を見ながら検討していると、突然三人の女性が玄関のドアを開けて入ってきた。「開館は来年四月ですよ」と伝えると、私が寄付集めのために発信していたSNSの情報を見て、すでに開館したものと思い入ってきたという。三人のうち二人はアメリカから来たとのこと。なぜアメリカから？企画チームのメンバーの誰も、その理由を思いつかなかった。尋ねると、二人は母娘で、日本にいる友人と大阪コリアタウンに来たという。そして、娘さんはドラマ『PACHINKO パチンコ』第2シーズンのスタッフで脚本制作に必要な材料収集のためにきたという。第2シーズンは一九四〇年代から五〇年代という、ドラマ化が最も困難だと思われる時期を描くことになる。第1シーズンを視聴していろいろ思うところもあったが、第2シーズンがこれから制作に入るということなので、よりいいものに仕上げてほしいといろんな資料をお見せした。二人は大変喜んで帰っていかれた。その後すぐに、娘さんが私にお礼のメールをくださり、私は自分がこれまで調査研究してきたことを伝えたうえで、何かあればいつでもご連絡くださいと返信した。

しばらくして、彼女から再度連絡があった。ドラマ『パチンコ』の総合プロデューサーであるスー・ヒューさんが私とミーティングをしたいと言っているという。私はオンラインでスーさんと会った。スーさんは、私自身の調査研究と第1シーズンについて質問した。私は、スンジャたちが到着した時期の猪飼野の地図を見せながら、ヨセフの家が実際にはどのあたりだと推定できるのか話した。また、第1シーズンの路地を豚が歩いているシーンについて、猪飼野で生まれ育った人たちから寄せられた感想などを忌憚なく伝えた。ここで少し解説しておくと、猪飼野といっても範囲は広い。ドラマの舞台は、猪飼野のなかでも日本の植民地期から朝鮮人が最も集住してきたエリアと設定されている。実際にそのエリアで生まれ育った人と、隣の区との境界あたりに住んでいた人とでは、生活実感がかなり異なるということを、私は生活史を聞き取るなかで学んできた。例えば、こんなエピソードがある。かつて「朝鮮市場」と呼ばれていた大阪コリアタウンの東の端は、生野区を縦断する平野川に突き当たる。ここにかかっている御幸橋の朝鮮市場側には、かつて交番があった。この周辺で生まれ育った洪性翊さん（六十七歳）は、交番の警官に、外国人登録証を携帯しているか、としばしば呼び止められたという。ほぼ同世代の人でも、朝鮮市場から自転車で十五分くらいの距離で生まれ育った人は「そんなん知らんわ〜」と語ったりする。そんな話をあれやこれやとスーさんに話した。

すると、スーさんは、いきなり「あなた、第2シーズンのコンサルタントしない？」と私に提案してきた。少し思案したが、これまで在日コリアンの歴史と生活について、猪飼野を中心として数多くの人々の生活史を聞きながら学んできた者として、提供できる資料があることはわかっていた。第2シーズンは、日本の植民地支配から朝鮮の解放、そして南北分断という描き出すことが最も困難な時期を扱う。一個人として、一研究者として、第2シーズンをよりいいものにするために手伝えることがあるのであれば、やりたいと考えた。そもそも私は物好きでもある。めったにない機会だと判断し、引き受けることにした。

いざ始めると、驚愕の連続だった。スーさんはもちろん、ドラマ制作に関わる複数の会社の担当者から山のような質問が到来する。人さまにお見せするものを世に出すのだから、それなりにリサーチをしたうえでの質問だが、アメリカから当時の日本や在日コリアンをみるとこんなふうにみえるのか、そんなふうに描きたいと考えるのかという、仕上がる以前の思い込みが伝わってくる。もちろん、問いに答えるべく山盛りの資料を調べ、一つの問いに複数の答えを提示する。調べた内容や答え方の工夫は、資料館の展示を考えるうえで大変役に立った。すべての在日コリアンの前に日本社会からの差別と排除の壁は立ちはだかってきたが、前述のとおり、猪飼野を生きる一人ひとりはそれぞれ異なる人生を生きている。複数の声を一つの現場にどうやって落とし込んでいくのか。何より、社会に広がる多様な誤解や偏見に対してどのように資料を提示し説明を重ねれば、こちらの意図が伝わるのか。その答えを求める試行錯誤自体が私には大変興味深いものになった。

ただ、みなさんご存じのように、これは商業的成功を狙う作品だ。聞くと、私以外にもコンサルタントはいるそうで、それぞれから出る資料や意見のなかから何を採用するのかは制作陣に決定権がある。やりとりの一例を挙げると、戦前の猪飼野にある学校の教室内の様子について問い合わせがあった。手当たり次第調べ、複数の資料とその根拠になる説明を山のように送り続けた。制作側はできるだけ当時を再現しようと、いくつもの構成案とともに細かく質問を返してくれた。守秘義務があるので、これ以上の具体的な中身については残念ながらお伝えできないが、このドラマに関わろうとする人々の熱意と敬意に触れることができたことは強調しておきたい。いかに歴史考証を重ねても、個々の在日コリアンの思いや軌跡に完全に沿うことには限界がある。これは、私自身が在日コリアンの生活史を学び、それを論文や書籍として公刊するにあたって抱える課題と通じるものでもある。そんな限界がありながらも、ワンシーンのわずか数秒しか映らないような部分の制作に、どれほどの労力がかけられていることか。どのドラマも同様だと思うが、現場に関わることで、完成版を観るだけでは計り知れない蓄積を知ることができたように思う。

最後に、ちょっとしたエピソードを紹介しておこう。あるとき、第2シーズンに出演する俳優に大阪コリアタウンを案内することになった。スーさんに、撮影に入る前に「ノリコのところに行ってきなさい」と言われたそうだ。JR鶴橋駅で待ち合わせ、韓国料理屋で昼食をとりながらドラマ『パチンコ』と猪飼野について三時間くらい話し込み、ようやく外に出た。第1シーズンでスンジャとイサクが降り立った停車場から南に延びる一条通り、平野川沿いをぶらぶら巡り、開館前の資料館で洪性翊《ホンソンイク》さんと待ち合わせ、彼が生まれ

写真1　洪性翊さん（筆者撮影）

育った朝鮮市場界隈を歩き回った。第1シーズンの「ドラマ観て、この路地とほとんど同じにできてるな〜と思いました。僕らここでよう遊んだんです」と、長屋が立ち並ぶ細い路地に連れていってくれた（写真1）。

洪性翊さんの父・洪《ホン》呂《ヨ》杓《ピョ》さんは一九三〇年、和歌山で生まれた。解放後に大阪から本籍地である済州島へ家族で移り、済州四・三のときに再び来阪した。三五年に済州島で生まれた母・康安子さんは、先に大阪に来ていた母親に呼ばれて十六歳のときに来阪した。結婚後、夫婦で朝鮮の餅作りを始め、六四年、朝鮮市場のメインストリートに徳山商店を開店した。以来、現在までほぼ同じ場所で営業している。この間に事業を拡大し、八五年には徳山物産という株式会社を設立した。

長男である洪性翊さんは、徳山商店の横の路地とメインストリートから一本裏に入った通りが交差する角に立ち、自分が小学生だったころの暮らしを語ってくれた。「うちは、このへんでいうたら、中の上ですわ。なんでかっていうたら、親らが商売してその日使える現金を手に持ってたから。目と鼻の先やけど、この裏に面したあそこに木造アパートがあったんです。細い階段を走り回る子どもらはほぼ裸やった。父親はどっかの組の下っ端で、母親は今里でホステスしてたり……」。「朝鮮市場界隈」といってしまえば、よそから見ればどの店もどの家も似たようなものに見えるかもしれない。けれども、隣近所同士でも、日々の暮らしの余裕が異なることは子どもの目にも明らかだった。洪性翊さんの話を聞いていると、まるで、当時の店から響く客への呼びかけや、路地に湧き上がる喧騒、通り過ぎる人のため息、子どもたちが呼び合う声が聞こえてくるかのようだった。

第2シーズンは、こうした様々なやりとりから脚本が何度も練り上げられ、山のように撮影されたシーンが編集され、完成版として放映を迎える。私もどんなふうに仕上がるのかはわからない。けれども、物語の不備不足を探し出したり、自分の経験や知見との違いを言挙げするよりも、在日コリアンを主人公としたドラマを世に送り出したことをともに祝うことができればと思う。在日コリアンを主人公とするドラマが日本で制作され話題作となる素地をどうしたら整えられるのか、ドラマ『パチンコ』の登場は、私たちにそれを問いかけているのである。

コラム3　私が『パチンコ』を制作したくなかった理由

スー・ヒュー

私は、原作に脚色を加えることを好む脚本家です。このため、私とテキストの関係は、一般の読者とテキストの関係とは異なります。これまで私は、楽しむために読書をするということはありませんでしたし、この先もないでしょう。私が本を読むとき、ノンフィクションかフィクションか、短篇か長篇か、ファンタジーか歴史ものかにかかわらず、私の脳内にある映画製作者の部分は絶えずざわめきます。ページ上の言葉がイメージや音を連想させ、登場人物は想像上の現実の世界に姿を現し始めます。彼らの感情は、悪役であろうと英雄であろうと、壮大な規模に膨れ上がります。したがって、小説『パチンコ』を読んでいる間、私の想像力が爆発し、感覚が最高のかたちで圧倒されたのも不思議なことではありませんでした。

このような読書体験は誰もが大事にし、もっと頻繁に味わいたくなるものです。登場人物が美しく描かれた没入感がある物語に引き込まれるのは、至高の体験です。一方で、私はソンジャやハンス、ノアやモーザスの世界に飛び込み、彼らの人生が形になっていくのを目の当たりにしても、そのドラマを制作する気には全くなりませんでした。何しろ、このようなドラマは前代未聞だったのですから、これを引き受けることは確かに愚行だったでしょう。

三つの言語、三つの国で、ほぼ一世紀にわたって大勢の登場人物が繰り広げるドラマを撮影するという制作上の課題はさておき、私は自分がこの物語を語るに値する人間だとは思っていませんでした。何しろ私はおもにアメリカで育ち、小学五年生程度の韓国語能力しかなく、日本語は全く話せませんでした。しかも恥ずかしながら、私は在日コリアンの歴史をほとんど知らなかったので、未知の領域に足を踏み入れなければなりませんでした。

けれど、私が『PACHINKO パチンコ』を制作したくなかった最大の理由は、それが現実問題としてあまりにも恐ろしく、感情面でもあまりにも厄介だと感じたからです。なぜなら、この本のなかに、私自身の家族の歴史――希望と夢、勝利と悲劇、そして最終的には嘆きなど、あまりにも多くのものを見いだしたからです。多くの移民の話と同様に、こうしたサバイバルの物語があまりにも頻繁に、まるでホラー映画のように語られていることに気づいてしまったからです。それなのに……。

それなのに、この本のことや耐え忍ぶための闘いに、必ずしも自分の人間性を否定する代償を払う必要はないと教えてくれる登場人物たちのことが、私の頭から離れませんでした。そして、私が最も情熱を注いでいる大きなテーマを描くために、複数のタイムラインと各世代の視点が交差するこの物語をどのように伝えたらいいかを考え始めると、私はもう夢中になっていました。もはや、このドラマを制作したいかどうかではなく、どうやって制作するかが問題になりました。

最初のステップは、大文字で書かれた歴史、すなわち公式の歴史に没頭することでした。過去の出来事について、誰が、何を、いつ、どこで、どのように、そして最も重要な、なぜしたのかを知ることと、いわゆる勝者と敗者を描写することでした。その後の五年間、日本語力の不足という制約があるなかで、できるかぎりのものを読みました。日本語でしか書かれていない重要な文章については、翻訳者を雇って英語で要約してもらいました。歴史家や思想家など様々な専門家にも話を聞きました。学んだテーマは、稲作の方法から第二次世界大戦前の日本の建築、大阪のヤミ金融業まで多岐にわたりました。私は何から何まで知りたいことが膨大にあったので、彼らが専門知識を快く提供してくれたことにとても助けられました。私は細部にこだわりすぎないように努めましたが、それでも私の頭のなかは大小様々な事柄でいっぱいになりました。

しかし、ご存じのとおり、歴史にいくら没頭しても、過去のすべてを知ることは不可能です。そのため、推測や仮定、そして慎重なクリエーティブ・ライセンスが必要になり、それに再び恐怖を感じるようになりました。

私が『パチンコ』のパイロット版エピソードを書き始めたころ、日韓関係の緊張が高まっていました。両国の友人や同僚からは、政治的にセンシティブな問題なので、クリエーティブな綱渡りをしなければならないだろうと警告されました。なかにはこのドラマを制作しないようにとそっと忠告する人もいました。このような話を聞いて、私は創作意欲を失い、最初の直感に従わなかった自分を責め、登場人物を愛しすぎた自分を責めました。

しかし、残念なことに、あるいは幸いなことに、それほど長い間、創作意欲を失っている余裕はありませんでした。「Apple TV+」にドラマを売り込むと、私は脚本を書くよう依頼されました。そこで、私は歴史の解釈を間違えたり、人々の怒りを買うのではないかという不安に溺れたりするのではなく、自分の盲点をしっかりと確かめるように注意しながら前に進みました。そして私は、私を支配していた恐怖から少しずつ解放されていったのです。これは恐怖心を完全に拭い去ることができたからではなく、ときにはドラマの物語性を損なうほどに、できるかぎり正しく伝えようと真摯にベストを尽くしたからです。

私はこのドラマで「真実」にたどり着いたとはいいません(そんなことは不可能です)が、私やプロデューサー、キャスト、スタッフのドラマへの思いは善意に基づくものであり、厳格なものだったと真摯に思っています。このドラマは、非難することを目的とするものではありませんが、苦難や残酷さを覆い隠すこともしませんでした。私たちの目的は、常に、そして心から、揺るぎのない目でこの物語を伝えることであり、同時に深い共感をもって伝えることでした。

二〇二二年三月に第1シーズンが公開されたとき、家族を支えるために壮大な旅に出た、貧しく読み書きができない田舎《いなか》の少女の境遇が世界中の視聴者に受け入れられるかどうか、どのような反応があるのか、全く想像ができませんでした。驚いたことに、本当に衝撃だったのですが、反応は非常に大きなものでした。大変多くの人々が、個人的経験から、あるいは家族の集合的記憶から、ソンジャの物語に共感してくれました。その後の数カ月間、私は物語そのものの力と、私たちの心を結び鼓動させ続ける糸に気づかせてくれた、見ず知らずの人たちとともにたくさんの涙を流しました。日本からの反応は控えめでしたが、それでも私は、集まってくれた日本のファンとたくさんの素晴らしい会話を交わしました。私は、この冒険を始めたときに予測していたような恐ろしい終末が現実とならなかったことに胸を撫で下ろしています。ある意味、それだけでも驚異的な成果だと感じています。心が開いていくのです。

私は、『パチンコ』が長くみなさんに愛され、日本だけでなく世界中のより多くの人々がこのドラマを観てくれること、新たな視聴者がソンジャの不屈の精神に触発されることを望んでいます。なぜなら、『パチンコ』はフィクションですが、そのなかで描かれた出来事は、実生活から、そして「大文字」の歴史の目を引く見出しや小さな脚注から引き出されたものだからです。それは重要な「大文字」の歴史であると同時に、それぞれの生を生きた一人ひとりの「小文字」の歴史であります。これらの歴史は忘れ去られてはならないものなのです。

第2部　『パチンコ』を読み解く

PACHINKO

第3章　ドラマ『パチンコ』の「在日」表象を可能にしたもの

ハン・トンヒョン

はじめに

本章で取り上げる『PACHINKO パチンコ』は、植民地時代の朝鮮から渡日した女性から始まる、在日コリアン一族の四世代にわたる物語——アメリカでベストセラーになったミン・ジン・リーの小説『パチンコ』（二〇一八年）を原作に、「Apple TV+」が一億ドル以上の制作費を投入し、エンターテインメント超大作として映像化した全八話の配信用ドラマである。

筆者自身、この原作がアメリカでベストセラーになったということを耳にしながら心躍らせた記憶があるが、「Apple TV+」がドラマ化するというニュースには、驚くとともに期待と不安が入り混じったような複雑な気持ちになったことをよく覚えている。いずれにせよ、ドラマ化された本作は、グローバルなメディアコンテンツでの本格的な在日コリアン表象という意味では、おそらく初めてのものといえるだろう。

二〇二二年三月二十五日に配信が始まった本作だが、アメリカや韓国では高く評価される一方、日本でははやらなかったとされる（第9章「なぜ日本では『パチンコ』がはやらなかったのか」〔倉橋耕平〕を参照）。ただ筆者自身を含め、少なくとも筆者の周囲の、女性を中心とする在日コリアン当事者たちには、比較的好感をもって受け止められていたようにみえた。しかも、小説はいまひとつだったけどドラマはよかった、という声が少なくなかった。

だとしたら本作での「在日」表象は、これまでの「在日」表象と何が同じで何が違うのか、その要因はどこにあるのか。本章の問題意識はここにある。

1　韓国メディアの「在日」表象

在日コリアンの表象に関する先行研究をみておこう。

韓国社会が在日朝鮮人をどのように表象してきたのか、おもに新聞、漫画、映画などのメディアを中心に分析した権赫泰《クオンヒョクテ》は、「解放後、韓国社会で作られた在日朝鮮人イメージは、反共軍事独裁政権下で培われたもので、韓国語ができない「パンチョッパリ」、朝鮮総連などから連想される「アカ」、また経済大国日本の資本主義を背景にした「お金持ち」に代表される」とし、これらは「それぞれ、「民族」、「反共」、「開発主義」という三つのフィルターが作動し、在日朝鮮人に対するイメージを増幅／歪曲した結果だ[1]」と指摘した。

「パンチョッパリ」の「チョッパリ」は直訳すると豚足で、足袋の形に由来する「日本人」への蔑称だ。「パン」は「半」、つまり「半分日本人」ということで、在日コリアンへの「蔑称」になっている。また「アカ」は共産主義者を指す。長年の軍事独裁政権による反共政策のもと、国家保安法の対象とされている朝鮮総連（在日朝鮮人総聯合会）の存在もあり、在日コリアンが警戒され、ときにスパイ容疑がでっちあげられることもあったような状況の反映だろう。いずれも韓国社会を支配した冷戦イデオロギーにとらわれた枠組みであり、過去の歴史的経緯や多様性は捨象され、他者化・記号化されているという指摘である。

一方で権によると、韓国が経済発展を遂げて民主化した二〇〇〇年代以降、「民族」、「反共」、「開発主義」という三つのフィルターには大きな変化が表れている。それは、①南北の緊張緩和による反共イデオロギーの弱まりで「反共」フィルターが、②植民地一世の高齢化が進むことで「民族」フィルターが、③韓国の経済成長によって日韓の経済格差が縮まるなか「開発主義」フィルターが――それぞれ弱まり、また同時に日韓の国境の壁が下がり日韓交流が進むなか、日韓の情報媒体としての在日朝鮮人の役割も下がっていくことを意味しているという。

さらに権はこうした状況のもと、①在日朝鮮人を脱民族、脱国家的な変革の主体と見なすような、②既存の三つのフィルターから排除されていた「失った片割れ」に対する復権や「民族」フィルターの正常化と呼べるような、③過去の反共主義と開発主義的な民族フィルターから反共を薄めたり排除した資本中心の功利的な、④日本に同化して日本国籍を取るのが当然で日韓国家間交流のじゃまをすべきではないといった「民族」フィルターを完全に排除した――在日朝鮮人論、在日朝鮮人表象が登場しつつあるのではないかと指摘した。

実際はどうだろうか。権が「日韓の情報媒体としての在日朝鮮人の役割も下がることを意味」すると指摘したように、あくまで筆者が目にしているかぎりだが、例えば近年、韓国内で存在感を増している中国朝鮮族の表象(ここにも問題は多い)に比しても、そもそも不可視化され、表象されたり議論されたりすることが多くないようにみえる。

とはいえ最近だと、二〇二三年四月から配信が始まった「Netflix」オリジナル映画『キル・ボクスン』(監督:ピョン・ソンヒョン)には一種の「つかみ」として、主人公と対決する在日コリアンの大物ヤクザ「オダ・シンイチロウ」が登場する。カメオ出演的な有名俳優が演じたこともあってか、オダは在日二世といいながらもたどたどしい日本語で「サムライ魂」を連呼し、そのような彼と韓国語でやりとりする主人公は「韓国語もわかるのね」と言い放つ。また映画『工作　黒金星《ブラック・ヴィーナス》と呼ばれた男』(監督:ユン・ジョンビン、二〇一八年)には、北朝鮮とパイプをもつ朝鮮総連系の貿易業者「キヨハラ」が登場する。これらの表象からは、権の分析によるかつてのフィルターがいまも残っていることを感じさせた。

また近年、社会派のドキュメンタリー映画や一部のテレビ番組などで、かつてはなかなか取り上げられなかった朝鮮学校や、京都・ウトロ地区の住民といった在日コリアンにスポットが当たることが時折ある。これらは前述した権による二〇〇〇年代の状況以降に関する指摘の②に該当するといえるだろう。ただし、こうした表象にまとわりつく本質主義的なナショナリズム――例えば本章の主題であるドラマ『パチンコ』を韓国内で「K―コンテンツ」と見なす傾向――について、これを批判する声もある。[2]

2　戦後日本映画の「在日」表象

戦後日本映画の在日コリアン表象の変遷について検討した難波功士は、以下、四つの時代に分けて、それぞれを特徴づけている。

最初の時代区分は一九五〇年代から六〇年代で、難波は、「この時期の在日コリアン像を総じて言うならば、貧困や差別のなかでも明るさを失わず、「清く、正しく」となるであろう」[3]と指摘した。このような「良心的・社会派」の代表的な作品として『にあんちゃん』（監督：今村昌平、一九五九年）、『海を渡る友情』（監督：望月優子、一九六〇年）、『あれが港の灯だ』（監督：今井正、一九六一年）、『キューポラのある街』（監督：浦山桐郎、一九六二年）があり、「戦前の支配や現在の差別への反省を促す存在として在日コリアンが登場し、日本人への啓もう・啓発の意図をもつものが一般的であった」[4]という。

次は一九七〇年代から八〇年代とされているが、六〇年代以降のいわゆるやくざ映画や最近の「Vシネ」の類いに至るまで、『男の顔は履歴書』（監督：加藤泰、一九六六年）、『日本暴力列島　京阪神殺しの軍団』（監督：山下耕作、一九七五年）に代表されるような一連の作品では、「在日コリアンのおかれた境遇が真正面から取り上げられているわけではないが、隠しテーマとして匂わされている」。このような「やくざ映画・Vシネ」で「強く哀しいものとして」表象される在日コリアン像は、難波によれば「日本の過去の汚点や現実の暗部を裏側から照射する役回りを担っている」。

さらに一九九〇年代になると、在日コリアン作家による文学作品を原作とし、アイデンティティをめぐる苦悩や家族・親族との葛藤、またごく普通の等身大の在日コリアンを描こうとした『月はどっちに出ている』（監督：崔洋一、一九九三年）、『青 chong』（監督：李相日、一九九九年）、『GO』（監督：行定勲、二〇〇一年）、『血と骨』（監督：崔洋一、二〇〇四年）、『パッチギ！』（監督：井筒和幸、二〇〇五年）といった作品が登場した。難波によるとそれらは、「実存的ないしリアルなものとして」[5]の在日コリアン表象だ。

こうした表象がこの時期に台頭してきた最大の要因としては、在日コリアン自身が広く原作、監督、プロデュースなどを手がけるようになったということが大きいだろう。[6]先に挙げたのはまさにそのような作品たちだ。とはいえ日本社会が多様化・グローバル化するなか、テレビなどのマスメディアでは在日コリアンが後景化し、むしろ不可視化されていくという側面もあった。

二〇〇〇年代には、韓流ブームを背景に企画され、在日コリアンが登場するテレビドラマ『東京湾景――Destiny of Love』（二〇〇四年、フジテレビ）が放送される一方で、日韓・日朝関係の悪化に伴いヘイトスピーチが広がる状況を背景にした映画『アジアの純真』（監督：片嶋一貴、二〇〇九年）も公開された。難波はほかの作品にも言及しながら、一九九〇年代までの「「単純で一元的な在日コリアン像から、一つの作品のなかでも複雑かつ他面的なその姿を描くようになってきた流れ」に逆行する動きが、二〇〇〇年代中盤以降顕著となってきたこともたしかである」[7]として、在日コリアンが「美しいもの、もしくは疎ましいものとして」表象されていると指摘した。

二〇〇二年は、サッカー日韓ワールドカップ共催とともに当時の小泉純一郎首相が訪朝し、北朝鮮が日本人拉致について公式に認めた年である。日韓共催のワールドカップによって日本社会で可視化された韓国の存在感とパワーは友好ムードの一方で反感も生み、北朝鮮バッシングとも結び付きながら現在にいたる嫌韓ムードが作られる大きなきっかけになった。だが映画では二〇〇〇年日本公開の『シュリ』（監督：カン・ジェギュ、一九九九年）、テレビドラマでは〇三年に初放送された『冬のソナタ』（監督：ユン・ソクホ）によって爆発的な韓流ブームも起きた。「韓国」に限っていえば、この両者はコインの裏表のようなものでもある。

つまり二〇〇〇年代以降の在日コリアン表象は、一九九〇年代に当事者の台頭によって等身大のものになりかけていたのに、（あえていえば「ルーツがあるひとつの国家にすぎない」）韓国とつながる「美しいもの」として表象されたり、嫌韓ムードを背景にむしろ「疎ましいもの」として表象されたりもするという、韓流とバックラッシュによる（再度の）可視化／不可視化の時期を迎えているともいえるのではないだろうか。

ここまで、戦後日本映画の在日コリアン表象を難波の整理に沿って振り返ったが、女性が主人公である『パチンコ』について論じるうえで欠かせないのがジェンダーの視点だろう。

一九五八年から二〇〇二年に制作された十九本の劇映画（すべて男性監督。四本が在日コリアン監督。在日男性作家の原作が二本、在日女性作家の原作が二本）の在日コリアン女性の表象とそれをめぐる言説空間を分析した梁仁《ヤンイン》實《シル》は、これらの作品に登場する在日コリアン女性たちの象徴・記号としての「チマ・チョゴリ」姿と「働くオモニ（母）」像に着目した。[8]

梁は、家父長制と植民地主義が重なり合う状況のもとで選好される女性表象の二つの面――①「男性によって保護されなければならない立場」を象徴するものとしてとくに「朝鮮学校のチマ・チョゴリ制服」を、②「男性の代理としての強い母」を象徴するものとして「働くオモニ」像を取り上げて論じたうえで、これらの象徴・記号は、民族的アイデンティティが在日コリアン女性に所与のものであるかのように機能していると指摘。そこにあるのは「日本的オリエンタリズム」のまなざしであり、それが、朝鮮半島との関係だけで表象され語られる「記号的な表象」の問題性を隠蔽していると強調した。

3 ドラマ『パチンコ』の「在日」表象からみえること

では主人公ソンジャを中心に、ドラマ『パチンコ』の在日コリアン表象をみていこう。ソンジャは一九一〇年代、日本の植民地だった朝鮮の釜山《プサン》・影島《ヨンド》で生まれ育ったあと大阪に渡り、波瀾万丈の人生のなかで家族を作って生きてきた女性だ。家族のために「働くオモニ」だったのは事実だが、第1シーズンで描かれるソンジャの若いころの恋愛や結婚、渡日を軸とした人生の選択、また晩年になってからの息子や孫への態度がみせてくれるのは、主体的であると同時に、かなり複雑で多面的な姿だ。

もっとも、第1シーズンはソンジャの若いころと晩年が交錯する構成で、「働くオモニ」としての最盛期は描かれていない（第1シーズンは、若いソンジャが家族を養い生きるために街頭に出てキムチを売り始めるところで終わる）。とはいえ、周囲のおもに在日コリアン女性たちの評判を聞いても、とくに在日コリアン男性作家による表象にありがちな、いわゆる「ステレオタイプな在日オモニファンタジー」の要素は薄かったように思う。

こうした印象を支えるものとして、ユン・ヨジョンという俳優の存在と演技力は小さくないだろう。ユン・ヨジョンが演じる晩年のソンジャはときに「虚無」としかいいようのない表情を浮かべ、大げさにいえば何を考えているのかよくわからないことが少なくない。そこには、様々な経験をしてきた人間の内面の複雑さと、在日コリアン一世であり女性であり誰かの祖母でもあり母でもありかつて少女でもあったという多面性が、一人の人間に当たり前のように備わっているというリアリティーと存在感があった。こうした複雑さはとくに在日コリアン女性の場合、それぞれ別個に切り取られてわかりやすく記号的に表象されがちな部分だ。

また本作の特徴として大きいのは、①第七話をまるまる使って、原作にはない「関東大震災での朝鮮人虐殺」という歴史的事実に基づくエピソードをソンジャの初恋の相手であるハンスの前日譚として大々的に盛り込んだこと、②第五話に、ソンジャと少女時代をともに過ごしたボクヒが過去を振り返りながら日本軍「慰安婦」としての経験を暗示するような話をするシーンがあること、③最終話となる第八話のエンディング後に、日本で取材した実際の在日コリアン一世女性たちの多様な声を集めたインタビュー映像が加えられていること――だろう。こうした部分には在日コリアン、とくに女性の歴史への(シンパシーを超えた)エンパシーとリスペクトを感じるとともに、[9]「悲劇」をエンタメ化する際の「作法」についても深く考えさせられた。

なお、在日三世になる孫のソロモンを演じたのはコリアン・アメリカンのジン・ハで、かなり訓練したようにはみえるもののその日本語はネイティブレベルとはいいがたく、当初は多少違和感があった。しかし、観ているうちにソロモンという人間そのもののリアリティーが浮かび上がってきて、気にならなくなっていった。「韓国の俳優」であるユン・ヨジョンが在日一世のソンジャを演じたこともあわせ、本作ではその「揺らぎ」がむしろ普遍性への拡張という効果になっていたようにも思う。とはいえそれらは、とくに在日コリアンを含む日本での視聴者にとっては、在日二世の息子モーザスを演じた在日コリアンの俳優 Soji Arai(朴昭熙)のリアリティーとのバランスによって成り立っていたものでもあるだろう。[10]

4　ドラマ『パチンコ』の「在日」表象の背景

前節で指摘したようなことが可能だったのはなぜだろうか。

本作のショーランナー(制作総指揮)で脚本を担当したスー・ヒューは、韓国・釜山出身で一歳のときにアメリカに移住したコリアン・アメリカンの女性だ。ドラマ『ザ・テラー』(二〇一八年―)や『見えない訪問者ザ・ウィスパーズ』(二〇一五年)、『See 暗闇の世界』(二〇一九年―)などの脚本を手がけた経験をもち、ショーランナーを務めた本作には並々ならぬ情熱を注いだと筆者も伝え聞いている。[11]共同プロデューサー、テレサ・カン＝ロウもまたコリアン・アメリカン女性であり、あらためて指摘するまでもなく原作者のミン・ジン・リーも、韓国・ソウル出身で七歳のときにアメリカに移住したコリアン・アメリカン女性だ。

演出を担当したのはいずれも男性だが、やはりコリアン・アメリカンである。第一話から第三話、第七話は映画『コロンバス』（二〇一七年）、『アフター・ヤン』（二〇二二年）の監督で、子どものころに韓国から移住したコゴナダだ。また第四話から第六話、第八話は映画『ブルー・バイユー』（二〇二一年）を監督したジャスティン・チョンで、彼はアメリカ生まれの二世だ。

主要キャストは、コリアン系を中心に様々な背景をもつアジア系俳優が務めている。中心は韓国勢で、主人公ソンジャの若いころは新鋭のキム・ミンハ、ソンジャの晩年は前述したようにユン・ヨジョンが演じた。コリアン・アメリカンの一家を描いた『ミナリ』（監督：リー・アイザック・チョン、二〇二〇年）で韓国人初のアカデミー助演女優賞に輝いた俳優である。ソンジャの初恋の相手であるハンス役は、数々の映画やドラマでファンも多い「韓流スター」のイ・ミンホだ。

またソンジャの息子であるモーザス役は、前述したように在日コリアン三世で、現在はアメリカを拠点に活動しているSoji Arai（朴昭熙）である。モーザスの愛人で日本人女性の悦子を演じたのは、コリアンルーツであることを公表して日本でキャリアを重ね幅広く活躍してきた南果歩だ。さらにソンジャの孫のソロモン役のジン・ハは、これも前述したとおり、コリアン・アメリカンである。そのほか、日系や日本人の出演者も多い。

こうしてみると要は、多様性を重視する流れにあるアメリカという文脈と、グローバル資本によるメディアコンテンツという文脈のもと、制作サイドに当たり前のように非白人の移民（かつ女性）というマイノリティが存在し、しかも決定権をもつポジションにいるということが重要なのではないだろうか。

また同様の文脈のもと、マイノリティのナラティブ、表象へのニーズが存在し、それが商品価値をもつものと見なされているなか、ジェンダーへの意識や普遍的な移民・人種的マイノリティへの志向を踏まえ、それに応えるような物語が要請され作られているという現実がある。さらにその際に必要になってくる「作法＝誠実さ」は、エンドロールのクレジットに、かなりの数の専門家、研究者が監修として名を連ねていることにも垣間見えていた。コロナ禍によって現地ロケはかなわなかったものの、相当のリサーチが重ねられたと聞く。

とくに本作で関東大震災での朝鮮人虐殺というエピソードが大々的に挿入されたことは、アメリカ国内ならアフロアメリカンや先住民族の歴史に重なる「受難の歴史をもつ存在」としての在日コリアンという訴求力を作品に与えていた。つまりこれによって、在日コリアンの文脈にそう詳しくないアメリカをはじめとした世界の視聴者が、そのような存在として在日コリアンを理解するための想像力をもつことができたのではないだろうか。つまりここには、普遍的な移民のナラティブを超えて、在日コリアンを植民地主義の激しい暴力にさらされた受難の歴史をもつ存在として描きたいという強い意図、意志がある。そう考えると、グローバルな資本によるメディアコンテンツとして、アメリカから世界に向けて本作をドラマ化するうえで、関東大震災時の朝鮮人虐殺のエピソードを入れることは必要不可欠だったのかもしれない。

もちろん、アメリカ国内でアジア系の存在感が増すなかで、映画、ドラマ、音楽に代表される韓国コンテンツが世界的に台頭している近年の状況も、こうした企画が成立した大きな要因の一つではあるだろう。

一言でいうと本作は、大規模で商業的でグローバルなエンターテインメント作品で、普遍的な移民の物語に在日コリアンを落とし込むという初めての事例だった。そこで起きていたのは、「自己表象／他者表象」という二項対立の攪乱と「当事者性の拡張」とでもいえるようなことだったのかもしれない。

それを可能にしたのは、作り手たちの、一方ではとくに「移民女性」というポジショナリティの重なり合いによる、また他方では同じ「移民女性」とはいえ文脈の違いという距離感があるからこそのエンパシーとリスペクトだったように思う。そう考えるとこれを、（作り手がそう意図していなかったとしても）インターセクショナルなフェミニズムを実践した事例と捉えることもできるのではないだろうか。

おわりに

「はじめに」で筆者は、本作が「筆者自身を含め、少なくとも筆者の周囲の、女性を中心とする在日コリアン当事者たちには、比較的好感をもって受け止められていたようにみえた」と書いた。だが、あくまで「アメリカのドラマ」で描かれている在日像という距離感が、心理的なハードルを下げていた部分もあるだろう。繰り返しになるが本作の第1シーズンに限っていうと、前述したような「重なり合い」と「文脈の違い」、その双方のベクトルからくるエンパシーとリスペクトが、さしあたりはポジティブな効果をもたらしたようにはみえる。

ただ前提としてエンパシーとリスペクトを感じたからこそ、全体として、もしかするとそのための重苦しさと暗さを感じる部分もあった。この百年を生きてきた在日コリアンはもちろん受難の歴史をもつ民ではあるが、個々人の日々の日常生活では、当然ながら喜びや楽しさも感じながら暮らしてきたはずだし、そのようにして苦難を乗り越えてもきた。そのような描写が少なかったのは残念な点だ。

第2シーズンはおそらく、二世と三世の時代の話になっていく。そのなかで、もしかすると過去のステレオタイプをなぞるような表象になっていく可能性もある。ただし、もしそうなったとしても、それは、本章でも述べたような韓国や日本のステレオタイプとはまた異なるものになっていくのではないだろうか。注視していきたい。

本作が、筆者の周囲の在日コリアン女性にわりと好意的に受け止められていたのは、本作そのものの力でもあるが、このようなナラティブが「なさすぎる」からでもある。日本の、とくにメジャーなエンターテインメント作品で近年、在日コリアンが取り上げられることはほとんどない。[12]「私たちの物語」「私たちに連なる物語」が、グローバル大資本、アメリカの「Apple TV+」で描かれたということだけでどこか感動してしまうような、あえて自虐的にいえば「奴隷根性」的な部分もあったかもしれない。「私たちの物語」の商品化は、社会的な承認でもあり自己肯定感にもつながるのだ。

だからこそ一方で、在日コリアンを表象した作品についていちばん厳しいのが在日コリアンだというのも当然ながら事実だ。本書のもとになったシンポジウムの第二部で、登壇者の姜信子氏は「怖い」と表現していたが、筆者も映画などで何かそういう作品が作られたらしいと聞くと、期待と不安が入り混じったような気持ちで、観たいような観たくないような葛藤を抱えながら、恐る恐る鑑賞する。映画などの、とくに女性の表象は一部を除いてステレオタイプにまみれていることがいまだに少なくなく、歴史的経緯への無理解や事実関係に対する認識不足もよくあることだ。

そのようななか、本作は観終わってほっとしたというのが率直な印象だった。原作を読んだときにはなかった、感謝と連帯感のような気持ちもわいてきて、やはりいまのアメリカで作るとこうなるのか、これができるのか、といったある種の感慨を覚えるとともに、「なさすぎる」日本の現状を思うとため息も出た。(13)

では、どうしていけばいいのか。身も蓋もないことを言うようだが、まずは多様な物語が数多く作られるべきだろう。いいとか悪いとか評価したり議論したりするにも、いまは選択肢が少ない。同じ歴史、同じ時代を生きるなかにも様々な人が存在し、様々な人生や様々な見方が存在するわけで、多様な存在、多様な声を反映した多様な物語がもっと必要だ。だとしたらそのための条件をどのように整えていくか、ということが重要になってくるだろう。それは当然ながら、マイノリティの社会進出や労働問題にもつながってくる。また評価、批評、議論――つまり感想を語り合い、その声を可視化していくことも大切だろう。そうした声に触発された作り手がどんどん出てきてほしい。(14)

例えば本作に限っても、はやらなかったとされるここ日本でも好意的に観た人がいることを、作り手側に届けることには意味があるはずだ（グローバル資本によるビジネスでもあるのだから）。シンポジウムをきっかけに企画された本書も、当然ながらその一助となるだろう。

注

(1) 권혁태「'재일조선인'과 한국사회—한국사회는 재일조선인을 어떻게 '표상'해왔는가」「역사비평」（権赫泰「「在日朝鮮人」と韓国社会——韓国社会は在日朝鮮人をいかに「表象」してきたか」「歴史批評」）第七十八巻、歴史問題研究所／歴史批評社、二〇〇七年、二三四—二六七ページ。引用はすべて引用者訳。

(2) 例えばアメリカ出身の映画監督チョン・フソク（Joseph JUHN）は、「ハンギョレ新聞」デジタル版二〇二二年四月六日付のコラムで次のように指摘した。「最近、『パチンコ』をK－カルチャーやK－ドラマの一つとして報じるいくつかの記事をみて、少し違和感を抱きました。もちろん、『パチンコ』の基本的な背景と歴史が朝鮮半島と関連していることは否定できませんが、私は単純に、韓国と関連があるすべての物語を無条件に「私たちのもの」と主張する感情の裏側を洞察したくなったのです。「韓国的なものは韓国のものだ」という無批判的な前提に疑問を投げかけたかったのです。その心理には、根本的にディアスポラの存在と彼らの世界観に対する無知、または彼らを「語る主体」ではなく「周縁の客体」として認識してきた長い慣習などが作用しているのではないかと思います」（筆者訳）。「「パチンコ」をK－ドラマと見なす視点について」「ハンギョレ新聞」（https://www.hani.co.kr/arti/opinion/because/1037840.html）［二〇二三年七月二十日アクセス］

(3) 難波功士「在日コリアンの表象」、山泰幸編著『在日コリアンの離散と生の諸相——表象とアイデンティティの間隙を縫って』（叢書「排除と包摂」を超える社会理論）所収、明石書店、二〇一七年、一四六ページ

(4) 同書一四七ページ

(5) 同書一五一—一五四ページ

(6) 商業映画で在日コリアンが初めて監督を務めた作品は一九七五年の『異邦人の河』（監督：李学仁）とされている。本作プロデューサーで俳優の中村敦夫は、「映画界で仕事をしていると、在日コリアンのスタッフが大勢いるんですよ。本当に優秀で才能がある助監督がいるんだけど、絶対に監督になれない。これは、おかしいと思ったんだよ。そんなとき、李学仁という人間と出会った。それでコリアンが監督作品を作るということに意味があると思って、『異邦人の河』という映画のプロデューサーになったんです」と述べている（一九九七年「第十三回ワンコリアフェステ

イバル」パンフレット)。

(7) 前掲「在日コリアンの表象」一五五ページ

(8) 梁仁實「戦後日本映画における「在日」女性像」、立命館大学産業社会学会編「立命館産業社会論集」第三十九巻第二号、立命館大学産業社会学会、二〇〇三年、三五―五六ページ

(9) 本書のもとになったシンポジウムの第二部では、原作小説について在日コリアンへのエンパシーではなくシンパシーにとどまっていたという批判的な意見があり筆者もこれに首肯するところもあるが、ドラマ化については、強いエンパシーとリスペクトが伝わってきた（少なくとも筆者には）。

(10) 本作に出演しているSoji Arai（朴昭熙）は「朝日新聞」二〇二二年三月二十六日付のインタビューで次のように語っていた。「主役のユン・ヨジョンさんが韓国語なまりで日本語の台詞を言うたびハルモニを思い出して泣けました。ヨジョンさんからよく「日本語が下手だから教えてほしい」と言われましたが、「それが在日のハルモニですよ」と伝えました。韓国・釜山での撮影も印象に残ります。主人公の父の墓を探しに役所を訪ねる場面で、ヨジョンさんが韓国名と日本名を伝えると、職員が「あぁ、そちら（在日コリアン）の方ですか」。次男を演じる僕は怒りを抑えながら職員を見る。原作にはないですが、在日への理解が十分でない韓国の状況を表していました」。「ハリウッドに生きる「在日」悩み抜いた「ソウジ・アライ」」「朝日新聞デジタル」二〇二二年三月二十六日（https://www.asahi.com/articles/ASQ3S6W0SQ3JULEI00L.html）［二〇二三年七月二十日アクセス］。在日コリアン当事者の俳優が現場にいる重要性が垣間見えるエピソードだろう。

(11) 二〇二三年九月二日、関東大震災百周年に際し、在日韓人歴史資料館（東京）で開かれたシンポジウム「何が市民を虐殺に駆り立てたのか――関東大震災の悲劇を共有し語り継ぐために」では、ドラマ『パチンコ』で関東大震災での朝鮮人虐殺を取り上げた第七話の一部が流され、本作ショーランナーのスー・ヒューもオンラインを通じて登壇した。このエピソードを盛り込むことになった経緯と自らのスタンスなどについて情熱的に語り、観客からの質問にも熱心に答えていたのが印象的だった。

(12) 日本のメジャーなエンターテインメント作品で商品価値があるものとして在日コリアンが大々的に取り上げられたのは、地上波プライムタイムのテレビドラマ（フジテレビ「月9」枠）で在日韓国人が初めて主人公になった『東京

湾景——Destiny of Love』（二〇〇四年）が最初で最後かもしれない。

（13）本作に出演している南果歩は、「毎日新聞」二〇二三年六月二十六日付のインタビューで「この素晴らしい小説を映像化するにあたり、私としては日韓合作でできることが一番良い方法だったと思うのです」と残念がり、「(本作を通じて）日韓の歴史にもっと目を向けてほしい」「なぜ韓国にルーツを持つ人たちがこれだけ多く日本に住むようになったのか。知ってもらう機会になればと思います」と希望を述べていた。「ルーツを誇りに生きる 在日4世代描くドラマ「パチンコ」韓国系3世、南果歩さん出演」「毎日新聞デジタル」二〇二三年六月二十六日（https://mainichi.jp/articles/20230626/dde/001/200/034000c）［二〇二三年七月二十日アクセス］

（14）以下の拙稿もぜひ参照してほしい。「「社会的な望ましさ」をめぐるコミュニケーションとしてのPC——レイシズム・多文化主義とその周辺から考える」、清水晶子／ハン・トンヒョン／飯野由里子『ポリティカル・コレクトネスからどこへ』所収、有斐閣、二〇二二年、一八三—二二五ページ

第４章　植民地時代を描くことの難しさ――創作者の立場から

深沢　潮

はじめに

私は創作者の立場から本日のシンポジウムに参加しています。パネルディスカッション「「在日」からみたディアスポラと植民地主義」のパネリストは、私を除くと全員が大学の研究者です。ですから、研究者の方々と並んで作品や作家、それをドラマ化した映像について語ることには実作者としてためらいがあるのも事実です。小説やドラマなどの創作物についての批評は、創作者としてとても緊張する瞬間です。作品のなかで描いたことが事実に即しているか否か、リアリティーがあるのかどうかというのは、歴史研究を専門とする研究者には格好の分析対象になりますが、想像力を発揮しなければならない場面について是非を問うことは、同じ業種に携わる物書きとして心苦しいところがあります。それだけではありません。植民地時代を描くことの難しさ、それから日本で在日コリアンを描くことが非常にナイーブなことだということも身をもって知っています。

物語を書いている立場の視点から議論することの意義もあると思いますので、以上のことを踏まえて、アメリカで出版された英語の作品がドラマになり、グローバルな物語として世界の視聴者に受け入れられていることの意義を考えながら、「植民地時代を描くことの難しさ」についてお話ししていきます。

1　日本の小説や映像の在日コリアン

パネルディスカッションのキーになるテーマが、ドラマ『PACHINKO パチンコ』は「誰の物語」なのか、という問いです。『パチンコ』が「初めてのグローバルな場における在日表象」であるということは確かにそうですが、表象する主体によって「在日」がどのように描かれるのか、あるいは物語がどのように展開するのか、という問題には、ローカルな物語とグローバルな物語との間の緊張関係があります。ですから『パチンコ』は「誰の物語」なのかを問う前に、ローカルな物語としてこれまで在日コリアンは映像作品でどのように表象されてきたのかについて考えなければなりません。

日本の小説や映像の在日コリアンの表象について、ハン・トンヒョンさんがその特徴をわかりやすく示してくれました（第3章「ドラマ『パチンコ』の「在日」表象を可能にしたもの」を参照）。ここで付け加えるとしたら、次のようなことがいえるでしょう。一つは、かわいそうな物語をエンターテインメントとして消費してきたこと。貧困や差別に遭い、アイデンティティの葛藤を抱え、それらを克服していくという筋書きが受け手のニーズに合致したのです。

それから、『血と骨』（監督：崔洋一、二〇〇四年）のような在日一世の波瀾万丈な生きざまだとか、極端な物語で私たち（日本人）とはちょっと違う人たちの話を描く。マイノリティの特別な物語をマジョリティが消費するという傾向が強かったと思います。こうした傾向はとくに映像に特徴的なものといえます。

ドラマ『パチンコ』は、これまで日本で制作された「在日」を表象した作品とは一線を画しているといえます。

とはいえ、そもそも『パチンコ』には日本で広がりにくい要素があったのではないでしょうか。これは在日コリアンの表象の問題とは別ですが、サブスクリプションが「Apple TV+」という日本で契約者が少ないプロバイダーであることがあります。小説に関していうと、一冊の値段が高く、上下巻に分かれているということもあるかと思います。

２　忖度の問題

しかし、『パチンコ』が日本でさほど受け入れられなかったのは、やはりその表象を受け入れる側や物語を流通させる側にも原因があるのではないでしょうか。すなわち、出版界、エンタメ界での「忖度」の問題です。

　「忖度」というのは、とくに日本で在日コリアンのことを描いた作品のときによくはたらくことになります。何よりも「慰安婦」の表象はタブーという感じがあります。これについては、私は『翡翠色の海へうたう』[1]という小説で、沖縄にいた従軍「慰安婦」の物語を書いていますが、紆余曲折を経てようやく作品になったという経緯があります。また、どこの出版社のどの作品ということについては明言を控えますが、ほかの作品で「慰安婦」をにおわすような表現は削除するように出版社から要請されたりすることもありました。

そもそも大日本帝国が朝鮮半島を統治した時代の日本による「加害性」を描く作品というのは日本で歓迎されません。日本語で作品を書くということは、読み手の多くは日本人なので、いまの世相からすると「加害性」が受け入れられる余地は限られます。言い方はよくないですが、本、小説、とくにエンターテインメントの作品というものは利益を生み出すものとして一つの商品ですから、多くの人に読まれるということが前提になります。すると、いまの出版界で、日本の加害の歴史を書いてどんどん出してくださいという空気はあまりありません。

では、「在日」を表象するどのような物語が歓迎されるのかというと、個人が逆境を克服する姿を物語として展開し、構造をみずにすむという物語になります。つまり、在日コリアンの差別問題にしても、なぜ差別されるのかという構造を詳細に描き、それを深く掘り下げるような物語よりも、差別されている個人がそれを克服していくという、非常にミクロな個人の物語になりがちです。

小説の場合、日本は私小説というのが文学の伝統でもありますが、とくに純文学ではそういう傾向が強いことも背景にあります。また、エンターテインメント作品では、より売れるために、ミクロな物語を好むマジョリティに寄せていくことが大前提です。その両方が原因になって、マイノリティを描く作品はとくに、個人の物語が歓迎されて、歴史や社会の構造からますます遠ざかってしまいがちなのです。

3 『パチンコ』の植民地統治下の朝鮮と日本の情景の描き方——新しさと従来の踏襲

『パチンコ』が描く植民地統治下の朝鮮と日本の情景には、興味深いものがあります。そこには「新しさ」と「従来の踏襲」という相異なる二つの側面があります。同作が日本や韓国ではなく、アメリカで制作されたものであることを考えれば、一考に値します。

「新しさ」についてはハンさんがその特徴を分析してくれましたが、一つは移民としてのグローバルな物語だということと、それから先ほどの座談会でも出ましたが、キリスト教伝道者という、在日コリアンのなかのさらにマイノリティの話だということです。ただそのマイノリティの姿はキリスト教伝道者ということで、アメリカでは、移民の姿としては、イサクによって体現される非常に望ましい移民像なのです。

これはアメリカ映画の『ミナリ』（監督：リー・アイザック・チョン、二〇二〇年）という作品にも通じることですが、同作もかなり信心深い家族を描いた物語で、アカデミー賞では作品賞を含む六部門にノミネートされ、『パチンコ』で老年のソンジャを演じたユン・ヨジョンさんが助演女優賞を獲得しています。『パチンコ』はアメリカで制作された作品ということで、グローバルな規模で受け入れられる普遍的な物語になったわけですが、「在日」の物語としてはとても新鮮です。

もう一つ、「在日」の多様性を描こうとしていることも「新しさ」といえるでしょう。それは、ソンジャとイサク夫婦が徳寿丸に乗って渡日する際の船内の様子や、大阪港に上陸してたどり着いた猪飼野の集住地域、またイサクの兄夫婦も含めて平壌出身者などが多いことも「在日」の多様性を表しているといえます。日本で「在日」を描くときは、実数が多い南のほうの地域の出身者になります。在日コリアンのコミュニティーに属している人物を描く場合にもどうしても南の地域出身者のコミュニティーを中心に描かれることが多かったので、そのあたりの新しさというのはあると思います。

三つ目として、一九八九年のソロモンを描くということは、パチンコ産業での成功者の息子でアメリカに留学しているということになるわけですから、これもマイノリティのなかのさらにマイノリティとなります。日本の在日社会のなかでも特殊なので、彼を描くことは日本社会でも在日コリアンからの反発を招きやすく、たやすいことではないはずですが、ここでは軽やかに描かれていると思います。

このようなグローバルな普遍性という部分と、もう一つ、従来型の踏襲という面があると思います。「在日」の属性につきまとう負のイメージから脱却しようともがく、というのは繰り返し描かれてきた従来型のテーマです。ソロモンは高学歴と成功によってその属性から脱却しようとします。もちろん原作で描かれているように最終的にはパチンコの桎梏から逃れられないわけですが、これは「当事者性の拡張」とハンさんも指摘しましたけれども、拡張している部分と移民が歩んできた道との関連です。つまり、グローバルな物語としては、どこの国の移民も学歴を獲得したエリートになることによって、マイノリティがまとう負の側面から脱却しようとするという普遍性があるわけです。

「当事者性の拡張」というのは、在日コリアンをディアスポラ的なもの、それから移民と位置づけるということです。ここには当事者がそれを見てどう思うかという問題が生じます。やはり拡張されると傷つく部分があるのではないでしょうか。日本と韓国の関係には歴史的に植民地という特異性があるので、そこを乗り越えて拡張されてしまうと、非常に抵抗感をもつ在日コリアンの読み手や視聴者もいるのではないかと私は感じました。どんな人も自分の経験をその属性の普遍と考えがちなので、移民としてくくられると、在日コリアンは感情移入しづらくなります。

とはいえ、在日コリアンの個別性を描こうという努力が見受けられます。原作にない関東大震災の描写をドラマに追加したというのが代表的な例です。その際、作品のなかにはテロップの説明が結構あります。それから最後の在日女性へのインタビューによって、ほかの移民やコリア系の在外同胞との違いというのを描いているのではないかと思います。

4　とくに注目する描き方の新しさ

私がとくに注目する『パチンコ』の描き方の新しさは、日本で在日コリアンを描くときにどうしても逃れられないものとしてある、「在日」の政治性とかポジショナリティに拘泥しないことです。端的にいってしまうと、民団（在日本大韓民国民団）か総連（在日朝鮮人総聯合会）か、あるいは民族学校を出ているかどうか、コミュニティーに暮らしているか、それとも個別に暮らしているかという、そうした政治性やローカルな部分をもう軽々と乗り越えられるわけです。

アメリカで在米コリアンが書くということは、その軽やかさというのがあります。在日コリアンのことを描くときに、誰がどの立場で書いているかというナイーブな問題を常に考えながら、それから誰に向けて書いているかを意識しながら言葉を精査しなければいけないということから逃れることができます。それはポジショナリティからの解放です。

もう一つはハンさんも指摘しましたが、『パチンコ』が女性による女性史であって、女性の物語であるということは非常に大きいと思います。在日に限らず、歴史を女性のまなざしから描いているものは決して多くはありません。家父長制の物語として観た『パチンコ』といえます。そこでどのように女性像が描かれているのかというと、先ほどオモニ的な描き方はしていないという指摘がありましたが、普遍性の担保として女神的な存在と運命の女というのは描かれています。

西洋の芸術には、ミューズとファム・ファタールを描くというのが重要な要素になっていて、これは普遍性を担保するのに役立ちます。女神としてはヨセフの妻のキョンヒが女神的な存在として清く正しく、そしてインテリでもあるということで理想の女性として描かれています。一方、運命の女はソンジャだったりハナだったりするわけです。そういう描き方が『パチンコ』がグローバルに受け入れられる一つの原因、一つの理由かとも思います。

続いてマチズモ（男性優位主義）からの離脱、解放です。もちろんこのドラマのなかには家父長制が色濃く描かれてはいますが、従来のように、例えば日本で「在日」を描いたときに、だいたい男性が女性を殴ったり、父親の暴力が描かれたりします。こうしたことは現在も日本だけではなく韓国の作品でも結構あると思いますが、そういう描写がなかったことで、私は安心して観ていられました。

5　学知と社会の中間を描くことの難しさ

先ほどテッサ・モーリス゠スズキ先生のお話にもありましたが、歴史修正主義の問題も創作者として避けて通ることはできません。加害と被害の転倒が起きている世相で学知と社会の中間を描いていく難しさというのは、これは本当に書き手として常に抱えている問題です。それでは、こういう植民地主義の時代を描くこと、それから差別の現状を描くこと、歴史の事実を描くこと、それを物語にする意義はどこにあるのか。あるいは、書籍として映像として、エンタメ作品として広く一般の人々に受け入れられるものとして描く意義は何なのか。

歴史の事実を記述するにあたり、フィクション、つまり物語として創作する部分とバランスをとるのは大変難しいことですが、原作の『パチンコ』の場合、そのあたりは作者のミン・ジン・リーさんはかなり取材をしています。それもあって相当リアリティーを担保してはいると思うのですが、やはり表層的なところはあるのかなというのが率直な印象です。しかしどの程度の監修が入っているかはわかりませんが、ドラマはその表層的な部分が減り、深みを増したような気がします。しかし、在日コリアンや在日コリアンに詳しい人の目からみると、不満はあるかもしれません。

では、私自身はどういうことを意識しながら作品を描いているのでしょうか。在米コリアンが「在日」を書くのと、私が在日コリアンの当事者という立場で「在日」を書くというのは、全く異なってきます。私が気をつけていることは、やはり日本の社会というのは同質性が強い社会なので同じものには共感しやすいですが、違うものにはなかなか共感できないと意識することです。

先ほど座談会でも話題になりましたが、シンパシーはもてるとしても、日本人は一般的にエンパシーはなかなかもちにくい。違うものに対する想像力が非常に希薄なので、私が書くときにも最初は同じで、私たちと何も変わらない、だけどこんな苦しみがあるという、同じところから入って異質性を描くというようなアプローチをしています。ところが、移民社会は違うことが前提であるわけですから、在米コリアンが「在日」を書くのはアプローチが正反対になります。〝異なる→同じ〟という書き方ができるわけです。

本当は最初から丁寧に相違性を書ければいいのですが、日本で多くの人に読まれることを考えたときに、同質性から入り異質性に向かうというアプローチの仕方をせざるをえないというところがあります。

例えば自分の作品でいうと、『海を抱いて月に眠る』(2)と『ひとかどの父へ』(3)は、私の父がたどった人生をもとに作った小説です。これらの小説は、戦後から現在にかけての物語で、日本の社会に同化しようとするお兄さんが出てきたり、父親の人生を全く知らない娘が出てきたりするということで、読者がアプローチしやすいようにしました。

それから『翡翠色の海へうたう』は出版までにかなり苦難を伴った小説ですが、従軍「慰安婦」を描くと同時に、あえて知識が全く足りていない女性がそれについて書こうとするという設定にしました。

この小説は、最初は私のような「在日」の当事者の作家が従軍「慰安婦」を書こうとする話だったのですが、版元の人と話し合いをして、読者により近い、あまりよく知らない多くの人たちが入りやすい物語にしました。それでどうしたのかというと、「慰安婦」の人たちを支援する商品を販売するマリーモンドというブランドがありますが、その店のものをＫ―ＰＯＰアイドルが持っていたことを「Instagram」やＳＮＳなどで見て「慰安婦」に興味をもって書こうと思うような、身近なきっかけから入るようにしたのです。日本の読者のリテラシーに合わせているわけです。

『李の花は散っても』[4]は、まさにこの『パチンコ』の時代背景になる大正から昭和、平成元年にわたって物語が展開します。『パチンコ』と同時代の作品なわけですが、これを書くにあたっていろいろな文献や自伝を参考にしました。

これはどういう小説かというと、政略で結婚した朝鮮王朝最後の皇太子（王世子）・李垠《イ・ウン》と梨元宮家の長女・方子さんの、それから大正時代に日本に留学していた独立運動家と日本で彼と恋に落ちて朝鮮半島に渡るいわゆる日本人妻の女性の、二つの恋愛、カップルの生きざまを描いています。

方子さんは李方子《イ・バンジャ》さんです。李方子《リ・マサコ》さんの自伝などからエピソードを作ると、自伝にはありがちなことですが、かなり監修や校閲の方から事実と違うということを指摘されました。先ほどの歴史はフィクションなのか、フィクションは歴史なのかという議論に行き着くことになりますが、非常に悩ましいプロセスを経て刊行に至りました。

その事実との格闘といいますでしょうか、とくに歴史的な事実は何年にこういうことがあったというのは動かしがたいですけれども、その間にあることのエピソードを創作していくことが本当に難しい。この作品では関東大震災のエピソードも書いていますが、こういうことがありえただろうというような物語を作っていくことが、難易度が高い作業であることを実感しながら書きました。

6 四世代ものが「良質な物語」を構築しえるか

このパネルディスカッションのテーマとして、四世代にわたる壮大な物語であることが、歴史文化的リアリティーをもたらす「良質な物語」としての条件になるのか、という問題があったと思います。個人が克服する物語として描かれることが多く、植民地主義の構造がみえにくい日本の文学の現状で、もしかしたら四世代の登場人物を描くことによって、そうした限界を乗り越える可能性が年代記ものには存在するのかということですね。

四世代ものが「良質な物語」として意味があるのかというと、それは作品が誰の物語になりうるかということを考えるうえでポイントになると思います。ここでは、「良質な物語」というのは多くの人が感情移入できるものだという解釈を、エンターテインメント作品であることを踏まえて採用します。商業作品が成功するには多くの人、マジョリティに受け入れられなければいけない。そうすると誰がどこで描くかということも含めて、英語で描かれているというのは非常に大きい。日本でだけローカルに読まれるよりもはるかに多くの読者に読まれるでしょう。

ドラマ『パチンコ』が配信されたことのいちばん大きな意義は、在日が発見されたというか、在日コリアンというものが世界中に知られたということです。それが一世代だけではなく四世代の物語として、こういう歴史的な背景を生きてきた人たちがいて、いまはこのように暮らしているということを、歴史的事実に即して伝えられたわけです。まずは知られるという意味で、四世代ものであることは非常に意義があると思います。

日本でこの物語は受け入れられにくいという部分はあっても、世界で受け入れられているということが、少なからず良識がある日本の受け手の人にとっては何かの刺激にはなるはずです。例えば、バラク・オバマ元大統領が読んだとかベストセラーになったとか、また文学賞の候補に挙がり商業的に成功したことが世界中で認められることは重要です。また、いい意味での多様性を担保していて、差別に抗ったりして植民地時代から戦後に生きた人たちの物語が、エンターテインメントとして成功しうる可能性を示してくれたという意味では、『パチンコ』が制作された意義は大きいと思います。

日本で同じような物語がドラマにできるかというと、すごく難しいでしょう。そうであれば、外からどんどん入ってくることをきっかけとしてそういう状況を日本でも積極的に作っていかなければなりません。植民地主義的歴史観をかたくなに守っていこうという反動が起きる可能性もありますが、全く無視されて、なかったことにされることから、ドラマを通して在日コリアンの存在や生きざまが世界中に知られるということは大きな一歩だと思います。

7　作品のリアリティーと歴史のリアルのはざま

世界に広く受け入れられること、これは逆に、日本の読者や視聴者を置いてきぼりにするということでもあります。とくに在日コリアンの当事者が読んで観てどう思うかということはあまり重視されていないという印象は受けます。

そこでリアリティーというのが問題になってくるわけですが、作品のリアリティーというのはどこまで追求すべきなのか。小説や映画でのリアリティーと現実のリアルというのは異なります。というのも、物語のなかのリアリティーというのは、小説のストーリーに忠実だったりそこに整合性があったりするのかということなので、実際の細かいことがどうであるかということを超える部分があるので難しい問題だと思います。ただ、細部に違和感をもつと物語に入り込めないというのも事実です。拒絶してしまうことさえ起こります。物語は細部の積み重ねでもあるからです。

私が書くときは、現実のリアルにかなり寄せるようにしてはいます。例えば『李の花は散っても』というのはリアルを重視していますが、だからといってそれが正解だとはかぎりません。韓国の映画で『徳恵翁主《トッケオンジュ》』という作品はかなり創作されていて、ここまで変えていいのかと批判もされましたが、韓国では多くの観客を動員しました。そして、全く忘れ去られていた徳恵翁主の存在を知らしめたので、そのあたりがバランスとして非常に難しいというのを感じながら、『李の花は散っても』を書きました。

当事者にとってどう受け止められるかという問題は単純ではありません。例えば、私が在日コリアンが出てくる小説を書いたときに、いちばん厳しい評価をするのはなんといっても在日コリアンの方々です。これはおかしい、こんな話はない、こんな書き方はいやだとなってきます。私も在日コリアンを描いた作品を読んで同じように思うこともあるので、それは避けられないことでもあります。けれども『パチンコ』に関しては、在米コリアンがここまで描いたのかという感慨が大きいです。

とはいえ、やはりマイノリティを描くときに当事者をリスペクトするのは当然なので、本当にそのあたりの問題というのは答えが出ないのですが、常に悩みながら描くしかないわけです。そもそも「当事者」とは誰を指すのか。どこまでの範囲が当事者なのか。過去の時代の人物を自分と重ねて現在の在日コリアンが当事者と考えられるのかという問いも生じてきてしまいます。

8 「在日」の表象としてのパチンコ

もちろん日本のこの手のドラマや小説などの作品が、個人が克服する物語であって差別の構造をみずにすむものであることが多い状況を考えると、『パチンコ』については積極的な評価をすることができます。実際、関東大震災の描写を加えたり、テロップでこのときにこういうことが起きましたということをきちんと押さえたりしているので、ドラマのほうはかなり細部まで気遣っていることがわかります。

ただ、タイトルが『パチンコ』になっていてパチンコが「在日」の表象になってしまう危うさがあることも事実です。パチンコ産業のイメージは、日本で決してポジティブに受け止められるものではありません。また、これは作家としてというよりも私個人としての感想ですが、私の父はパチンコ店を経営していましたし、そこでいろいろな出来事があったわけですが、そうした複雑なところはいったん置いておいてという感じの描写ではありませんでした。けれどもこれはドラマの第１シーズンを観ただけでは断言できません。

一方、韓国の人からみれば、「在日」はパチンコでもうかっていて、こっちが苦労をしているときに男性も兵役にも就かない、朝鮮戦争にも行かないで金もうけをしているみたいな批判があり、韓国在住の身内からも冷たい目を向けられたりします。そういう、パチンコを在日の表象にすることが韓国の人たちにとってどういうイメージをもたらすのかというのは、いささか微妙かもしれません。

そしてアメリカでの受け止め方に関しては、これも興味深いところがあります。私の娘はアメリカの大学に通っていたのですが、かの地で最近はコリアン・スタディーズが人気です。娘は『下女』（監督：キム・ギヨン、一九六〇年）という韓国の映画を分析するような授業を取って、授業のレポートには自分のルーツについて書きました。自分の家の祖父母が在日コリアンでこういう家父長制があってというレポートを出したあとに、その授業の先生が娘のところに近寄ってきて手を握らんばかりに、「私は『パチンコ』を読んですごく感動をしたの、あなたは本当に苦労をしていたのね」と涙ぐんでいたということがあったそうですが、これもすごく短絡的だと感じます。表象の危うさを実感します。しかし、こうしたことはどんな物語でも表象につきまとう問題です。

それからあともう一つ付け加えたいのは、『パチンコ』は「在日」のなかのマイノリティの話だといいましたが、私は祖母の代からカトリック信者でキリスト教とは非常に親和性がある家庭環境で育ち、そして父がパチンコ産業に就いていて、私は一九八九年に外資系の銀行の証券部門で働いていました。ですから、『パチンコ』は私にとっては非常にリアリティーがあるものだったのでした。

『パチンコ』は私の物語だと強く思いますが、これは「誰の物語か」に関しては答えが出ないものだとしかいえません。

おわりに

物語というのは、受け取る側の背景によって感情移入できるか否かが異なってきます。とはいえ、『パチンコ』が表象する在日コリアンの姿はこれまでの表象によって築かれたステレオタイプの在日コリアン像ではないので、様々なものをそこから見て取れ、視聴者それぞれの汲み取り方があるという意味で、現代的かつグローバルな「すぐれた物語」ではないでしょうか。

個人の物語を四代のファミリーヒストリーとして描くことによって、ただ単に主人公が逆境を克服する物語にとどまらず、日本と韓国の歴史、社会構造、そこにある差別の問題、在日コリアンが歩んできた足跡、生きざまや葛藤をしっかりと丁寧に描くことができます。

それはつまり、『パチンコ』が「良質な物語」でありうることの証左だと、私は思います。

注

(1) 深沢潮『翡翠色の海へうたう』KADOKAWA、二〇二一年

（2）深沢潮『海を抱いて月に眠る』文藝春秋、二〇一八年
（3）深沢潮『ひとかどの父へ』朝日新聞出版、二〇一五年
（4）深沢潮『李の花は散っても』朝日新聞出版、二〇二三年

第5章　ドラマ『パチンコ』が映し出す世界と「Zainichi」の生
——猪飼野の路地からみえる「世界」

伊地知紀子

はじめに

大阪・猪飼野を舞台に、しかも解放前を描くドラマは前代未聞。私は、この地域を起点として在日コリアンの歴史と生活を学んできた一人である。猪飼野は、二十世紀に入り、朝鮮半島南部に位置する済州島《チェジュド》からの来阪者が急増した地域である。私は多くの済州島ルーツの人々に出会い、縁あって済州島に留学し、その後も毎年何度も通うようになった。一九三〇年ごろに猪飼野の路地に生まれた朝鮮市場は、戦後、表通りに場所を移し、九四年には「コリアタウン」という名称で祭りを開催した。いまや年間二百万人の観光客が訪れる大阪コリアタウンを真ん中に擁し、韓流ブームを追う人々が連日訪れる生野区、旧猪飼野。

ドラマ『PACHINKO パチンコ』は、同名の小説を映像化したものである。文章には文章としての印象や読む者の認識への影響があるが、視聴覚映像作品はそれとはまた異なる反響を生むだろう。コリアン・アメリカンが主要スタッフを占める制作陣が、人物描写や舞台装置づくりをし、猪飼野をどのように映し出すのかとても気になっていた。実際、視聴してみると、かなり頑張って取り組んだことが伝わるものだった。それはどのようなところなのか、以下にそのいくつかを取り上げていこう。

1　個人の生と植民地支配という暴力

近年、英語圏でも在日コリアン研究が増えていて、“Zainichi”という表記が、在日コリアンを意味する用語になっている。あらためていうまでもないことだが、東アジアの近現代史の幕開けから在日朝鮮人という存在がいたわけではない。日本によって植民地支配された朝鮮から渡日する人々は、その出身地域も渡航時期も様々だ。また、すべての人々が「標準語」を話したわけではないけれども、集団呼称として「在日朝鮮人」と呼ばれるようになった。戦後、朝鮮半島の南北分断を反映した呼称が生み出され、近年は在日コリアンという表記が頻繁に用いられている。在日朝鮮人という民族がいるのでもなく、国家・国籍ではくくりきれない多様性を有する。このような名称の非連続性に、植民地支配という暴力の継続をみる。

ドラマ『パチンコ』第五話で、キム・ソンジャとペク・イサクは一九三一年、国鉄大阪駅に到着した（小説では一九三三年）。迎えにきたイサクの兄ヨセフの案内で、二人は市電に乗る。ヨセフは「日本語で話したほうがいい」とイサクにささやいたあと、市電内から見える地下鉄工事の様子を説明する。実際、日本初の公営地下鉄が開通したのは、三三年、御堂筋線梅田―心斎橋間なので時代考証としては適当だ。視聴者のなかには、当時の大阪がこんな大都会だったのか、と驚いた人もいるかもしれない。当時、大阪は「大大阪」だった。二五年、大阪市は第二次市域拡張をおこなって大大阪を実現し、人口は全国第一の二百十一万四千八百四人になっていた。

ソンジャとイサクを連れてヨセフが降り立った「猪飼野」駅は、一九二七年に鶴橋―今里間に開通した市電の駅である。二七年当時、現在のＪＲ鶴橋駅すぐ西にある、下味原町の交差点から見た写真がある（写真１・２を

写真1　下味原町から東の住宅街（提供：大阪歴史博物館）
都市計画道路鶴橋線の拡幅途中で、交差点の東側はまだ木造住宅密集地域だった。ここに道路が整備され、市電が開通したのは1927年（昭和2年）3月である

写真2　下味原町交差点付近（提供：大阪歴史博物館）
上六から東へ道路拡幅が完成した下味原町交差点。東西方向に走る市電、角のぜんざい屋、荷車、自転車など、戦前の市街地風景である

参照）。これをみると、交差点から西は都市化が進んでいて、東は住宅が近接している様子がわかる。このあと、東は道路拡張され市電が敷かれていったことになる。

第五話から主要舞台として登場する大阪の猪飼野は、明治の半ばごろ、戸数二百、人口九百足らずの農村で周辺は田畑が続いていた地域であり、交通網は北部から広がっていった。一八九五年五月、天王寺—玉造間に大阪鉄道（のちの城東線、現在の大阪環状線）、一九一四年四月、上六—奈良間に大阪電気軌道（のちの近鉄線）、二七

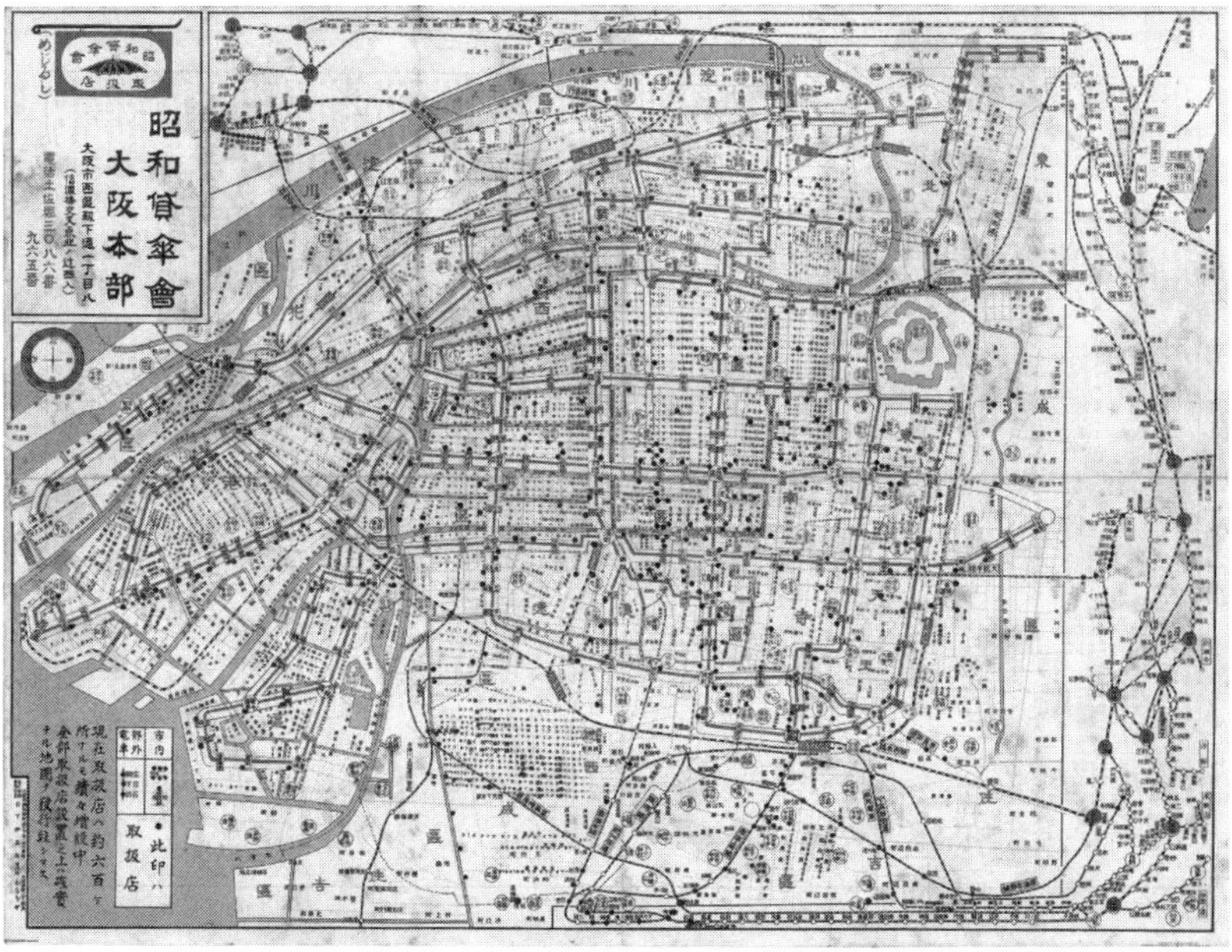

図1　1927年（昭和2年）市電開通後の路線図

年に前述の鶴橋―今里間に市電が開通した。地図で確認できるように、当時の大阪市内には、大交通網が敷かれていたのである（図1を参照）。鉄道敷設工事にも、朝鮮人労働者はいた。写真3は、「大阪に於ける朝鮮人」[1]に掲載された藤井寺電車敷設工事に従事する朝鮮人労働者の姿である。現在の近畿鉄道の前身・大阪鉄道の路線拡張工事の現場だと考えられる。ヨセフたちが市電のなかから見た地下鉄工事の現場にも、朝鮮半島から渡ってきた人々がいたのかもしれない、と思った視聴者はどのくらいいるだろうか。

　戦前もまた、在阪朝鮮人は多様な仕事に就いていた（図2を参照）。ヨセフはビスケット工場に勤めている。一九二九年の大阪市社会部調査課による社会調査報告書には、確かに「製菓工」の数が男女合わせて百七十二と記載してある。当時、朝鮮半島から渡航してくる人々は、工場や建設現場で働くばかりではなかった。第七話では関東大震災時の朝鮮人虐殺が描かれるが、このときに殺された朝鮮人の一人、具學永《クハギョン》は飴売り商だった。[2]実際、前述の報告書には飴行商が男女合わせて百五

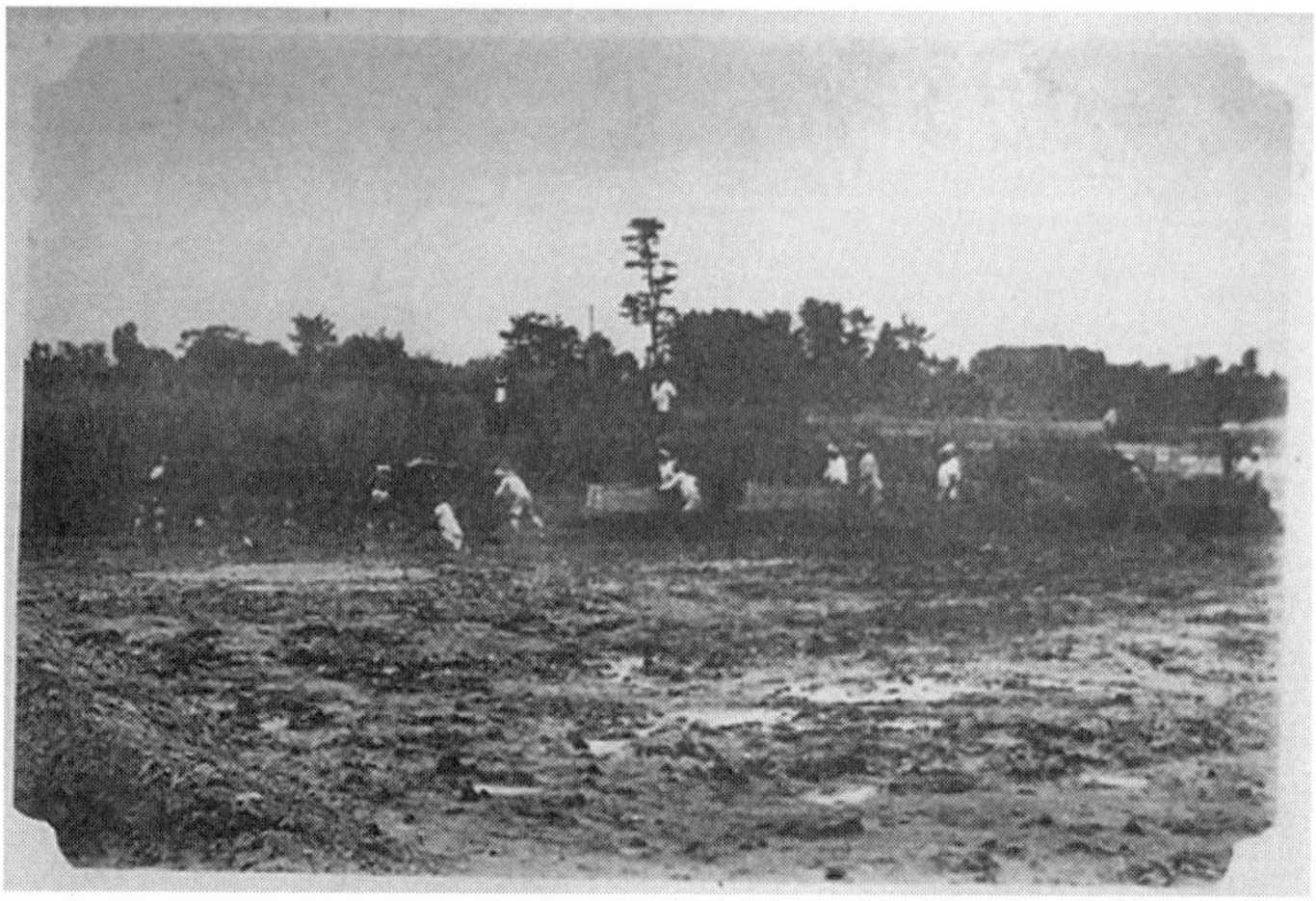

写真3　藤井寺電車敷設工事に従事する朝鮮人労働者（1927年）
（出典：朝鮮総督府『朝鮮の人口現象』〔調査資料 第22輯〕、朝鮮総督府、1927年）

とある。ただ、ここには数しかない。それはまるで、一人ひとりが固有の存在であることを剝ぎ取られたかのようだ。日本による植民地支配によって苦境を強いられた人々は、生活の道を「大大阪」に求めざるをえなかった。そうして、在阪朝鮮人は都市の下層労働者に位置づけられ、かつ日本人の半分以下という民族差別賃金を一方的に押し付けられていた(3)。

一九二〇年代、大阪は東京の人口をしのぐ大都市であり、このころ、在阪朝鮮人人口は一気に増加する。背景には、〇五年に山陽電鉄が関釜連絡船を開設したことと、二三年の済州―大阪直行航路の開設があった。人間の移動は、ただ人口が増減するだけの話ではない。渡日する人々のなかには、単身の人もあれば、家族を伴っている人もいる。あるいは親・親戚のもとへやってくる姿もある。仕事を求める人もいれば、勉学のために来日した人もいる。そうした、それぞれの事情でやってきた人々が、見知らぬ土地での生活を始めるのだから、衣食住に関わるやりとりや冠婚葬祭を執り行い、信仰生活を送り始めることは至極当然のことである。

イサクは、平壌からやってきた宣教師である。大阪市社会部調査課の報告書には、宣教師は男三とある。一九三〇年代には、大阪在住の朝鮮人のなかにも定職をもつ人が次第に増えてきた。キリスト教の集会所も大阪市内に六、七カ所と増えていった。教会堂はなかったが、当時関西学院大学神学部に在籍していた金春培《キムチュンベ》の「基督申報」（一九二九年九月）への投稿をきっかけとして、翌年、大

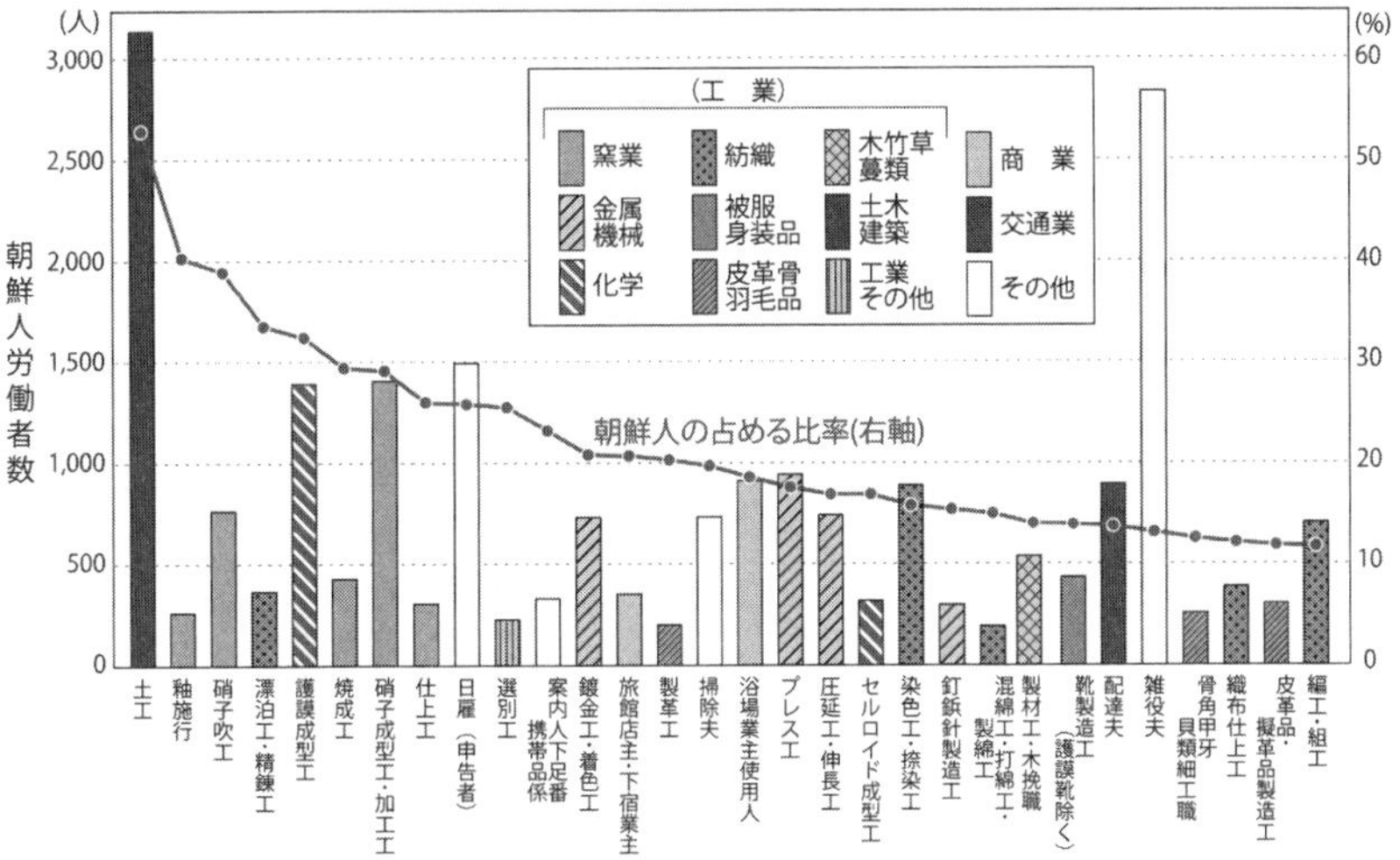

図2　大阪市における朝鮮人労働者の集中職種
（出典：内閣統計局編『昭和5年国勢調査報告 第4巻 府県編 大阪府』東京統計協会、1933年〔福本拓作成〕）

阪朝鮮教会中央礼拝堂建築期成会が結成された。当時、地域の宣教師は東成区猪飼野町中二千百二十七番地に家屋を借り、礼拝・伝道をおこなっていた。大阪朝鮮教会中央礼拝堂建築期成会は、朝鮮半島全土、日本各地から寄せられた献金によって、三四年五月に、東成区猪飼野大通一丁目三十七の土地百四坪（約三百四十四平方メートル）を購入し、三五年七月に竣工した[4]（写真4を参照）。その間の三一年には、第八話でイサクが拘束されたような、神学生が検挙される事件が起きている。その後、第二次世界大戦勃発によって教会も受難期に入る。四二年には日本基督教団への加入を余儀なくされ、礼拝前の日本国歌奉唱や説教や祈禱を日本語でおこなうことを強要された。

民族差別による困難を強いられながらも一人ひとりが生活の場を作り出そうとする姿を、近代大阪形成の「朝鮮人問題」として発見したのは、大阪市社会部調査課だった。一九二〇年代から三〇年代にかけて、数多くの報告書を刊行した大阪市社会部調査課は、近代都市大阪形成期の、①下層労働者問題、②不良住宅地区・スラム問題、③失業問題、④社会事業問題という四分野の調査を手がけた。朝鮮人を対象にしたものは①に含まれていて、

写真4　猪飼野大通りに建設された教会堂
（出典：李清一「大阪中央教会堂建設ストーリー」「福音新聞」2003年4月1日付）

ほかに中小企業労働者、商業労働者、日雇い労働者もここに入っている。調査によって得られた数字は、解決すべき社会問題とする解説を付され、朝鮮地域からそれぞれの事情で来阪した人々を「朝鮮人」という集団として対象化・均質化し、資料として提供された。以後、信頼に足るデータとして今日まで参照されている。当時の調査記録は貴重だが、問題はその偏見に満ちた分析視点にあった[5]。

公的機関による偏見や差別に基づく記述は、日本の敗戦／朝鮮の解放後、日本人の朝鮮史研究への批判的検討と在日朝鮮人の朝鮮史研究の刊行によって、全般的な捉え直しが進められてきた[6]。ただ、戦前に歪められ平板化された人間像を問い直し、一人ひとりが具体的な存在であることをあらためて示し直す作業には膨大な時間と丁寧な取り組みが必要になる。これまで日本と朝鮮半島を主軸として積み上げられてきたこの作業を、ドラマ『パチンコ』は、商業ベースであるがゆえの制約や限界があるものの、映像メディアでより広い世界へとつないでいく舞台になったといえる。

2　猪飼野という町と朝鮮人

市電・猪飼野駅で下車したヨセフたちは、細い川（平野運河ではなく、猫又川の可能性が考えられる）沿いに長屋が立ち並ぶ道を歩いていく。ドラマでは、ヨセフが「ここは生野だ」と言うが、ソンジャとイサクが猪飼野に来たのは一九三一年の設定だ。実際には四三年四月一日、東成区のうち近鉄線以南の地域を区分して「生野区」が創設された。猪飼野地区は近鉄線を境として、東成区と生野区とにまたがることになった。ソンジャとイサクがたどり着いたヨセフの家は、猪飼野のなかでも朝鮮人が集住した地域として描かれている。

ここで、大阪の猪飼野という地名について言及しておこう。日本のなかで朝鮮人が最も多く居住する場所として知られてきた猪飼野は、もともとは古代からの地名を継承してきた猪飼野村だった。大阪の近代化に伴って市街地化が進み、朝鮮半島から渡ってきた人々が集住するようになり、現在の東成区と生野区にまたがる「猪飼野」が登場したのである（図3を参照）。猪飼野という地名は、古代にこの地に猪《ぶた》を飼育する民が住んでいた歴史によると考えられている。仏教の広がりとともに、猪の飼育は消え、地名だけが残った。豚の飼育は、一八七〇年ごろに全国的な流行のなかで再開されたがそれも次第に衰え、一九〇一年時点では、猪飼野村を含む東成郡全体での養豚数は百十七頭にすぎなかった。

この地で、再び養豚が盛んになったのは、二十世紀に入ってからである。日本による朝鮮の植民地支配下に来阪した朝鮮人が、この地で豚を飼育し始めた。朝鮮人にとって、豚は冠婚葬祭の必需品であり、日本での厳しい暮らしのなかで、生活を支えた焼酎づくりから生まれる搾りかすを餌に活用できる、貴重な存在だった。第五話のなかでも、ソンジャとイサクがヨセフの家に向かう路地を豚が歩いている様子が描かれている。この点については、朝鮮市場（現在の大阪コリアタウン）周辺で生まれ育った在日コリアンたちには不評で、「猪飼野ではありえへん」と口をそろえて言う。豚が歩く可能性があるとすれば、現在のＪＲ鶴橋駅と桃谷駅の間にある公園あたりで、周囲には人家がない豚小屋のあたりだろう、家が密集している路地で豚が歩いているというのは考えられない、という推測がなされたことだけ付言しておこう。

さて、一九二五年に大大阪になった大阪市に編入された「大字猪飼野」は、東成区猪飼野町になり市街化していく。その動きは北部から始まり、この時期急増する朝鮮半島からの渡航者の集住地区が形成されていったのもこのあたりになる。具体的には、現在のＪＲ鶴橋駅北東部にあたる。このエリアは、〇七年には「朝鮮町」がす

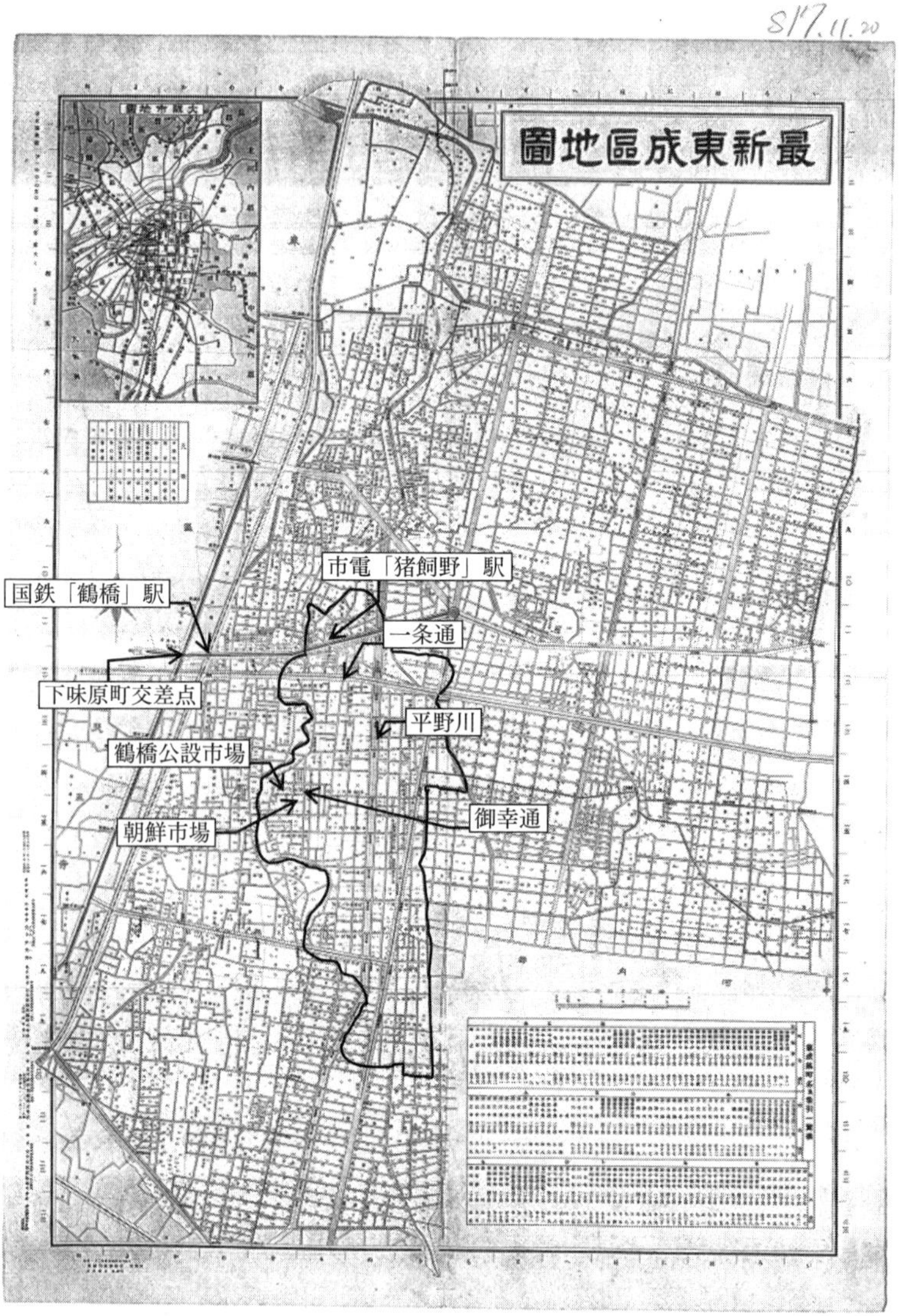

図3　1942年、東成区地図

でに形成されていた。[7] その背景には、東成区の中小零細工場地帯化があった。[8] ヨセフの家がある集住地域は、長屋が立ち並ぶ路地として描かれているが、二七年の『朝鮮の人口現象』に掲載されている猪飼野北部の写真から、実際にはすでに近代的な街並みが形成されていたことがわかる（写真5・6を参照）。

この路地を歩く人々のなかで、ある女性が「따라오라이～」と子どもたちに声をかける様子が一瞬映る。「ついておいでよ～」という済州語だ。このシーンに、私は思わず感嘆の声をあげた。なぜなら猪飼野は、朝鮮人集

写真5　東（小）橋町内の朝鮮人集住地域
（出典：前掲『朝鮮の人口現象』）

写真6　朝鮮人が集住する猪飼（野）町付近
（出典：同書）

住地域のなかでも、済州島出身の人々が最も多く住んでいる地域だったからである。済州島は、現在韓国の最南部に位置しているが、地理的には、朝鮮半島、日本列島、南西諸島、中国大陸を結ぶ海道の十字路に位置する。かつて「耽羅国」だった済州島は、朝鮮半島部とは歴史も文化も言語も異なる部分を有する。猪飼野は、近代以降、済州島出身者が最も多く暮らしてきた地域であること、このポイントが脚本に取り入れられていることに、私は感動した。

済州島から日本への移動は、現在把握できている範囲で述べると、一九〇三年の海女による渡航が最初である。済州島では「チャムス」ともいう海女たちが、自分たちだけで海を渡ったのではない。賃金労働者として彼女たちを引率する者がいた。海女による裸潜水漁は、近現代の済州島の生業のなかで重要な部分を担ってきた。第一話の冒頭、ソンジャが生まれ育った釜山の影島の海岸で潜る海女の姿が映し出される。十九世紀末から日本の近代漁業が朝鮮海域に進出していて、済州島では潜水器業者による海の荒廃が進んだ。朝鮮海域の豊富な資源を採集するために、当初は日本から伊勢志摩の海女が雇用され出漁していた。しかし、済州島の海女の技術が優れているうえ、日本の海女の七分の一という差別賃金で安価に雇えたので、日本の海女は次第に朝鮮海域から姿を消したのである。済州島の海女が朝鮮半島部に初めて出稼ぎ出漁したのは一八九二年である。ソンジャの故郷である影島は、済州島の海女たちが朝鮮半島各地に出漁する際の一大拠点になり、その後に海女たちは出稼ぎ出漁のため初めて渡日した(9)。朝鮮海域の漁業を統括していたのはもちろん日本人であり、朝鮮人の男たちは海女の引率や海産物運搬・販売などに関わっていった。

影島は、裸潜水漁を含めた海産物関係の仕事に従事する者に限らず、済州島の人々が多く移り住んだ場所であり、現在もその名残はみられる。ノアの父親であるコ・ハンスが第一話に海産物商人として登場するのは、こうした日本が朝鮮海域を支配していたための設定であると考えられる。第七話では、まだ若かりしころのコ・ハンスとその父は横浜で暮らしていて、済州語で話す場面が描かれている。なぜ横浜を生活地として設定したのかはよくわからないが、当時多くの済州島出身者が、日本の植民地支配下での困難な状態を何とか逃れようと別の道を求めて大阪を経て日本各地に移っていった。コ・ハンス父子は、その姿を想像させるものではある。済州島から大阪への渡航者は、先述した一九二三年の直行航路開設によって飛躍的に増える。三四年の地理学者の桝田一二による調査では、済州島内四万七千四百六十六戸のうち三万四百九十八戸から出稼ぎ許可証を得た渡航者が出稼ぎに行っていて、(10) 同年末に日本に居住する済州島出身者は五万四十五人で、済州島人口のおよそ五分の一にあたる。(11) ただ、民族差別賃金に示されるように、日本での生活はあらゆる面で「二流国民」扱いをされるものだった。(12)

済州島出身者が多く暮らす猪飼野だが、平壌出身のヨセフやイサク、釜山出身のソンジャのように、他の地域からの移住者も多い。朝鮮各地域から渡航してきた人々がこの地域に居を構え、互いの生活感覚や考え、判断の相違に戸惑い、対立や妥協をしながら、それぞれに生活の可能性を切り開こうとする。ドラマに登場する人々のこうした姿は、在日朝鮮人が困難に打ちのめされ差別に押し潰されそうになる苦境を打開しようとする、多様な存在であることをあらためて示している。ドラマの登場人物が、固有の存在であることは当然である。けれども、現代日本社会に求められるのは、まさにそういった常識的なまなざしにほかならない。

3　路地からみる「世界」

第１シーズンの最終回になる第八話では、反日活動をした嫌疑でイサクが警察に拘束され、ヨセフは弟の拘束を理由に解雇された。ソンジャは自身が働かなければとキムチを作りだす。桶に山盛りに詰めたキムチをリヤカーに載せて、市電の駅のそばで屋台を出す場所を譲ってもらい往来する人々に大声で呼びかける。「キムチ、食べたことありますか!?」

キムチを売り始めた場所は、ソンジャとヨセフが初めて降り立った市電「猪飼野」駅前のようにみえる。実際、

写真7　一条通り
（出典：大阪毎日新聞社編『大大阪現代風景』大阪毎日新聞社、1933年）

「猪飼野」駅が設置されたことによって、そこから南に延びる一条通りには商店が急速に増え、商店街としての活気が出てきた。一九三一年ごろに、一条通りがコンクリート舗装されたことをきっかけに、街灯（当時は電球五個の鈴蘭灯）を設置しようと、親睦団体としての商店会が鶴登会の名のもとに発足した。「猪飼野」駅から大軌鉄道の踏切を越えて御幸通りまで約七百メートルあまり続く一条通り商店街の最盛期は、三五年から四〇年までだ。当時は、朝七時、八時から、夜は市電の最終列車のあとも、夜半まで人通りが絶えないこともあり、商店の多くはその時間まで営業を続けていた[13]（写真7を参照）。

現在の大阪コリアタウンは、この一条通りと東西に交差する御幸通りのことを指す。御幸通りには、一九二六年に鶴橋公設市場が開設された。御幸森神社の斜め東側あたりである。一条通りが活気を帯びるなか、鶴橋公設市場が面している御幸通りにも店が立ち並び始め、御幸森商店街としてにぎわっていった。ここに店を出していたのは、当時、日本人だけだった。朝鮮人は、御幸通りを南に一本入った路地で市場を開いた。この路地が、現在の大阪コリアタウンの前身である。高権三が三八年にまとめた『大阪と半島人』から、当時の朝鮮市場の様子を少し紹介しよう（写真8を参照）。済州島出身の高権三《コグォンサム》は、早稲田大学で政治哲学を学んだのち二七年に卒業し、済州で教鞭を執ったこともあった。

この東成区で一番賑やかな通りは、猪飼野町の一條通りと御幸通りだそうだ。今こそ猪飼野町は繁昌しているけれども、十年前までも原っぱが多かったという。大阪ではこの通りが四流か五流の所であるが、京城では一流と称せられる本町通り南大門通り等の通りとも比較出来る所である。

写真8　朝鮮市場で買い物する女性たち
（出典：高権三『大阪と半島人――内鮮同胞よ！』東光商会書籍部、1938年）

一條通りと御幸通りの交差点から、西一帯の御幸通りが朝鮮市場になっている。

私は十年前から大阪に来て住んでいた或る友人の案内で、この市場を見に行ったが、身動きも出来ない程に人が混雑していた。

店先には朝鮮産の品物が色々と陳列されている。殊に朝鮮の人の常に履くところのゴム靴、朝鮮の人の食料品中、一番に好くところの明太の山は、なつかしい朝鮮を思わせるに十分だった。表通りは内地人の店もあって、京城の南大門市場までにはならぬかも知れないが、確か東大門市場位いにはなるだろうと思われる。裏通りには煮立ての豚肉、腸詰、豚の頭等が出されてあって、開城の市場に似ており、食料品店ばかりでなく反物屋、雑貨屋、魚屋、肉屋等の各種類の店が入混じってあることは、海州の市場に似ている。(14)

同書を出版した東光商会書籍部の住所は大阪市東成区猪飼野町中三―四になっていて、御幸通り商店街界隈である。一九三〇年代、活況を呈する猪飼野には、ソンジャのように自ら店を出し、固有の生活世界を作り出していく人々の姿があった。二〇年に京城で創刊された「朝鮮日報」にもそのさまが記載されている。ちなみに、当時の「朝鮮日報」は日本の植民地行政を批判するスタンスをとっていた。咸尚勳《ハムサンフン》による「商工の都市大阪」と見出しを掲げた文章の一部である。

彼らは部落を作って暮らしており、その生活様式はすべて朝鮮で行っていたそのままであるという。そして、そこではムーダン〔シャーマン〕、占い師もいれば、薬局、ピンデトック〔朝鮮式のお好み焼き〕、スンデ〔朝鮮式の腸詰〕を売るところがあり、工場、医院、布木〔朝鮮服地〕店等があるところも多いという。私たちは朝鮮人部落の一つである猪飼野町を一巡したのだが、市場が開かれていて、豆腐、大根、白菜、茹でたスンデ、大豆もやしなども、朝鮮服を着た朝鮮婦人たちが売っているのを見た。[15]（〔 〕は引用者補記）

一九四〇年代、戦況が悪化し大阪でも空襲が激しくなるなか、御幸通り商店街の日本人商店主たちは疎開などで不在になった。戦後も、もとの住民がなかなか戻らないため、閉まったままの店の軒先で品物を並べて商売する在日朝鮮人の姿があった。そのうち、家主からの誘いで表通りの店舗を最初に買ったのは、南原商店の趙宜《チョウィ》炫《ヒョン》だった。四七年ごろのことだという。[16]次第に、御幸通り商店街に店を構える在日朝鮮人が増えていき、日本人商店主も戻ってくるようになった。六〇年代に入ると商店街全体がにぎわいをみせ、名節（正月）の季節には祭祀に必要な食材を求める人々であふれ返った。

同じ商店街の隣同士として朝鮮人と日本人が店を並べていても、日本社会での在日朝鮮人に対する排除と差別の壁は幾層にも築かれていて、それぞれみえてくる「世界」は異なっている。社会福祉制度や教育制度といった法制度上での排除、住居や結婚、就職での社会的差別、民族名を名乗ることを阻む社会意識など、朝鮮人であることが歪められていく現実があった。加えて、朝鮮半島の南北分断が在日朝鮮人の日常に入り込んでくる。朝鮮市場は、東アジアの帝国主義と在日朝鮮人の軌跡が圧縮された場所なのである。第２シーズンは、この時期をどのように描き出すのだろうか。

おわりに――良質な物語に向けて

戦後、表通りに移った朝鮮市場だが、一九六〇年代から七〇年代の活況を経て八〇年代に入ると、日本社会全体で大型スーパーマーケットに客層が流れていくなか、朝鮮市場にも衰退の兆しが現れた。一念発起した在日朝鮮人と日本人の商店主たちが、八〇年代半ば「コリアタウン構想」を立ち上げ、道路は整備され街灯と門が設置された。九四年には第一回「コリアタウンアジア民族祭り」が開催される。日常の生活市場であるという基本のスタンスを維持しながら、次第に異文化体験に関心がある人々を招く場へと変化を遂げていった。その後コリアタウンは、二〇〇〇年代に入ってからは日韓ワールドカップ共催や韓流ブームの影響を強く受け、大変動期になる。

ソンジャがキムチを売り始めた猪飼野は、現在、年間二百万人が訪れる一大観光地になっている。こうした変化を受け、二〇二一年十二月、御幸森商店街を構成していた三商店街は一つになり、「大阪コリアタウン」として再出発した。平日の朝から「韓国的な何か」を求めて訪れる人々の多くは、なぜこの地にコリアタウンがあるのか、その歴史を知らない。知る機会もなかっただろう。一方、日本社会では各地でヘイトクライムが発生している。ドラマ『パチンコ』は、この溝を埋める作品といえるだろう。同様の目標を掲げ、二三年四月二十九日に大阪コリアタウン歴史資料館が開館した。いずれも作り手それぞれに課題はあるものの、誰かが場を開かなければ、よりよい未来を次世代につなぐ手がかりさえ生まれない。求められるのは、正しい物語ではなく良質な物語なのである。

注

(1)「大阪に於ける朝鮮人」、朝鮮総督府『朝鮮の人口現象』(調査資料 第22輯)所収、朝鮮総督府、一九二七年

(2)キム・ジョンス文、ハン・ジョン絵『飴売り具學永《ク・ハギョン》――関東大震災で虐殺された一朝鮮人青年の物語』山下俊雄/鍬野保雄/稲垣優美子訳、展望社、二〇二二年

(3)大阪市社会部労働課編『本市に於ける朝鮮人の生活概況』(「社会部報告」第八十五号)、大阪市社会部労働課、一九二九年

(4)李清一「大阪中央教会堂建設ストーリー」「福音新聞」二〇〇三年四月一日付

(5)伊地知紀子「大阪と在日コリアン」、川野英二編『阪神都市圏の研究』所収、ナカニシヤ出版、二〇二二年

(6)朝鮮史研究会編『朝鮮史研究入門』名古屋大学出版会、二〇一一年

(7)伊地知紀子「大阪地域史研究と在日朝鮮人――「在阪朝鮮人史」を「住民史」に接続する」、大阪歴史学会編「ヒストリア」第三百号、大阪歴史学会、二〇二三年

(8)杉原薫/玉井金五編『大正 大阪 スラム――もうひとつの日本近代史』新評論、一九八七年

(9)伊地知紀子「帝国日本と済州島チャムスの出稼ぎ」「日本学」第三十四集、東国大学校文化学術院日本学研究所、二〇一二年

(10)桝田一二「済州島人の地理学的研究」、大塚地理学会編「大塚地理学会論文集」第五輯、古今書院、一九三五年、一〇一ページ

(11)全羅南道済州島『済州島勢要覧 昭和十年』全羅南道済州島、一九三五年、一九ページ

(12)岩佐和幸「世界都市大阪の歴史的形成――戦間期における朝鮮人移民の流入過程を中心に」「調査と研究――経済論叢別冊」第十六号、京都大学経済学会、一九九八年

(13)創立50周年記念事業運営委員会編『生野区商店会連盟創立50周年記念誌』生野区商店会連盟、一九九九年

(14) 高権三『大阪と半島人——内鮮同胞よ！』東光商会書籍部、一九三八年、三二—三三ページ
(15) 咸尚勲「商工の都市大阪」「朝鮮日報」一九三六年五月六日付
(16) 李朋彦『在日一世』リトルモア、二〇〇五年

第6章　二つの『パチンコ』の歴史の語り方

——登場人物と警察の関係に注目して

宮地忠彦

はじめに

本章は、ミン・ジン・リーの小説『パチンコ』とドラマ版『PACHINKO パチンコ』にみられる在日コリアンの歴史の語り方を、主要な登場人物と警察の関係の描写に着目して検討する。そのうえで両者による描写の違いを生み出した諸要因を、『パチンコ』の歴史を物語る方法や歴史観に焦点を当てて考察したい。

警察は植民地統治や在日コリアン管理の最前線に位置する行政機関だった。そのため、警察と（在日）コリアンとの関係性の描写のなかには、小説やドラマが描く、植民地支配や在日コリアン管理のイメージや歴史の語り方の特徴が現れやすい。これが、本章が登場人物と警察の関係に注目する理由である。また小説とドラマ版の描写の違いを生み出した要因を探るため、小説の著者のインタビュー資料を分析する。さらに小説やドラマ版が参照したと推測できる著作なども視野に入れ、歴史の語り方を検討する。

1　ドラマ版での登場人物と警察の関係の描写や歴史の語り方

本節では、ドラマ版『パチンコ』でのおもな登場人物と警察の関係の描写にみられる二つの特徴を、小説と比べながら検討する。そのうえで、二つの特徴をもたらした、ドラマ版が依拠したと推測できる参考文献の歴史観を明らかにする。

ドラマ版の第一の特徴は、おもな登場人物の性格を、植民地や日本の警察との関わりを通して描く点である。例えばドラマ版第一話でソンジャは幼いころ、ソンジャの両親が営む下宿屋の反日的な下宿人が警官に打ちのめされるのを目撃したあと、警官にお辞儀しなくなる。この警官にお辞儀しないソンジャを目に留め彼女に引かれるのがコ・ハンスだが、彼も警官にこびない人物として描かれている。つまり、ドラマは二人の強い性格を警察との関係を通じて示しているのである。以上の場面は小説にはない。

またドラマでは、ソンジャがハンスと別れたあとに結婚するイサクについても、彼の正義感あふれる性格を、警察と対立する場面で描いている。具体的には第六話と第八話である。イサクは、小説に登場しない、ある若者と出会い、在日朝鮮人を苦しめる資本主義や植民地主義に対抗する運動に積極的に関与した罪で警察に捕まる。その逮捕前にイサクは兄ヨセフと酒場にいたとき、特高（特別高等警察）の取り締まりを目撃して憤る。小説にはこの場面はない。小説では、イサクは教会の同僚の宗教的不服従行為に連座して逮捕される。確かに小説の彼も、正義感が強く植民地独立運動に共鳴するが、結婚後に愛国的理想よりも「周囲の人々の安全」を優先するようになったと描かれている。(1)

ドラマ版の第二の特徴は、植民地警察の巧妙さとともに、その取り締まりの厳しさを明確に描く点である。この警察の性質も、先述の下宿人に対する警察の取り締まりを通じて描写している。これと対照的に、小説は、ソンジャの家の下宿人らによる政治談義は警察の監視の範囲外だと語る。[2]

以上の特徴をもった警察とおもな登場人物の関係を描くうえで、ドラマ版『パチンコ』が参考文献の一つとしたと考えられるのが、植民地朝鮮時代を経験した在米コリアンの、ヒルディ・カンによる聞き書き集『黒い傘の下で』[3]である。同書は「特に日本の支配下の普通の人々のオーラル・ヒストリーを幅広くおこなった、英語で書かれた初めての著作」[4]として英語圏で注目されてきた。また植民地朝鮮のおもなトピックを網羅していて「植民地朝鮮を理解したい一般の読者にとって優れた入門書」[5]ともいえる。同書は、こうした先駆性や包括性、そして体験者による証言というわかりやすさを備えているので、歴史研究の専門家ではないドラマ版制作者が参照しても不思議ではない。まして同書のインタビュー対象が在米コリアンだから、在米コリアンがおもなスタッフであるドラマ版制作者は、容易に同書の存在に気づけただろう。

この『黒い傘の下で』に筆者が注目する第一の理由は、ドラマ版の一シーンに似たエピソードが同書に収録されているなど、同書に依拠した形跡がドラマ版に認められるからである。このエピソードとはホン・ウルスの証言である。二点を挙げて証言とドラマ版の相似性を指摘する。

『黒い傘の下で』は、朝鮮が植民地だった時代にホンが通った日本の普通学校校長の息子が、ホンら朝鮮人生徒を家に招いて世界地図を見せ、朝鮮や日本のほか、ロシア・中国・フランス・ドイツ・アメリカなどについて説明した逸話を語る。当時ホンは自分の無知に気づき「日本が朝鮮よりもわずかに大きいだけだということを目の当たり」にして「日本にできることは私たちにもできるはずだと自信を持つように」[6]なった。ドラマ版第二話でハンスがソンジャに世界地図を岩に描いて説明した場面はホンが語った逸話と似ていて、日本が大きくないから朝鮮は日本に勝てると話すソンジャの台詞も、ホンが語った「自信」とよく似ている。

またホン・ウルスは普通学校を卒業後、渡日して学校で学んだ際、深夜営業の市場を経営していたヤクザの親分に雇われる。その支援を受け、青山学院大学に入学して共産主義運動に参加するようになる。その後逮捕されるなど紆余曲折を経て実業家になった。[7]この逸話は、小説では描かれない関東大震災と当時の朝鮮人虐殺を扱ったドラマ版第七話にみられるハンスとヤクザの親分リョウイチの描写と一致してはいないが、「経済活動をするヤクザが在日コリアンを支え、その後このコリアンが実業家になった」点で、ドラマ版の二人の描写と重なってみえる。

そして筆者が『黒い傘の下で』に注目する第二の理由は、同書が提示する植民地朝鮮の支配の構図も、先述した特徴をもつドラマ版の植民地朝鮮の描き方と似ているからである。同書の著者ヒルディ・カンは、導入部で、植民地に生きた朝鮮人の様々な声の一傾向として「日本人は悪い人たちではありませんでした。（略）悪いのは警察官です」[8]といった話を何度も聞いたと述べている。先述のとおりドラマ版も、主要な登場人物の性格を警察との関わりを通して描く際、警察官を、彼らを取り締まる「悪い」存在として映し出す。しかも第一話では、反抗的な下宿人が警察官に暴行される際、「そこまでしなくていいのに」と下宿人に同情する日本語の声も聞こえる。つまりドラマ版は「悪いのは警察官であり、日本人は必ずしも悪くない」という構図であり、これは、カンが何度も聞いたという各証言の一傾向と重なっている。

以上、ホン・ウルスの証言に似た場面があることと、植民地朝鮮の構図が似ているという二点を踏まえ、筆者は、ドラマ版が『黒い傘の下で』を参照したと推測する。ただし、同書には、カンが指摘した一傾向に収まらない、複雑で多様な朝鮮人の声が含まれていた。例えば同書導入部で、植民地時代に過酷な生活を送るか否かが「地元の警察官の性格など、わずかな違いから生じるものだった」とカンが整理したとおり、同書は植民地の警察官の親切な振る舞いや穏健な取り締まりに関する証言も紹介している。また先述の証言で、ホンは日本人の学校長やその息子、そしてヤクザに助けられたあと、共産主義活動をおこなっていた。この証言は、「帝国による抑圧」対「民族的な抵抗」という従来の植民地朝鮮研究が提示した二分法的な歴史観で理解しにくい内容を含む[9]。カンは『黒い傘の下で』の導入部で二分法的な歴史観を批判して多様性に注目している。これは、同書刊行を支援したシン・ギウクらが唱える植民地近代論の二項対立（二分法）批判に影響を受けたからだろう[10]。

以上の『黒い傘の下で』の特徴を踏まえると、ドラマ版制作者は同書が明らかにした多様な声にあまり注目しなかったようにみえる。例えば先述のホンの地図の証言は、コリアンの教育に熱心な日本人の校長や息子に彼が励まされた逸話だが、この関係がドラマ版ではハンスがソンジャを励ますコリアン同士のものになり、逸話の意味が全く変わっている。このように、ドラマ版は、従来の二分法的な歴史観に依拠して日本人を悪く描くことをしない点で、植民地統治や在日コリアンの苦境の描写が穏やかだが、主人公らが警察に対抗する姿を描く点で「帝国による抑圧」対「民族的な抵抗」という二分法的歴史観を踏襲したようにもみえる。このドラマ版の制作者は、『黒い傘の下で』の多様な声が、「九分どおり公平」と評されるような朝鮮統治像を生む可能性を懸念したかもしれない。(11)

実は同書は小説『パチンコ』作者ミン・ジン・リーも参照しているが、(12)管見では同書の証言に似た場面が、小説にはない。次節では、この小説が登場人物と警察の関係をどう描いたかを分析しよう。

2 小説『パチンコ』の警察官像と歴史の語り

本節では、登場人物と警察の関係を描いた小説の二つの場面に注目し、双方に共通するドラマ版にない特徴を指摘する。そのうえで、それらを描いた著者の歴史の語り方を検討する。

一つ目は、イサクの逮捕後に兄ヨセフが、警察署の受付で警察官に弟との面会を頼んで断られる場面である。ここでは、病弱なイサクの窮状を訴えるヨセフに警官が感じた「同情」や「穏やかで気遣いにあふれていた」警官の口調、そして無実の市民を留置しないほど「日本政府は公平で、道理をわきまえている」と信じている警官の心情が描かれる。これに対しヨセフも制服警官を悪く思わず、「日本の警察官は一人残らず悪意に満ちている(evil)と決めつけるのは短絡的にすぎる」(13)と考えていると描く。ドラマ版第八話の同じ場面では警官やヨセフの心情が描かれないため、印象は小説と異なる。

二つ目は、イサクの子モーザスの親友・外山春樹が、警察官として、在日コリアンの息子をいじめによる自殺で失った両親と対面する場面である。ここで両親は、息子の卒業アルバムに「自殺しな」などの差別的メッセージが書かれていたことを春樹に説明し、このメッセージに関する調査を警察が息子の学校の校長に求めないことを批判する。これに対して春樹は、この息子が飛び降りたとき、屋上に誰もいなかったという複数の証言があると両親に説明し、ひどいことを書いたことを理由に、息子をいじめた生徒は逮捕できないと説明する。息子の父が、そう語った春樹の「打ちのめされたような表情」に気づき、春樹から視線を逸らしたうえで「日本人は一致団結して世の中が何一つ変わらないようにしている」と話す。その後、春樹は居酒屋でこの事件についてモーザスに話し、「かわいそうに、きっとついに辛抱の限界に達してしもうたんやろな」と少年の思いを自分の身に置き換えて涙を流す。モーザスは「おまえに何ができるわけでもないやろ[14]」と諭す。これに対しドラマ版では春樹の設定が小説と異なるため、第2シーズンでの同場面の描写も変わるだろう。

以上の場面は、警官を「悪意に満ちた（evil）」者として描かず、彼らの考えを読者が理解できるように描写している点が共通していて、先述のドラマ版の警官像とまるで異なる。小説が描く警官像は、ミン・ジン・リーが参照した『黒い傘の下で』やほかの著作で紹介された警察官の親切さを踏まえると、とくに非歴史的な描写とはいえない[15]。

そして、この警官の描写は、リーが意識的に選んだ「全能の視点」からの語りが生み出したともいえる。リーによれば、十九世紀の西洋文学ではよく用いられた「全能の視点」に立った語り手には、自らの視点を登場人物ごとに変えながらすべての登場人物の苦境に共感するフェアで客観的な姿勢が求められる[16]。リーはこの語り手が登場人物の意見に同意しないことはあると述べていて、『パチンコ』の語り手である彼女が警察官に同意したいわけではないだろう[17]。ただし彼女は先述のとおり警察官にも読者が共感できるように彼らを描いていて、ここにフェアな「全能の視点」が認められる。

このように語り手がフェアに語る姿勢が必要な理由は、リーにとって二つある。

第一に、リーの小説の主題が非常に論争的だからである。彼女は、もし語り手が登場人物たちの苦境に共感する点でフェアならば、読者は『パチンコ』のなかで何が起こり、自分が何を感じたかを判断できると述べている。[18]読者が「感じた」ことの内容を説明しているのが、ある講演会で聴衆から「『パチンコ』が在日コリアンと日本人の溝を埋められるか」と質問された際の回答である。そこで彼女は、この小説で日本人に特定の行動を求めていないが、私たちが「他人について真に考える」ことができる唯一の方法は「共感」だと答えた。[19]これはフェアに語る小説を通じ、日本人の読者に登場人物のコリアンへの共感を促すことを意味すると考えられる。[20]

語り手がフェアである理由はもう一つある。リーがフェアな姿勢を語り手に求めるのは、コリアンの苦境だけに共感する語りが「日本人は悪意に満ちていて（evil）、コリアンはその犠牲者[21]」という間違ったステレオタイプや二項対立を生むからである。

ヨセフが警察官を悪意に満ちた（evil）存在と捉えないことは先述の場面の検討で明らかだが、もう一つ指摘したいのは、小説で在日コリアン生徒の自殺に苦悩する春樹を同性愛者として描いたリーの意図である。この事件のモデルは彼女が大学時代の茶話会で聞いた話であり、彼女が在日コリアンに関心をもった出発点である。それほど大切な出来事を、生徒自身やその両親の視点ではなく同性愛者の警察官・春樹の視点で語ったのは、リーが日本社会の同調圧力に在日コリアンと日本人の双方が傷ついていることを『パチンコ』で示したかったからだ。[22]また春樹を性的マイノリティとして描くことで、在日コリアン問題をめぐる二項対立や日本人やコリアンに関するステレオタイプから自由になって「他人について真に考えること」を、リーは小説で実践しようとしたと考えられる。

小説『パチンコ』のフェアな語りを通じて、リーは「歴史について正直」であろうとした。なぜならば、歴史に正直になり現実に向き合うことで先入観が正され、対立する者たちが和解を考え始められるからである。[23]

この歴史に対する正直さや、それを支えるフェアな姿勢を、リーはどのような経緯で重視するようになったのか。これに関して注目すべきは、リーも「悪の存在を信じている」から歴史に不正直だ、と認めている点である。[24]

リーのこの告白には、日本滞在中に数十人の在日コリアンにインタビューして、渡日前に学術書で理解した在日コリアン像と異なる、彼らの多様性と複雑さに直面した経験が反映されているといえる。リーによれば、彼女がインタビューした在日コリアンは自分を犠牲者と見なさなかった。そして「当局者をあてにできないから、必要な行動をとって生き延びるのだ」と語り、在日コリアンに強い関心をもつリーに「この問題に怒りすぎだ」[25]と忠告したという。

この一種のオーラルヒストリー経験は、『パチンコ』の物語に三つの影響を与えた。

第一に、小説のテーマは、在日コリアンが受けた抑圧だけでなく、抑圧を受けた在日コリアンがどう立ち直るかを含むものになった。[26]

第二に、物語が扱う時代が長くなり、主人公も変わった。そもそもリーが渡日前に書いた短篇小説や小説の草稿は一九七〇年代から八〇年代を描き、ソンジャの孫ソロモンが主人公だった。しかし滞日中にインタビューした、ソロモンのような外資系金融機関などで働く在日コリアンは、リーにとって「信じられないほどの洗練と身だしなみ」を備えた「退屈な人々」だった。そうした話を聞くなかで彼女は、彼らが人としての「生々しさ」を失わざるをえなかったのは彼らの前の世代が苦労したからだと考えた。[27]とりわけインタビューした人々の多くが、第一世代の女性が次世代のために自らを犠牲にしたと語った。そこで物語の主人公の一人としてソンジャや彼女を取り巻く世界が描かれるようになったのである。[28]

第三として、インタビュー経験が、「全能の視点」で物語るうえで役立った。リーによれば、この視点の語りが著者にとって難しいのは、多くの登場人物の視点に身を置く必要があるためだが、リーは、在日コリアンのインタビューを通じて、小説の登場人物のモデルになるコリアンの性格や生活、そして生き延びる方法について学んだ。[29]

このようにリーはインタビュー経験を小説に生かした。またオーラルヒストリーの著作からも、ヨセフがビスケット工場で働く点などで設定のヒントを得たようだ。『パチンコ』冒頭の「歴史が私たちを見捨てようと」の一節どおり「普通の」在日コリアンの生活記録がほとんど残っていないため、リーはインタビューやほかのオーラルヒストリーを参照して不足を補ったのである。(30)

しかしリーは、インタビューで話し手が、悪意はなくても、本当のことを語るとはかぎらないと考え、インタビューで聞き取ったことの二パーセント程度しか小説で用いていない。(31) また小説の巻末謝辞で明らかだが、『黒い傘の下で』など在日コリアンに関する様々な歴史的・民族誌的著作も参照した。リーは、既存の歴史研究などを否定したのではなく、オーラルヒストリーや学術研究の成果を慎重に選びながら、「全能の視点」に立つフェアな語り手を通して、多様な方法で生き残る彼ら彼女らの思いとおこないを小説に描いたのである。

おわりに

テッサ・モーリス＝スズキが指摘したように、歴史認識は、歴史研究や学校教育だけでなく、小説やドラマなど大衆文化の消費を通じた共感によっても形成される。(32) 本章はこの共感を促す『パチンコ』ドラマ版と小説が登場人物と警察の関係をどう描き、在日コリアンの歴史をどう物語ったかを比較し、双方の語りの背景を検討した。

まずドラマ版に関し、コリアンを取り締まる警察に対抗する姿を通して、おもな登場人物の性格が描かれる点を指摘した。またドラマ版は、小説よりも植民地統治や在日コリアン管理を多面的に描き、その厳しさを強調したようにみえる。ただし、厳しい管理に対する日本人の同情の声も挿入することで、「悪いのは警察官であり、日本人は必ずしも悪くない」というヒルディ・カンの『黒い傘の下で』が提示する植民地朝鮮像と共通した構図がドラマ版に適用されている。従来の植民地朝鮮研究は「帝国による抑圧」と「民族的な抵抗」という二分法的歴史観に基づいていた。しかしカンの同書はそのような二分法的歴史観に批判的な研究動向のなかで刊行された。ドラマ版『パチンコ』には、こうした二分法的な植民地朝鮮像を批判したとも踏襲したとも解釈できる描写の多義性が認められる。

これに対して小説は、「全能の視点」に立つフェアな語り手によって、在日コリアンを管理する側の警察官の考えにも共感できる描写がなされている。リーにとってフェアな語りは読者に、全登場人物への共感を促す装置であるとともに、「日本人は悪意ある存在で、コリアンは犠牲者」というステレオタイプや二項対立を乗り越え、互いを親密な存在として考えやすくする仕掛けである。この語りを支えたのは、リーによる日本滞在時の在日コリアンへのインタビューやそれを補う学術的著作の調査である。それらを通じて彼女は「歴史に対して正直」であろうとした。

ドラマ版と小説にみる歴史の語り方のおもな共通点は、両者がオーラルヒストリーの実践や成果を踏まえた点である。また植民地朝鮮や在日コリアンの歴史像に関する従来の典型的な二項対立や二分法から離れようとしている点でも両者は共通している。

もちろんオーラルヒストリーを活用すれば、リーがいう「歴史に対して正直である」ことが必ず実現するわけではない。また小説やドラマ版の物語が新たな二項対立図式やステレオタイプを生み出すかもしれない。

例えば小説では、キム・チャンホの描写に明らかだが、在日コリアン民族団体をとくに否定的に描いてはいない。しかし、民族団体が主要な登場人物の人生と結び付かないため、ハンスによる強烈な批判と相まって、民族団体に関する一種のステレオタイプが（再）生産される可能性が否めない。この描写には、リーがインタビューした在日コリアンが「宿命論」などの人生哲学か「個人的なつながりに頼る」ことで生き延びるなかで「日本での自分たち自身のリーダー」（おそらく民族団体）に裏切られたと語っていたことが影響していると考えられる。(33)

ただしスズキの言葉を再び借りれば、『パチンコ』のような大衆文化が歴史イメージを形成する時代状況では、小説やドラマの「過去についての特定の表現がどこまで〝真実〟か（略）を論議するより、人びとが過去の意味を創造するプロセスの〝真摯さ〟を検討評価するほうが有益」である。また、そうした「真摯さ」は、小説やドラマでの「過去からの声のレパートリーに耳を傾け、聞いた物語」を語り、語り直していくことで、現在の自分

を定義し、定義し直すという「継続的な対話」を生み出すこともできる。(34)

この視点から『パチンコ』を振り返るとき、小説の作者ミン・ジン・リーが、自分自身も歴史に対して正直でないと認めたことは、歴史に対する「真摯さ」の表れといえる。また小説とドラマ版双方に、程度の差はあるが認められる、二項対立的・二分法的歴史観を相対化する姿勢は、日韓・日朝の歴史認識に関する「継続的な対話」に役立つものでもあるだろう。

この点に関連して筆者が気になったのは、小説の「全能の視点」からのフェアな語りが、ドラマ版では登場人物と警察の関係の描写に生かされなかった点である。その結果、リーが批判した「悪い日本人警官と抑圧されたコリアン」という二項対立がドラマ版に表れているようにもみえる。それはドラマ版の歴史に対する「真摯さ」の表れか、二項対立への回帰か。筆者はドラマ版第2シーズンのこの点に注目したい。

注

(1) ミン・ジン・リー『パチンコ』上、池田真紀子訳、文藝春秋、二〇二〇年、一六〇、二二四ページ

(2) 同書二二一―二二二ページ

(3) ヒルディ・カン『黒い傘の下で――日本植民地に生きた韓国人の声』桑畑優香訳、ブルース・インターアクションズ、二〇〇六年(原書は二〇〇一年出版)

(4) Mark Caprio, "*Under the Black Umbrella: Voices from Colonial Korea, 1910-1945* by Hildi Kang (Book Reviews)," *Academia Koreana*, 6(1), 2003, p. 142.

(5) Gi-Wook Shin, "*Under the Black Umbrella: Voices from Colonial Korea, 1910-1945* by Hildi Kang (Book Reviews-Korea)," *Journal of Asian Studies*, 62(1), 2003, p. 299.

(6) 前掲『黒い傘の下で』五六―五七ページ

(7) 同書六一―六三ページ

（8）同書二三ページ

（9）同書一九ページ

（10）同書一五ページ、Gi-Wook Shin and Michael Robinson eds., *Colonial Modernity in Korea*, Harvard University Asia Center, 2000, p. 4. ただし二分法的な歴史観を批判した朝鮮史研究者はシンらが初めてではない。彼らが批判するマーク・ピーティら先行する研究者も「日本の悪辣な搾取と広範に展開された朝鮮人の抵抗運動」という二分法の「単純な図式」を一九八〇年代から批判してきた。そのためシンらの二分法的な歴史観への批判は、ピーティらの研究成果を批判的に継承したものといえる。マーク・ピーティ『植民地――帝国50年の興亡』浅野豊美訳（「20世紀の日本」第四巻）、読売新聞社、一九九六年、三二七―三二八ページ、Ramon H. Myers and Mark R. Peattie eds., *The Japanese Colonial Empire 1895-1945*, Princeton University Press, 1984, pp. 30-31, pp. 35-36.

（11）そうした同書の参照例として、ジョージ・アキタ／ブランドン・パーマー『「日本の朝鮮統治」を検証する――1910-1945』（塩谷紘訳〔草思社文庫〕、草思社、二〇一七年）三六三―三六五ページ。

（12）ミン・ジン・リー『パチンコ』下（文藝春秋、二〇二〇年）三五二ページの謝辞にヒルディ・カンの名前がある。

（13）前掲『パチンコ』上、二二六―二二九ページ、Min Jin Lee, *PACHINKO*, Head of Zeus, 2017, p. 171.

（14）前掲『パチンコ』下、一八五―一九五ページ

（15）例えば前掲『黒い傘の下で』四四ページや、在日コリアン女性一世の聞き書き集である Jackie J. Kim, *Hidden Treasures: Lives of First-Generation Korean Women in Japan* (Rowman & Littlefield Publishers, 2005) の四七ページで、警官の親切さが語られている。後者のジャッキー・J・キムの名前は前掲『パチンコ』下、三五二ページの謝辞にある。

（16）"An interview with Min Jin Lee: Min Jin Lee discussed *Pachinko*, her epic family saga of a Korean-Japanese family""BookBrowse" (https://www.bookbrowse.com/author_interviews/full/index.cfm/author_number/2901/min-jin-lee%20%20An%20interview%20with%20Min%20Jin%20Lee)［二〇二三年六月三十日アクセス］

（17）同ウェブサイト、Min Jin Lee, *PACHINKO*, pp. 169-170. 例えばリーは、警察官がヨセフの訴えに首を振ったりほほ笑んだりするさまを、偽善性を含んだ礼儀正しさを意味する副詞 politely で表現していて、警官の態度を手放しで

評価していないように読める。なお十九世紀の西洋文学の「全能の視点」については小池滋司会、鈴木建三／野島秀勝／清水徹／河口喬一『シンポジウム英米文学7　現代小説の可能性』（学生社、一九七五年）一一六ページ。

（18）前掲、注（16）のインタビュー

（19）"Are Koreans Human?, Min Jin Lee, Radcliffe Institute""YouTube"（https://www.youtube.com/watch?v=OKva7dVgzGg&list=PLTt9bwjR4BlexYyAcvKyY0_qUWxhjUqv-）［二〇二三年六月三十日アクセス］

（20）ミン・ジン・リー／村田沙耶香「日米百万部作家対談「パチンコ」×「コンビニ人間」――私たちはこの愚かな世界と戦わなくてはいけない」（「文藝春秋」二〇二〇年十月号、文藝春秋）三二六―三二七ページで村田もこの点を指摘した。

（21）Rhea Rollmann "The World is an Unfair Place: An Interview With Min Jin Lee""popMATTERS"（https://www.popmatters.com/min-jin-lee-interview-2495400603.html）［二〇二三年六月三十日アクセス］

（22）同ウェブサイト、前掲『パチンコ』下、三四九―三五〇ページ

（23）前掲、注（19）の講演での質疑応答。

（24）同ウェブサイト

（25）"Novelist Min Jin Lee on the 'Eternal Foreignness' of Being Asian American""ASIASOCIETY"（https://asiasociety.org/blog/asia/novelist-min-jin-lee-eternal-foreignness-being-asian-american）［二〇二三年六月三十日アクセス］

（26）同ウェブサイト

（27）"Writers Speak, Min Jin Lee in conversation with Claire Messud""YouTube"（https://www.youtube.com/watch?v=gH3vgL4lDCQ）［二〇二三年六月三十日アクセス］

（28）前掲、注（16）のインタビュー。

（29）"Q&A: MIN JIN LEE TALKS KOREA, FAMILY, AND WHY WRITING ABOUT SEX IS DIFFICULT""THE NATIONAL BOOK REVIEW"（https://www.thenationalbookreview.com/features/2017/2/7/9se9untx72hi3y057kb7hckcnwak8）［二〇二三年六月三十日アクセス］

（30）前掲『パチンコ』上、九ページ。ビスケット（クッキー）工場は Kim, *op. cit.*, pp. 143-144.

（31）前掲、注（27）の講演での質疑応答。

（32）テッサ・モーリス＝スズキ『過去は死なない――メディア・記憶・歴史』田代泰子訳（岩波現代文庫）、岩波書店、二〇一四年、二〇、三〇、三六ページ

（33）"Min Jin Lee: Identity, Love, and Exile" "ORIGINS" (http://www.originsjournal.com/more-interviews/2016/12/15/min-jin-lee-identity-love-and-exile)［二〇二三年六月三十日アクセス］、前掲、注（25）のインタビュー。

（34）前掲『過去は死なない』三七―三八ページ

第7章　描かれた朝鮮人虐殺と描かれていないこと

小薗崇明

はじめに

ドラマ『PACHINKO パチンコ』（原作：ミン・ジン・リー）の第七話は、原作の小説にはない関東大震災下の朝鮮人虐殺が、主要人物のコ・ハンスの原体験として描かれている。

関東大震災は、一九二三年九月一日の正午近くに南関東を震源とするマグニチュード七・九の地震が発生したことに端を発し、たび重なる余震とその後の火災によって東京市と横浜市を中心に死者約十万五千人に及んだ大災害である。一日から朝鮮人の暴動に関するデマが東京・横浜の両市で起こり、その後、東京府・神奈川県だけでなく、被災者が避難した埼玉県や千葉県などにも伝播していく。そしてそれを信じた軍隊・警察・自警団によって朝鮮人虐殺がおこなわれた。

ドラマの第七話の舞台は横浜である。地震直後に父親と死別したハンスは、日本人のヤクザと避難する。その夜、朝鮮人暴動のデマが起こり、自警団が四人の朝鮮人を追い立てるところに遭遇したハンスは荷車に隠れる。

必死に逃げる四人の朝鮮人は納屋に隠れるが、自警団に包囲されて焼き殺されてしまう。その様子をハンスはおびえながら隠れて見ている。運よく難を逃れたハンスは朝を迎えるが、震災以前の未来は失われ、その後の生き方を暗示するかのように物語が終わる。最後にテロップで、「一九二三年九月一日マグニチュード七・九の地震が関東地方で発生。十万人以上の人々が命を落とした。死者数には日本人の自警団に殺された無実の朝鮮人も含まれている。その数については議論の余地があるが、多くの歴史学者が数千人と推定している」と関東大震災下の朝鮮人虐殺の歴史を伝えている。

関東大震災下の朝鮮人虐殺は一九五〇年代以降、歴史学の研究対象になる。[1]また、八〇年代以降は地域研究者の聞き取り調査などによる掘り起こしによって、公的な記録に記されない虐殺の実態が明らかにされ、遺骨の発掘や慰霊碑建立の活動がみられた。[2]しかし、二〇〇〇年代になると、歴史修正主義者が台頭し、虐殺なんてなかった、正当防衛だったという主張や、公的な場での記述の削除や沈黙がみられるようになる。[3]テッサ・モーリス＝スズキは九〇年代半ばからの「新しい歴史教科書をつくる会」の活動について、「過去の理解を〝修正〟するだけでなく、特定の出来事の記憶を公共の意識から抹殺することを明確な目的とする、二〇世紀末の〝抹殺の歴史学〟の一環をなす[4]」といった。「従軍慰安婦」や「南京大虐殺」の問題に少し遅れて、関東大震災下の朝鮮人虐殺の歴史も同様の脅威にさらされている。

また、関東大震災を日本のドラマで取り上げる際も、恋人との出会いや恋愛成就の場面を彩るための背景として、虐殺は描かれずに、自然災害による苦難が描かれることが多い。[5]ドラマ『パチンコ』第七話は、植民地支配によって生じる朝鮮人差別、朝鮮人暴動のデマ、自警団による朝鮮人虐殺を描いた点で、日本社会のなかで描きづらい、語りづらい歴史[6]を描いた点で意義ある作品だといえるが、本章では歴史学の研究成果からもう少し深く掘り下げてみたい。

1　「日本人」と「朝鮮人」をどのように区別したのか

関東大震災下の朝鮮人虐殺は、ドラマ『パチンコ』第七話で描かれているように、震災後に朝鮮人暴動に関するデマが起こり、その後に自警団が形成されて虐殺がおこなわれたものである。自警団が形成されてから、虐殺がおこなわれるまでの間に、日本人か朝鮮人かを識別する自警団の尋問がある。デマを信じた人々はおもに自分たちが住んでいる集落の治安を守ろうと自警団を形成し、知らない避難者がそこにやってくると、日本人か朝鮮人かを問いただし、朝鮮人であれば虐殺した。しかし、そもそも日本人と朝鮮人をどのように区別するのだろうか。ドラマ第七話では、朝鮮人と日本人をどのように識別したのかが描かれていない。

関東大震災下の朝鮮人虐殺で、自警団が避難者を捕まえて尋問するときによく使用されたのが「十五円五十銭って言ってみろ」という問いである。「チュウコエン、コチュウセン」というように濁音が発音できないと朝鮮人として殺された。二〇一九年のNHK大河ドラマ『いだてん――東京オリムピック噺』には、関東大震災のときに熊本県出身の主人公が、自警団に囲まれ、「おまえ、日本人か?」と尋問されるシーンがある。尋問によって、日本語（「標準語」）が話せるかどうかが問われるわけだが、主人公は熊本弁のために命の危険にさらされた。[7]このような言語を基準にした区別によって、うまく答えられなかった日本人の地方出身者や聴覚障害者が殺された事例がある。[8]実は、ドラマ『パチンコ』第七話でも、コ・ハンスだけではなく、一緒に行動しているヤクザのリョウイチも関西弁だから命が危なかったのである。

東京大空襲を十歳で体験した李沂碩は、空襲で焼け出されたあと、家族で避難するときの様子を次のように語る。

アボジは、オモニに一言もしゃべるな、といったそうです。朝鮮人であることが知られてはいけないと思ったようです。その時、アボジの脳裏には、関東大震災で多くの同胞が虐殺された時の悪夢が蘇っていたようです。「十五円五十銭」の悪夢です。「チュウコエン」などと、少しでもなまったら引っ張られていったのです。こんなにも人が死んでいるのだから、関東大震災の時と同じように、朝鮮人がいわれもなく殺されるのではないかと、思ったようです。(9)

李沂碩のアボジは実際に関東大震災を経験しているが、そのときの記憶が東京大空襲時に想起され、生死を分かつ言語の問題に直面し殺されないように口をつぐんだ。敵はアメリカ軍だけではなかった。

小説『パチンコ』のなかで、一九三二年六月に日本人三人組に乱暴されそうなソンジャをハンスが助けるシーンがある。ソンジャとハンスが近づくきっかけになるシーンだが、そこでハンスは「おまえらみたいな悪ガキを生かしておくわけにはいかんな」と「俗語を使った完璧な日本語で言った(10)」とある。ひょっとしたら、関東大震災の原体験が彼の日本語学習に影響しているかもしれない。

2　朝鮮人虐殺は九月一日？

ドラマ『パチンコ』第七話では、朝鮮人暴動に関するデマと虐殺が一日の夜に起こり、主人公のハンスは難を逃れた。実際に、横浜市での最初のデマは南部丘陵地（根岸町相沢、山元町、中村町、相沢山）に一日午後七時ごろに起きたと考えられていて、内容は「朝鮮人約二〇〇〇名襲来し、放火、強姦、井水に投毒の虞《おそれ》あり」というもので、このため住民は「武器を携帯し、警戒に着手し(11)」ている。その後翌朝にかけて、避難民の移動とともに南部丘陵地から横浜公園、港内船舶にデマは拡大した。(12)また、虐殺も一日に南部丘陵地で始まっている。(13)しかし、横浜での朝鮮人虐殺のピークはデマが拡大した九月二、三日だった。四日になると、千人規模の陸軍の神奈川警備隊が到着し、また、県当局も朝鮮人暴動がデマだと認識し、民衆の武器携帯を禁止するようになって、虐殺は徐々に鎮静化していく。[14] すなわち、第七話では二日の早朝に難を逃れたことで物語も終わっているが、ハンスが厳しい状況に立たされたのは、その後の二日、三日である。

なぜ、このことを取り上げるかというと、虐殺の問題が震災の混乱によって「たまたま起きた」「しょうがない」出来事に回収されないかという危惧があるからである。九月一日は地震やそれに伴う火災の被害が大きかったが、家屋の倒壊や火災に直面したときに虐殺は起きない。そうした自然災害から難を逃れ、一息ついたときにデマが起こり、自警団が組織され、虐殺が起きた。しかも、それが数日間続いた。前提にあるのは、すでに多くの研究者が言及しているが、三・一独立運動などへの恐怖や日本人下層労働者が抱く職を奪われる不安など植民地支配を背景とした差別や敵愾心である。

九月十一日に日本政府の臨時震災救護事務局警備部内に設けられた司法委員会は自警団事件の検挙方針を決定するが、そのなかで殺傷事件を放置しないが、情状酌量すべき点があるので全員検挙ではなく顕著な者だけに限定することを決める。[15] これによって、関東各地の自警団事件の裁判も簡単にしかおこなわれず、朝鮮人虐殺の被告の大多数は執行猶予になった。[16] また、横浜市内の朝鮮人虐殺で起訴された事件は二件だけだった。[17] ここでの「情状酌量すべき点」とは震災の混乱の際、民衆がデマに踊らされた点であり、「たまたま起きた」「しょうがない」出来事として植民地支配の問題は省みられることなく、片づけられてしまったのである。

3　悪いのは自警団だけ？

ドラマ第七話では、デマを語るのも、虐殺をおこなうのも市民や自警団である。九月一日の横浜に限ってみると、それがクローズアップされてもおかしくはないが、ドラマの最後が「死者数には日本人の自警団に殺された無実の朝鮮人も含まれている。その数については議論の余地があるが、多くの歴史学者が数千人と推定している」と締めくくられていることを考えると、ほかの地域でおこなわれた関東大震災下の朝鮮人虐殺も含め、すべて自警団によっておこなわれたと視聴者は勘違いしないだろうか。

千葉県の事例から考えると、海軍東京無線電信所船橋送信所から九月三日に全国に「東京付近の震災を利用し朝鮮人は各地に放火し不逞の目的を遂行せんとし」[18]とデマを拡散している。また、関東戒厳司令部詳報の「震災警備ノ為兵器ヲ使用セル事件調査表」には、東京府と千葉県内でおこなわれた軍隊による虐殺（朝鮮人だけではなく日本人殺害を含む）事例が二十例も載っている。[19]

横浜市でも警察官や軍隊がデマを信じてあおっている事例がみられる。例えば、前述の神奈川警備隊が九月四日に到着する以前、二日午後に海軍横須賀鎮守府から海軍陸戦隊が上陸するが、午後十一時十分ごろに横浜公園の加賀町署の仮庁舎に来た陸戦隊十六人は、警察官とともに「不逞者防圧」のために出動し、三日午前四時に「異常無し」と引き揚げており、鎮圧に出動する姿がデマを事実だと信じさせ虐殺をあおる結果になったと考えられる。[20]また、中国人虐殺の犠牲者名簿「日人惨殺温處僑工調査表」には、警察官や軍隊による虐殺の記録がある。[21]

関東大震災の虐殺を考えるうえで、軍隊と警察も虐殺に加担した事実を考えないといけないだろう。関東戒厳司令部詳報にあるように、軍隊による虐殺は自明の出来事である。しかし、前述のとおり自警団事件はまがりなりにも裁判がおこなわれているが、軍隊での朝鮮人虐殺は一例も裁かれなかった。朝鮮人虐殺の新聞報道の解禁が十月二十日であり、このころになると一部の自警団は検挙され、裁判も始まった。これらを伝える新聞報道では虐殺をおこなった自警団を「悪自警団」「暴行自警団」「不良自警団」と呼ぶようになるが、これは一部の自警団に責任を負わせ、軍隊や警察の責任を不問にしようとすることにつながる。[22]軍隊や警察が流言を拡大し、虐殺を扇動し、虐殺をおこなった場所は各地にあった。そのため、自警団の虐殺を徹底的に調査し、裁判で追及すれば自分たちにも跳ね返ってくる恐れがあったのである。

また、「悪自警団」などと呼ぶことは、直接手を下していない「良自警団」や多くの日本人が虐殺の問題に目を向けないようにさせただろう。「われわれ」（日本人）は本来、虐殺をおこなうような野蛮な民族ではなく、虐殺をおこなったのは一部の「悪自警団」「暴行自警団」「不良自警団」にすぎないという論理である。紙面に登場する朝鮮人を保護した美談はそれに拍車をかけた。虐殺をした自警団を「われわれ」（日本人）から排除し、虐殺そのものも単なる善行の背景にすぎなくなり[23]、当時の日本社会の問題として省みられなくなってしまった。

おわりに

繰り返しになるが、ドラマ『パチンコ』第七話は、植民地支配によって生じる朝鮮人差別、朝鮮人暴動のデマ、自警団による朝鮮人虐殺を描いた点で、大変意義深い作品である。しかし、一方で、この作品を観たときに、在日朝鮮人が経験した不幸な過去の出来事として消費されてしまわないかという危惧もある。すなわち、関東大震災の朝鮮人虐殺は、地震の混乱によっておかしくなった一部の日本人が起こしたもので、遠い過去の出来事である、というような見方に陥らないかという問題である。

関東大震災＝九月一日とすぐに結び付けられるが、一日は東京・横浜両市を中心に地震や火災による被害が大きかったのであり（正確にいうと、火災も三日まで続いている）、虐殺は早い段階では一日の夜に東京・横浜両市でおこなわれているが、実際に激しかったのは二日、三日であり、さらに被害が少なかった埼玉県・千葉県・群馬県の周辺地域にわたり、その後も続いていく。震災は社会に沈殿している植民地支配の問題を浮かび上がらせたのであって、単に混乱によって虐殺が偶発的に起きたのではない。

また、自警団だけではなく警察や軍隊も朝鮮人暴動のデマを拡大し、デマや虐殺を扇動し、虐殺をおこなっている。そこには国家責任の問題が存在する。震災後におざなりにおこなわれた自警団事件の裁判は、一部の自警団に罪を負わせることで、そうした国家責任の問題を多くの国民に不可視にさせた。ドラマで自警団の暴力性を恐ろしく描き、また朝鮮人虐殺の主体を「日本人の自警団」だったと結ぶと、その当時と同様の論理で、虐殺をおこなった人たちは逸脱した人たちであるとされて、歴史的問題から切り離されてしまうのではないだろうか。

注

(1) 斎藤秀夫「関東大震災と朝鮮人さわぎ」(歴史科学協議会編「歴史評論」一九五八年十一月号、歴史科学協議会)、姜徳相／琴秉洞編『関東大震災と朝鮮人』(〔「現代史資料」第六巻〕、みすず書房、一九六三年)、関東大震災五十周年朝鮮人犠牲者追悼行事実行委員会・調査委員会『関東大震災と朝鮮人虐殺——歴史の真実』(現代史出版会、一九七五年)、姜徳相『関東大震災』(〔中公新書〕、中央公論社、一九七五年)など。

(2) 千葉県における関東大震災と朝鮮人犠牲者追悼・調査実行委員会編『いわれなく殺された人びと——関東大震災と朝鮮人』(青木書店、一九八三年)、関東大震災六十周年朝鮮人犠牲者調査追悼事業実行委員会編『かくされていた歴史——関東大震災と埼玉の朝鮮人虐殺事件 増補保存版』(関東大震災六十周年朝鮮人犠牲者調査追悼事業実行委員会、一九八七年)、関東大震災時に虐殺された朝鮮人の遺骨を発掘し返悼する会編『風よ鳳仙花の歌をはこべ——関東大震災・朝鮮人虐殺から70年』(教育史料出版会、一九九二年)、関東大震災七〇周年記念行事実行委員会編『この歴史永遠に忘れず——関東大震災七〇周年記念集会の記録』(日本経済評論社、一九九四年)など。

(3) 工藤美代子『関東大震災「朝鮮人虐殺」の真実』(産経新聞出版、二〇〇九年)、加藤康男『関東大震災「朝鮮人虐殺」はなかった!』(〔WAC BUNKO〕、ワック、二〇一四年)は虐殺ではなく正当防衛だったと主張。また、公的な場からの記述の削除や沈黙は、例えば、東京都教育委員会発行の日本史副読本『江戸から東京へ——都立高等学校地理歴史科用』が二〇一二年版から二〇一三年版の改訂にあたり、「虐殺」という文言を削除した。さらに二〇一七年以降、小池百合子都知事が、九月一日に横網町公園でおこなわれている虐殺犠牲者の慰霊式への追悼文送付をとりやめている。こうした修正主義に対する批判として、加藤直樹『TRICK トリック――「朝鮮人虐殺」をなかったことにしたい人たち』（ころから、二〇一九年）、渡辺延志『関東大震災「虐殺否定」の真相――ハーバード大学教授の論拠を検証する』（〔ちくま新書〕、筑摩書房、二〇二一年）などがある。

(4) テッサ・モーリス＝スズキ『過去は死なない――メディア・記憶・歴史』田代泰子訳、岩波書店、二〇〇四年、一〇ページ

(5) 大和和紀『はいからさんが通る』（講談社コミックスフレンド）、講談社、一九七五―七七年（アニメ版は朝日放送、一九七八―七九年）、映画『風立ちぬ』宮崎駿監督、二〇一三年、桐丘さな『大正処女《ヲトメ》御伽話』（ジャンプコミックス）、集英社、二〇一五―一七年（アニメ版はテレビ東京ほか、二〇二一年）

(6) とはいえ、日本でもまったく朝鮮人虐殺が描かれていないわけではなく、例えば、手塚治虫「ボンバー」『手塚治虫恐怖短編集1 妄想の恐怖編』（〔講談社漫画文庫〕、講談社、二〇〇〇年。初出は「別冊少年マガジン」講談社、一九七〇年）一〇五ページでは、「在日朝鮮人」の暴動に関する「デマ」がもとで「何千人」もの朝鮮人が「ざん殺」されたことが関東大震災のときにあったと描かれる。また、震災百年という節目に、映画『福田村事件』（監督：森達也、二〇二三年）が上映された。福田村事件は朝鮮人と誤認されて日本人が殺害された事例だが、同映画のなかでは朝鮮人虐殺も描かれている。

(7) このシーンは暗に朝鮮人虐殺の背景を描いているといえるが、このドラマでは「朝鮮人」の単語は登場しなかった。

(8) 地方出身者が殺された事例として、辻野弥生『福田村事件――関東大震災・知られざる悲劇』（五月書房新社、二〇二三年）など。また、聴覚障害者が殺された事例として、拙稿「ろう者の画家・高増径草の震災体験――関東大震災下における「日本人」のゆらぎ」（「現代思想」二〇二三年九月臨時増刊号、青土社）など。

(9) 李沂碩（罹災当時十歳）「アボジは関東大震災の恐怖体験も」、金日宇編著『東京大空襲・朝鮮人罹災の記録PART II――なぜ、そこに朝鮮人がいたのか』所収、東京大空襲・朝鮮人罹災を記録する会、二〇〇七年、三七―三八ページ

(10) ミン・ジン・リー『パチンコ』上、文藝春秋、二〇二〇年、四八ページ

(11) 後藤周、加藤直樹編集『それは丘の上から始まった――1923年横浜の朝鮮人・中国人虐殺』ころから、二〇二

三年、三一ページ
(12)同書三四ページ
(13)同書三〇ページ
(14)同書六一、六二ページ
(15)同書二一二ページ
(16)山田昭次『関東大震災時の朝鮮人虐殺――その国家責任と民衆責任』創史社、二〇〇三年、一〇五ページ。なお、山田は、被害者が日本人の場合は朝鮮人に比べて罪が重いことにも言及している。
(17)前掲『それは丘の上から始まった』二一九ページ
(18)前掲『関東大震災と朝鮮人』一八ページ
(19)松尾章一監修、田崎公司/坂本昇編『陸軍関係史料』(「関東大震災政府陸海軍関係史料」第二巻)、日本経済評論社、一九九七年、一六〇―一六五ページ
(20)前掲『それは丘の上から始まった』六五ページ
(21)同書五七、六六、六七、六八、一八六、一八七、一九四ページ
(22)前掲『関東大震災時の朝鮮人虐殺』九八ページ
(23)成田龍一「関東大震災のメタヒストリーのために――報道・哀話・美談」「思想」一九九六年八月号、岩波書店、八七、八八ページ

コラム4　コ・ハンスはどのように済州島から日本へ渡ったのだろうか

高鮮徽

主人公の一人コ・ハンスは済州島人《チェジュド》だ。関東大震災が発生する横浜が舞台の第七話で、コ・ハンス親子が済州島の方言で会話するまで、彼が済州島人であることを示すシーンはない。ハンスの成長と挫折、そのルーツと人格形成に関わるエピソードが盛り込まれた第七話を通して、ハンス親子がどのように済州島から日本に渡ってきたのか類推することができる。

まず、ハンスの父ジョンヨルに注目してみよう。『パチンコ』でコ・ジョンヨルはレベルの高い教育を受けていることがわかる。済州島で書堂に通うなり中等教育を受けるなりして、学校の先生でもしていたのではないかと思われる。なぜなら、格闘技の賭場でそろばんを使って会計を担当しているならば、簿記にも長けているにちがいないからだ。ジョンヨルが漁師であったとしても、両班《ヤンバン》の出身である可能性が高い。植民地支配下の済州島で活路を見いだせないジョンヨルが、日本ではプライドを捨ててまで暴力団の親分に仕えるのは、息子にはもっと広い世界を経験させたいという思いからではないか。

潜在的な民族主義も抱いているように思われる。ジョンヨルは、ハンスが日本で差別されながら生きる屈辱を味わうことがないよう、自分を見捨ててでもアメリカに渡ることを希望した。ジョンヨルにとって日本は「トンシ」にほかならなかった。済州島の豚小屋便所であるトンシにその閉塞感をなぞらえたのだ。『パチンコ』の舞台となる戦前の大阪の猪飼野は、在日コリアン、なかんずく済州島出身者が多いことで知られる。ソンジャ夫婦がたどり着いた猪飼野は済州島の方言が飛び交う。東京では荒川区三河島がそれに近いだろう。ハンス親子が定着した横浜にも済州島人の町がある。済州島の村々から定期連絡船で大阪に直行した済州島人は、それまで朝鮮半島の人と出会う機会もなかったはずだ。在日コリアンのなかには、韓国の総人口に占める済州島人の比率をはるかに超える済州島人がいるのだ。

私は修士論文[1]を書いた際の資料を引っ張り出して、韓国の人口と済州島の人口、在日コリアンに占める済州島人の割合を確認した。ここに少し引用しておこう。「一九八八年一二月末現在、在日朝鮮・韓国人六七万七一四〇人のうち、済州島出身は一一万七六八七人で、全体の一七・三％を占めている」[2]。歴史的にも済州島の人口は韓国全体の一パーセント内外であることに鑑みれば、日本、とりわけ大阪に在住する済州島人がいかに突出して多いかがわかる。

一九九〇年現在でも済州島の人口の二三パーセントに該当する人が日本に居住している。一家四人のうち一人は日本に居住していることになるわけだ。三六年には済州島の人口の三〇パーセント以上が日本に居住していた。当時、済州島の人々にとって日本の大都市との往来がどれほど日常的だったかがみえてくる。すなわち、日本と済州島は直に接続された一つの「生活圏」を形成していたのだ。

こうした「国境をまたぐ生活圏」は、日本と済州島の「特殊な歴史的関係性」から生まれた。植民地時代に朝鮮と日本を結ぶ代表的な航路は、一九〇五年に開設された釜山―下関間を運航する関釜連絡船だった。ソンジャらが乗船した徳寿丸もその一つだ。ところで、二三年には大阪と済州島を結ぶ定期航路が開設された。この定期連絡船の代表格が尼崎汽船部の君が代丸だった。私は在日済州島人の生活史を聞き取りする際に、〝クンデファン〟（君が代丸の韓国語読み）に乗ったという鮮明な記憶を幾度となく聞いた。

済州島から日本への出稼ぎは、済州島女性の象徴である「潜水」「潜女」と呼ばれる海女から始まった。なお、済州島の男性は日韓併合の一九一〇年以前から日本漁船に船員として乗船したとされる。一一年には大阪紡績業界が済州島で労働者の募集をおこなった。済州島ではいち早く男女を問わず日本への出稼ぎが始まっていた。当時、済州島から日本に渡る方法は釜山に出て関釜連絡船に乗るか、済州島で日本漁船に乗るかだった。阪済航路が開設される以前から、済州島人は日本と済州島を行き来していたのである。

杉原達の著書『越境する民』(3)によれば、ソンジャが大阪に到着した一九三一年に大阪の朝鮮人の数は八万五千五百六十七人で、在日朝鮮人全体の二七・五パーセントを占めている。なかでも済州島人の比率は突出している。済州道庁統計をみると、三五年に済州島の人口が十九万八千人であるのに対して、日本在住済州島出身者の数は四万八千人だった。日本に来た約七五パーセントの済州島人は大阪府内に住んでいて、その数は三万六千人に達した。大阪在住の朝鮮人のうち済州島出身者が二〇パーセント近くを占めていたのだ。二五年に在阪朝鮮人の約四〇パーセント、三一年には三五パーセントが済州島出身だった。三〇年代になると、日本に滞在する朝鮮人全体が増えたことで済州島出身の割合は減少するが、依然として在阪朝鮮人のなかには多くの済州島出身者が含まれていた。

大阪生野区の猪飼野には済州島の人が多いので、昔は住所を「日本国猪飼野　金某」と書いて手紙を出しても届いたという言い伝えがある。済州島人のコミュニティーにさえ届けば、住所が正確でなくても本人に届くということだ。これは事実と考えてもいいだろう。ソンジャ夫婦（および兄夫婦）はそうした生野／猪飼野という済州島人の町に入ったのだ。ソンジャは済州島人の町に暮らす慶尚道《キョンサンド》人になる。済州島人の町で釜山の人が平壌出身者と結婚して暮らすのはまれなケースといえる。そもそも済州島の人が他地域の人、なかんずく慶尚道の人と結婚するには国際結婚のような壁があった。

大阪と済州島をつなぐ連絡船は、事実上済州島人という労働力を大阪に運ぶためのものだった。杉原が『越境する民』の最後に記したように、君が代丸は「奴隷船」であると同時に、「しかしながらうまくいけば白い飯や小金儲けが可能となるかもしれない手立てであり、「文明」の体現者として帰郷する夢を見させてくれる「憧れの船」でもあった」。ただ、一九二三年九月一日に発生した関東大震災を経験するコ・ハンス親子は、時期的に済州島と大阪を往復した「奴隷船」ではなく、関釜連絡船あるいは日本の漁船に乗って渡日した可能性が高い。

済州島西側の人々は一九一〇年以前から日本に渡り、おもに東京や横浜などに定着した。コ・ハンスが登場する場面をみると、そこは横浜の「外国人居留地」と思われる現在の横浜市中区だ。私の姉が中区に住んでいて、ここには詳しいつもりだ。「外国人居留地」の住民は西洋人が中心だが、そのすぐ隣には「中華街」というチャイナタウンがある。中華街に隣接するもう一つの地区が、日雇い労働者が多数居住する寿町だ。

私は済州島の人々の研究を目的として、一九八〇年代末から二十年以上、寿町に立ち寄りながらフィールドワークをおこなった。在日済州島人の研究者として、ハンスが済州島のどの地域の出身で、どのような階層に属するのかとても気になる。実証的な面からすると、ハンスは済州島の西側出身の可能性がある。一方、ハンスが水産業者として商売を手広く展開することをみると東の文化を感じる。なぜならかつて朝鮮全域で商売したのは済州島の東側の人たちだからだ。

例えば、大阪の鶴橋で商売する人のほとんどを済州島の東側出身者が占めている。西側の人は小規模製造業などに従事することが多い。西側は両班に属する儒生の割合が高く、教育レベルも比較的高い傾向があった。済州島全体が平均的に朝鮮では教育レベルが高かった。そのため男性の場合、書堂にさえ通えば、日本に渡って日本語ができなくてもまず漢字が読めたので適応が早かった。日本統治時代、済州島で初等教育を受けて日本に渡る人は日本語習得に全く問題がなかったのだ。

コ・ハンス親子もこのようにして済州島から日本に渡り、定着したのだろう。

注

(1) 高鮮徽『在日済州島出身者の生活過程――関東地方を中心に』新幹社、一九九六年
(2) 同書九ページ
(3) 杉原達『越境する民――近代大阪の朝鮮人史研究』新幹社、一九九八年

［付記］本コラムは、高鮮徽のブログ「Koh's course + Koh's wellspring」（https://huiya-kohui.tistory.com）に掲載したドラマ『パチンコ』に関連する一連の文章を、編者の玄武岩が取りまとめて再構成したものである。

コラム5　徳寿丸で自決したソプラノ歌手と尹心悳

武藤 優

女性歌手の突然の「死」

ドラマ『パチンコ』第四話（「恨」）で、主人公ソンジャは母との涙の別れの末、関釜連絡船・徳寿丸に乗船して日本へ向かう。この徳寿丸は、一九二二年に就航した三千六百総トン級の実在した貨客船である。徳寿丸のほかには、景福丸（一九二二年就航）、昌慶丸（一九二三年就航）という姉妹船が運航していた。船名はどれも朝鮮王朝の王宮に由来している。徳寿丸と昌慶丸は、四三年七月から博多港と釜山港を結ぶ博釜航路に配属され、日本敗戦後は満洲・朝鮮からの日本人引き揚げ者を運ぶ引き揚げ船として活躍した。[1] 徳寿丸は、まさに帝国日本の人の移動をその過渡期から終焉まで支えた存在だった。

劇中、船内にはソンジャ以外にも、家族を故郷に残して日本の炭鉱に向かう朝鮮人労働者をはじめとし、朝鮮を離れて「他郷暮らし《タヒャンサリ》」を心に決めた数多くの朝鮮人たちがひしめき合っていた。この第四話は、ソンジャの生活拠点が朝鮮から日本へと移っていく、ドラマの進行上でその大きな転換点に位置する。とくに、船内で起こる一人の朝鮮人女性歌手の死が、ソンジャの波瀾万丈な他郷暮らしの幕開けを告げるかのように、作品全体の緊張感を高めていく。連絡船の待合室でソンジャは、この女性歌手と偶然にも言葉を交わしている。すらりと伸びた四肢に、きれいに化粧をした洋装の女性歌手の姿は、着古した朝鮮服に身を包んだ身重のソンジャとは実に対照的に描かれている。多くの日本人客を前にした公演中に、自らの首を刃物で切りつけて悲惨な死を遂げるといういささか唐突な演出は、日本をはじめ海外の視聴者に衝撃を与えたことだろう。

一方で、韓国歌謡史や植民地期朝鮮の歴史に明るい視聴者であれば、一人の女性歌手の死が頭に浮かぶだろう。まさに、一九二六年に実際に起きた朝鮮人歌手・尹心悳《ユン・シムドク》の「情死」についてである。

関釜連絡船・徳寿丸と尹心悳

一九二六年八月四日午前四時ごろ、下関発関釜連絡船・徳寿丸から二人の朝鮮人男女がともに大海に身を投げた。連絡船がちょうど対馬海峡に差しかかったあたりだった。「読売新聞」は「鮮人同志の初心中」と題し、この朝鮮人男女の死を報じている。この二人とは、朝鮮人歌手・尹心悳と彼女と不倫関係にあった妻帯者の劇作家・金祐鎮である（図1）。尹心悳は、その才能を「楽壇の小鳥」「楽壇の寵児」と称され高く評価されていた朝鮮人ソプラノ歌手である。平壌女子高等普通学校の卒業時に、朝鮮総督府から関屋貞三郎学務局長が参列するなか成績優秀者として表彰され、銀時計を授与されている。その後、京城女子高等普通専門学校に進学、朝鮮総督府から推薦を受けて官費留学生として東京音楽学校の甲種師範科に特別入学した。ちなみに、同年に東京音楽学校に入学した朝鮮人女性は尹を含め二人だった[2]。日本での留学生活を終えたあと、朝鮮でソプラノ歌手として活動を開始する。亡くなる約一カ月前には京城放送局のラジオ放送に出演し、妹である尹聖悳のピアノ伴奏に合わせて「椿姫」を独唱している。同年七月には、大阪・住吉にある日東蓄音機の招聘によって、レコード吹き込みのため大阪に渡っている。そこで、彼女が吹き込んだ「死の賛美」という朝鮮語の曲は、彼女の死後、「泣きながら歌唱した」というレコーディング現場の目撃者の証言とともに、世に広く知られることになる。

図1　尹心悳と金祐鎮
（出典：「京城日報」1926年8月5日付夕刊）

一九二六年八月に起きた尹心悳と金祐鎮の情死は、朝鮮だけでなく日本の新聞でも大々的に報道された。とくに、朝鮮では連日熱い報道合戦が繰り広げられた。船内に残された遺留品以外には、彼らの死の真相を示す明確な手がかりは発見されなかった。金の家族は遺体発見のために懸賞金広告を新聞に掲載したが、結局のところ遺体の発見にはつながらなかった。真相を示す手がかりも見つからないなか、当時の新聞報道には真偽の不明ないわばゴシップ記事も多数掲載された。将来を嘱望されていた若き二人の突然の死が、当時の朝鮮での報道の過熱を招いたことは想像にかたくない。

しかし、報道が過熱した理由は、彼女の知名度だけではなかった。彼らが選んだ「情死」という死の決断自体が一九二〇年代当時の朝鮮で受け入れがたい、衝撃的な事象だったからである。

植民地期朝鮮での「情死」とその報道

一九二〇年代の朝鮮で、著名人の情死として大々的に報じられたのは、二三年七月に起きた作家・有島武郎の情死である。二三年七月七日、軽井沢にある有島武郎の別荘内で、有島とその愛人で「婦人公論」記者の波多野秋子の縊死体が、腐乱した状態で発見された。有島の情死については、遺体発見の二日後である二三年七月九日に「京城日報」が、七月十日に「東亜日報」がそれぞれ報じている。「東亜日報」は、朝鮮青年からも多くの敬愛を受けてきた有島が、あふれる愛欲を胸に秘めて愛人と情死した、とその死について詳細に報じている。尹心悳とともに情死した金祐鎮も、まさに有島を敬愛していた朝鮮青年の一人だった。尹と金の情死を報じた「東亜日報」は、金について「日本の有島武郎を大いに崇拝していた青年で、性格と思想も彼と類似していると言え」る、という金の友人の言葉を引用し、金が有島武郎を彷彿とさせる人物だったと報道した。有島に対する敬愛の念が、金に情死を決断させたのか否かについては、もはや知るすべもない。

しかし、有島の情死が一九二〇年代以降の朝鮮で「情死」に対する認知度を高め情死が増加する要因の一つになったことは大いに考えられる。その理由としては、有島亡きあとの朝鮮内での「情死」報道を挙げることができる。表1は、有島の死後から尹心悳の情死までの間に朝鮮語新聞の「東亜日報」と「朝鮮日報」

表1　朝鮮での情死（1923年7月—26年6月）
便宜上、「東亜日報」は「東亜」、「朝鮮日報」は「朝鮮」と表記する

報道年月日	情死者の詳細	場所	方法（その他詳細）
1923年7月24日付「東亜」	日本人男性と日本人娼妓	仁川	縊死、首切り、服毒
1923年8月24日付「東亜」	日本人男性と日本人芸妓	京城	服毒（殺鼠剤）
1923年11月22日付「東亜」	日本人男性と日本人女性（料理屋雑用）	龍山	不明
1924年1月15日付「東亜」	日本人男性と日本人芸妓	馬山	不明
1924年1月22日付「朝鮮」	日本人男性と日本人芸妓	益山	刃物で切り付け
1924年4月20日付「朝鮮」	日本人男性と日本人娼妓	清州	割腹
1924年6月25日付「東亜」	朝鮮人男性と朝鮮人妓生	金剛山	瀧へ投身
1924年8月4日付「朝鮮」	朝鮮人男性と朝鮮人娼妓	不明	不明
1924年12月27日付「朝鮮」	男性と朝鮮人妓生	水原	服毒（未遂）
1925年4月18日付「朝鮮」	日本人男性と日本人芸妓	統営	不明
1925年4月28日付「朝鮮」	朝鮮人男女	泰仁	服毒（男は未遂）
1925年6月4日付「朝鮮」	日本人男女	海上	平安丸から海へ投身(西島と避島の間)
1925年8月25日付「東亜」	朝鮮人男女（姻戚関係の不倫）	仁川	不明（海岸で発見）
1925年9月3日付「東亜」	朝鮮人学生（京都帝国大学）と朝鮮人妓生	熙川	渡し舟の船上から投身
1925年10月27日付「朝鮮」	日本人男性と朝鮮人娼妓2人	平壌	不明
1925年11月7日付「東亜」	朝鮮人夫婦（生活苦）	漢江	不明
1925年11月25日付「東亜」	朝鮮人男性と朝鮮人娼妓	裡里	服毒（殺鼠剤）
1925年11月30日付「東亜」	朝鮮人男女	不明	不明
1925年12月12日付「朝鮮」	朝鮮人男女	不明	服毒（殺鼠剤）
1926年2月21日付「朝鮮」	日本人男性と日本人娼妓	長興	服毒（殺鼠剤、男は未遂）
1926年2月27日付「朝鮮」	日本人男性と日本人娼妓	京城	服毒（殺鼠剤）
1926年3月22日付「朝鮮」	朝鮮人男性と朝鮮人娼妓	燕岐	服毒（殺鼠剤、男は未遂）
1926年4月16日付「朝鮮」	日本人男性と娼妓	京城	服毒（殺鼠剤）
1926年4月22日付「朝鮮」	朝鮮人男性と朝鮮人童妓	京城	服毒（殺鼠剤）
1926年4月29日付「朝鮮」	日本人男性と日本人娼妓	麗水	服毒、拳銃
1926年5月8日付「東亜」	日本人男性と日本人娼妓	平壌	咽喉を刀で刺す
1926年6月6日付「東亜」	朝鮮人夫婦（病気を苦に）	淳昌	池に投身
1926年6月18日付「朝鮮」	朝鮮人夫婦	蔚山	池に投身

が報じた情死である。一九二三年七月二十四日付「東亜日報」は「最近、有島式の情死が旋風である」として、仁川の遊郭で起こった日本人男女の情死を伝えている。同様に一九二三年七月二十五日付「朝鮮日報」は、この情死を「日人流行の情死」として報じ、当初は朝鮮での日本人男女間の特異な流行と捉えていた。朝鮮内の日本人による情死の傾向については、表1から確認することができる。朝鮮内で情死した日本人男性は、おもに朝鮮在住者もしくは日本在住の旅行者だった。また、日本人女性の職種はそのほとんどが芸妓もしくは娼妓だった。二四年六月以降、その流行が朝鮮全土の朝鮮人男女とくに朝鮮人男性と朝鮮人娼妓・妓生、もしくは朝鮮人夫婦へと波及していくのである。情死の方法は、殺鼠剤を用いての服毒死が最も多く、その次に海や川など水中への投身だった。このように、朝鮮では有島の死後から尹心悳の死に至るまでの間、日本人によるいわば特異現象として起こっていた情死の流行が次第に朝鮮人社会へと移行していったのである。尹心悳と金祐鎮に死を決断させた要因の一つとして、当時の朝鮮社会での情死の流行が作用したのではないだろうか。

注

(1) 関釜連絡船については日本国有鉄道広島鉄道管理局編『関釜連絡船史』(日本国有鉄道広島鉄道管理局、一九七九年)三三ページ、『朝鮮交通回顧録 行政編』(鮮交会、一九八一年)一五五ページを、博釜航路については坂本悠一/木村健二『近代植民地都市釜山』(〔九州国際大学社会文化研究所叢書〕、桜井書店、二〇〇七年)一四七―一四八ページを参照。

(2) 東京音楽学校編『東京音楽学校一覧 従大正九年至大正十年』東京音楽学校、一九二〇年、七一ページ

コラム6　朝鮮人社会とキリスト教、そしてパチンコ玉の人生

藤野陽平

ドラマ版『PACHINKO パチンコ』の第一話の最後にベク・ソロモンという名の人物が登場する。唐突に現れる「ソロモン」という名前に多くの視聴者が、違和感を覚えたのではないだろうか。韓国人の名前といえば「ユン・ソンニョル」(尹錫悦)、「ペ・ヨンジュン」(裵勇浚)のように一文字の名字に、一文字から二文字の名前が付されることが通常で、ソロモンというのは、よく知った韓国人の名前の付け方のルールからは逸脱しているようにしかみえないからだ。

ソロモンのほかにも『パチンコ』に登場するベク家の人々には、イサク、ヨセフ、モーザス、ノアなどキリスト教に関連していると思われる名前の人物が登場する。ベク・イサクはキリスト教の牧師で、大阪でキリスト教を通じた地下活動が摘発されるなど、本作にはキリスト教的な要素がちりばめられている。

なぜ、朝鮮半島と日本を舞台とした本作中にこれほどキリスト教的な要素が描かれなくてはいけなかったのだろうか。『パチンコ』はアメリカで発表されたために、大多数のアメリカ人にとってコリアンの名前が列挙されると誰が誰だかわからなくなることを懸念したからだろうか。確かに、アイドルグループKARAのメンバー、チョン・ヨンジュがニコルという名を使っているように、韓国系アメリカ人社会では英語名を使う人も多いので、アメリカから帰国したソロモンが英語名を使うということもありえないともいえない。しかし、彼の家族は朝鮮半島と日本で暮らしていたのであり、彼らの名前にキリスト教的な名前が付されていることには違和感が残る。

もしくはキリスト教徒たちが苦境に置かれていたという設定のほうがアメリカ社会では、共感を呼びやす

いと考えたからだろうか。仮に、そうだとしても、作中にキリスト教の要素を盛り込めばいいだけで、名前をキリスト教的にする必要はない。やはり、これらの理由が不自然なネーミングを納得させるほど有力だとは思えない。ここではキリスト教とコリアンの関係について考えることでこの問題を考えてみたい。

よく知られるように韓国ではキリスト教徒の割合が多く、ソウルなどの大都市では夜になると教会の赤い十字架が乱立しているのを目にするし、地方の小さな村にも教会があることが多い。実際にカトリックとプロテスタントとを合わせたキリスト教徒は全国民の三分の一ほどにのぼるという。在日コリアン社会でのキリスト教の存在感も無視できない。在日大韓基督教会は法人団体数九十三（教会八十一、布教所十二）、教師数百三（内外国人九十）、信者六千六十八人[1]を有していて、日本国内のキリスト教界でも一定の存在感がある。そのほかにも純福音教会（フルゴスペル教会）といった韓国系プロテスタントも活発に活動しているし、そのほか単立や未登録の韓国系の教会を網羅するのは困難な状況だ。加えてカトリックでも韓国語礼拝がおこなわれている。[2]

作品の舞台になった大阪の在日大韓キリスト教会の歴史を簡単に振り返ってみよう。[3]関西でキリスト教の宣教を最初に始めたのは、神戸神学校で学ぶ林澤権と李仁植で、十三人の信者らと一九一七年に集会を始めたのだという。[4]『パチンコ』の舞台になる大阪では神戸神学校に学ぶ金禹鉉と釜山出身の金義生、明石紡績に勤務する申南秀らが二二年にランバス女学院で殿堂所を開いたことがきっかけになり、のちの大阪教会へとつながっていく。このように各地で小規模の礼拝や伝道所ができていったようだが、二五年になると十三教会が、二七年には大阪今宮教会（現・大阪西成教会）が設立される。[5]四四年八月に治安維持法で関係者が逮捕されるなど過酷な状況にありながらも、四五年二月の時点で在日日本朝鮮基督教会は信者数三千八十八、教会四十八、正教師二十五、補教師四十四まで成長している。[6]

今日でも大阪は本教団の中心の一つであり、大阪府だけで十八の所属教会がある。関西全体で二十四カ所、東京の所属教会が十三であることを考えても、[7]大阪の在日コリアンの話にキリスト教が登場するのは妥当だといえるだろう。

　歴史的な事実のほかにもう一点考えてみたいのは、さながらパチンコ玉のように故郷をはじき出された本作で登場するコリアンたちの人生の関係についてである。バネではじき飛ばされたパチンコ玉は、釘にぶつかり思いもよらない方向にはじき飛ばされる。なかにはコ・ハンスのようにうまく当たりの穴に入り込むことができる人もいたのだろうが、大多数は努力や才能と関係なく、意のままにならず下へ下へと落ちていき、ハズレの穴に飲み込まれるばかりである。私はパチンコというものをほとんどやったことがないが、それでもわかるのはパチンコ玉を打つ人にとって、大切なのはうまく当たりの穴に入る玉だけで、下に落ちていったものへは何の関心も払わないということだ。ハズレの穴に吸い込まれたあと、どうなるかなんて考えたこともないし、考えようともしない。

　こうした大多数のハズレ玉たちの「恨」を引き受けてきたのがキリスト教だった。そもそも『聖書』で登場するイサクとは、高齢になるまで子宝に恵まれなかったアブラハムにやっと与えられた大切な跡取りだ。そのイサクの名をつけられた男が、エジプトで奴隷になっていたモーゼというユダヤ人を約束の土地へと連れ出した人物の名を長男に与え、そのモーザスは長男にイスラエル最盛期の王ソロモンの名を与えた。

　そう考えてみると一つ気がつくことがある。本作に登場するベク家の人々の名前は、すべて『旧約聖書』の登場人物で、キリスト教だけではなくユダヤ教にとっても重要な人物であるということである。一方で『新約聖書』を思わせるペテロやパウロやヨハネという名前はみられない。もしかすると、これはキリスト教ではなくユダヤ教・ユダヤ人を表しているのではないか。

　ソロモン王のあとのユダヤ人の歴史を振り返ってみよう。最盛期を迎えたソロモン王のあと、紀元前九三〇年にはユダとイスラエルに国家が南北に分裂する。その後も紀元前七〇〇年代にアッシリアによって北のイスラエル王国は滅ぼされ、ついに紀元前五八六年にはバビロンへ捕囚されてしまう。捕囚の民は紀元前五三八年にはペルシアによって解放されるも、紀元前六三年にはローマの支配を受け、その反発から発生した紀元六六年からのユダヤ・ローマ戦争よってついに滅ぼされ、ディアスポラの民になっていく。アウシュビッツの悲劇を引くまでもなく、その後のユダヤの人々は過酷な歴史を歩んでいく。

本作で作者のミン・ジン・リーは、はじき飛ばされ底へと落ちていった人々のパチンコ玉のようなコリアンの人生がもつ悲しさと力強さを、侵略、国家の分裂、強制移住、散らされた民とあまりに似通った歴史を歩んだユダヤの民になぞらえたのではないか。だからこそ、この愛すべきキリスト教徒でパチンコ屋の一家に不自然なユダヤ人の名前をつけたのではないか。ユダヤ人の名があえてつけられたのだとすると、この点は、『パチンコ』を読み解くうえでの重要なメッセージがそこに込められていると考えるほうが自然だろう。

注

（１）文化庁編『宗教年鑑 令和四年版』文化庁、二〇二三年、八二―八三ページ

（２）藤野陽平「在日コリアンのプロテスタント教会一覧」、吉原和男編者代表、蘭信三／伊豫谷登士翁／塩原良和／関根政美／山下晋司／吉原直樹編『人の移動事典――日本からアジアへ・アジアから日本へ』所収、丸善出版、二〇一三年

（３）在日コリアンのキリスト教史については、李清一、在日大韓基督教会歴史編纂委員会監修『在日大韓基督教会宣教１００年史――１９０８―２００８』（かんよう出版、二〇一五年）に非常に詳しく報告されている。本コラムの記述も本書によるところが多い。コラムという紙幅の関係から本書の内容を伝えることはできないので、より詳しく知りたい方は参照してほしい。

（４）同書五二ページ

（５）同書五六―五七ページ

（６）同書三三四ページ

（7）「地方会 所属教会リスト（トータルリスト）」「在日大韓基督教会」（https://kccj.jp/church_list.php）［二〇二三年七月十三日アクセス］

第3部　『パチンコ』と歴史表象のポリティクス

PACHINKO

第8章　世界は『パチンコ』をどう観たか
――言語・アジア・移民の物語

李美淑

はじめに

ドラマ『PACHINKO パチンコ』は、グローバルOTT（オーバー・ザ・トップ）プレーヤー[1]の競争が激化するなか、制作・配信された。OTT強者といわれる「Netflix」のほかにも、「Hulu」「Amazon Prime Video」「Disney+」などが、加入者獲得のために巨額を投資し、オリジナルコンテンツを手がけようとしのぎを削るなか、ビッグテック企業であるAppleの資本によって制作・配信されたのである。小説『パチンコ』は、在米コリアンのミン・ジン・リーの作品で、二〇一七年に出版されると瞬く間にベストセラーになり、アメリカで最も権威ある文学賞の一つ全米図書賞の最終候補に選出されるなど、高い人気と評価を得た。また、三十カ国以上で翻訳出版され、海外にも多くのファンがいる。このため、『パチンコ』ドラマ化の企画はコンテンツ市場で注目を集めた[2]。

報道機関も同様にドラマ『パチンコ』に注目した。本章では、ドラマ『パチンコ』がどのように報道・論評されたのかを、日本と韓国を除いた海外のメディアに焦点を当てて分析していく。ただ、おもに英語で報道しているメディアを分析対象にしているため、英米圏の報道や論評が分析の中心になることは前もって断っておきたい。また、すべての記事を網羅しているわけではなく、おもに『パチンコ』、Apple、シリーズという三つのキーワードで検索したうえ、ドラマ『パチンコ』に関する記事を抽出したことも付け加えたい。分析対象になった記事は合計四十七件で、ＢＢＣやＣＮＮなど、世界に知られている報道機関だけでなく、ハリウッド・レポーターなどのエンターテインメント系の報道機関の記事も含めている。

名詞	頻度
pachinko	356
family	171
novel	108
generation	88
history	81
woman	76
world	65
language	53
father	47
child	44
grandmother	40
mother	35
home	34

形容詞	頻度
korean	234
japanese	165
first	84
new	54
best	50
american	39
second	33
historical	32
immigrant	24
multiple	21
global	20
asian	18
international	18

図1　『パチンコ』記事の頻出語
「KH coder」を使って著者作成。対象記事は、ドイツ語の記事を除外し、46個の英語記事のテクスト（記事タイトルと本文）を入れて分析。図は頻出度が高い順から作成しているが、すべての単語を反映しているものではなく、頻度は高いがあまり意味をもたない用語、例えば、story, series, many, more などは除外している

多くの記事が、『パチンコ』のあらすじや主人公のキム・ソンジャを中心に取り上げ、『パチンコ』は、「家族の物語」であり、「女性の物語」であると紹介する。記事に頻繁に出現する用語をリスト化してみると、名詞では家族（父母、祖父母）、世代や歴史、女性、言語というキーワードが頻出し、形容詞では、コリアン、ジャパニーズ、アメリカン、移民、グローバルやインターナショナル、アジアンなどのキーワードが並んでいる（図1）。

本章では、限られた紙面の関係上、「苦難を

描きながらも女性や家族のレジリアンス」を伝える「女性の物語」や「家族の物語」であるという側面以外に、どのような物語として注目され強調されたのかを検討していきたい。分析の結果、以下、「三言語のドラマ」「アジアンの物語」「移民の物語」、そして「交差する物語と親密性」という側面が強調されたことが確認できた。

1　三言語のドラマが表象する植民地主義

『パチンコ』は、アメリカの商業シーンに登場する、初めての三言語を使用したドラマである。アメリカのドラマは従来、字幕に慣れていない、英語を母語とする視聴者をおもな消費者と想定してきた。しかしこうした状況は、近年のOTTプレーヤーの増加に伴い、海外ドラマや映画によりアクセスしやすくなる環境とともに変化してきている。それでも、三言語のドラマはこれまで商業的なテレビドラマのなかではみることがなかった新しい試みだったのだ。

ドラマ『パチンコ』にとって多言語、とりわけ三言語は避けられない選択である。主人公のソンジャが生まれ育った植民地下の朝鮮半島、帝国日本への移住、戦後の在日、ソンジャの孫のソロモンのアメリカへの移住の経験など、朝鮮半島にルーツをもつある家族の物語を伝えるうえで、韓国語（朝鮮語）、日本語、英語という三言語は、まさに彼らの「生」とともにある言語、生そのものであるのだ。海外のメディアは、こうした「三言語のドラマ」であることに注目し、それがドラマを観なければならない理由でもあるとする。(3)「BuzzFeed」は、制作総責任者であるスー・ヒューの言葉を借りて、言語は植民地主義の一部をなすため、多言語ではない選択肢はそもそも考えられなかったと伝える。また、ほかのメディアも、「日本の朝鮮植民地化とその影響を示すためにオリジナル言語での撮影が必要で、登場人物のなかには一つの台詞のなかで日本語から韓国語に切り替わる場面もあった(4)」とする。

三言語の字幕は、英語が白色、日本語が青色、韓国語が黄色で表示される。現在、「Apple TV+」は音声吹き替えを十一言語で、字幕は四十二言語で提供している。どの言語の字幕を選択しようが、この色分けによって視聴者は言語コードの交換がどのようにおこなわれているのかを確認することができる。海外のメディアでは、このような視覚的な要素を高く評価していた。視覚的な要素を加えることで、視聴者は台詞を聞くだけでなく、「コリアンの登場人物同士の会話を中断する日本当局の台詞がどのように侵入するのか[5]」、すなわち誰が誰の声を遮るのか、その権力性を観ることもできるという。

また、言語は「各キャラクターの歴史を知る窓[6]」でもある。在日コリアン一世を象徴するソンジャの物語ではおもに韓国語と日本語が使われ、在日コリアン三世を象徴するソロモンの物語では英語を含む三言語が使われる。ソロモンが日本語で話しているとき、祖父や家族を表す単語は韓国語を使うことも視覚的に表示され、言語コードの交換がもつ、「個人」を構成する歴史的文脈が喚起される。ソロモンは、アメリカに象徴される資本主義のなかであくまで「個人」として生きようとする人物として登場するが、彼の発話中の言語コードの転換をみると、在日コリアンの歴史が「個人」の意図する生き方を超え、まさに「個人」を構成していることがはっきりとわかる。

しかし、三言語での制作は大変な勇気を要するものだった。「タイム」誌の「Apple TV+はいかにして、史上最大の多言語ドラマの一つである『パチンコ』を制作したのか」というタイトルの記事[7]は、テレビ制作会社メディア・レスのプロデューサー、テレサ・カン＝ロウの言葉を引用し、制作可能性に関する懸念があったと伝える。ドラマ化を企画したのは、『クレイジー・リッチ！』（監督：ジョン・M・チュウ、二〇一八年）や『パラサイト 半地下の家族』（監督：ポン・ジュノ、二〇一九年）、『イカゲーム』（Netflix、二〇二一年）などが、「何十年にもわたるハリウッドの常識に反し、視聴者が喜んで字幕を読み、アジア系の人物を中心とするストーリーを熱心に消費することを証明」する前で、「スーパーヒーローも、セックスも、ドラマチックなアクションシーンもなし」の「三言語の時代劇」のドラマがはたして制作できるかと懸念したという。多様なルーツや背景をもつ人々の物語は、予算の関係上、成り立たないことが多い。そもそも多言語にするだけでも、多くの予算が必要になる。しかし、Appleという巨大テック企業の資本は、グローバルなキャストやロケ地を提供し「三言語のドラマ」を可能にした。記事は、カン＝ロウのインタビューを引いて、こうした試みで『パチンコ』は初めてのものだが、私たちはそれが唯一のものになることを望んでいない」と伝えている。

2 アジアンの物語であり、グローバルな物語

ドラマ『パチンコ』を説明する際、海外のメディアはそれが「アジア／アジアン主導」の物語であることを強調する。「スー・ヒューのアジアン主導の見事なシリーズが生き残った人々の隠れた歴史を現す」というタイトルの記事[8]では、『パチンコ』を「第二次世界大戦、朝鮮戦争、そして日本のバブル経済期に至るまで、二十世紀の韓国（朝鮮半島）と日本の絡み合った運命にまたがる」物語であると述べ、在米コリアン、在日コリアン、韓国人、日本人による「アジアン主導」の作品だと説明している。同様に、「アジアン主導の画期的で素晴らしい作品」と紹介している記事はほかにもいくつもある。[9]

アジア／アジアン主導はディレクターやキャスターらに限った話ではない。ソンジャを中心とするコリアン家族の物語は、アジアの歴史を背景としていて、アジアの視聴者の共感も得られるという。すなわち、『パチンコ』はアジア／アジアンの物語である。しかし、『硫黄島からの手紙』（監督：クリント・イーストウッド、二〇〇六年）や『ラスト サムライ』（監督：エドワード・ズウィック、二〇〇三年）のような戦争物語を除けば、ハリウッドがアジアの歴史を語ることはこれまでほとんどなかった。前掲の「タイム」誌の記事によると、ドラマ配信の権利に興味をもったOTTプレーヤーは、「当初、特にアジアの視聴者に対する魅力にひかれて」[10]いた。しかし、『ザ・クラウン』（Netflix、二〇一六年―）や『メディア王――華麗なる一族』（HBO、二〇一八年―）に匹敵する

予算要求に躊躇したという。イギリスの王族など「特別な」家族の物語に匹敵する予算を、アジアの「普通の」家族の物語を視覚化するために調達するのは、ハリウッドの常識からすると不可能に近いことだった。[11] しかし、植民地主義、移住、多言語、資本主義のありようを描くには予算が必要だ。アジアの視聴者を獲得しようとするＯＴＴプレーヤーの競争は、アジアの歴史を背景とするアジアン主導のアジアンの物語を、様々な不利にもかかわらず、ドラマシリーズ化させた主要な背景となった。ＯＴＴプレーヤーがグローバルな視聴者の共感と共鳴を得たいと望むなか、ドラマ『パチンコ』は実現したのである。

在日コリアンの経験に基づいたアジアンの物語は、世界史のあり方を問う作品ともなる。海外のメディアは、『パチンコ』は「西洋史」というレンズを通して世界史をみる傾向がある視聴者にとって、「非西洋の国々と文化が存在するように、非西洋の偏見のあり方や非ヨーロッパ中心の植民地主義の過去が存在することを思い出させるきわめて重要な作品[12]」だという。その点、西欧中心のグローバルな物語に慣れている視聴者にとって教育的でもある。アメリカの「ワシントンポスト[13]」や公共放送ＮＰＲ[14]は、在日コリアンの歴史と状況に言及しながら、アジア内の植民地主義やポストコロニアリズムは西側諸国ではほとんど知られていない、理解されていないと指摘する。それに対し、『パチンコ』は、世界史をよりグローバルなレンズでみることを可能にする。記者たちは、「四年間の高等教育で学んだよりも多くのことを知りえた[15]」「教育的で包括的な物語[16]」だという。そのほか、ドイツのメディアは、ソロモンが、アメリカ人はアジア人を見るとまず「中国人か日本人か」と聞く「クイズ」が好きなようだと皮肉っているシーンに言及しながら、アジア人に対する「何人か」という「スモールトーク」が「人種差別」の一形態になりうることを知らない白人の富裕層にとっても教育的[17]」だという。

このように『パチンコ』は、アジアンの物語でありながら、グローバルな物語でもある。制作総責任者であるスー・ヒューは、『パチンコ』はコリアンのストーリーではあるが、韓国のドラマでもなく、日本のドラマでもなく、アメリカのドラマでもないとし、それは「グローバルなドラマだ[18]」という。イギリスの「ガーディアン」は、コリアンの漁師たちが嘆いているシーンを取り上げ、土地を奪われ、米を奪われ、魚やジャガイモを奪われ、ましてやそれを不用意に話すだけでも命が奪われうるというのは「一九一五年のコリア」だが、それは「一九一六年のダブリン、一九一九年のアムリトサル、一九三七年の南京、二〇二二年のマリウポリなど、抑圧された人々が帝国主義に憤慨した場所ならどこでもありうる[19]」という。すなわち、『パチンコ』は、時間と空間を超えて、どこにでも発見しうるグローバルな物語であることを指摘している。

3 移民の物語であり、普遍的な物語

ドラマ『パチンコ』に関する論評の多くは、それが「移民の物語」であることにも注目する。「タイム」誌の記事[20]は、「誰がみても、移民と家族を描いた」物語であるとしながら、ソンジャは、「移民の粘り強さ」を体現しているると評する。「移民の物語」であるとする記事のなかでは、記者本人が移民の背景をもち自身の経験を語りながらドラマに対して共感を示す場合もあれば、アジアンに対するヘイトクライムが増加しているなかでアメリカのアジアンまたはアジア・アメリカンに共感されていると指摘するものもある。

自身が移民であることを語りながら共感を示す記事には、在米コリアンによって書かれた二つがある。例えば、在米コリアンの「ワシントンポスト」紙の記者は、『パチンコ』のストーリーが、「心にとても響く理由の一つ」として、「多くの移民の子どもたちが共有すること、すなわち、曾祖父母はもちろん、祖父母たちがどのような人生を送り、何をどのように耐え忍んだのか、私たちは決して理解できないのではないか、という疑念を描いている[21]」ことを挙げている。『パチンコ』のソロモンは、このような移民の子どもたちが自分を重ねるキャラクターである。前世代の犠牲を背負う移民の子どもたちは、アイデンティティの不安と「竹の天井」(アジア系の昇進を阻む壁)の悩みを抱えながらも、果実(成果)を出さなければならないという重い負担を抱えている。記者は、「それに多くの視聴者は共感しただろう」という。

記者自身の移民としての経験を語らない場合でも、ディレクターや出演者に対するインタビューを用いて、「移民の物語」であることが強調されることもある。例えば、モーザス役を演じたSoji Arai（新井総司）／パク・ソヒは在日コリアン三世で、アメリカで活躍する俳優である。彼はインタビュー[22]で、『パチンコ』は「まさに私の物語、私の家族の物語だと思った」と語る。新井は「日本でマイノリティとして生まれ、アメリカのマイノリティであるなかで、いくつかの差別を経験した」と明かし、移民というマイノリティの立場から、「人種差別に反対するメッセージ」を伝えたいという。また、老年のソンジャを演じたユン・ヨジョンは、インタビューに対し、自己の移民としての経験を語っている[23]。ソンジャは日本語も話せないまま、移民として日本に来たが、ユンは、『パチンコ』のストーリーを読んで「一九七四年に英語を全く話せずにアメリカに来たときのことを思い出しました」という。このように、ソンジャやソロモンの経験は、出演者らにも移民（または移民の子どもたち）の物語として共鳴されていた。

『パチンコ』は、アジアンに対するヘイトクライムが増加するアメリカ社会で重要だと指摘する記事もある。「ロサンゼルスタイムズ」紙は、ドラマ『パチンコ』はタイムリーな作品だという。記事[24]は「アジアン・アメリカンや在米アジアンに対する暴力の激化、また誰が属し、誰が属さないのかという有害な問い」は、移民の都市ともいわれるロサンゼルスとも密接な関係があると述べる。そして、タイトルの『パチンコ』は、歴史的な背景を考えると、在日コリアンに残された数少ないビジネスであり、そこで成功するストーリーは、「アメリカの移民の歴史とも共鳴する」と指摘する。『パチンコ』は「二十世紀のコリアンが故国と日本で経験したことを描いた点では特殊だが、強制と非強制の無数のほかの移民の痕跡[25]」をもっている。そこで、『パチンコ』が描く移民の物語は、誰もが共感できる、普遍的な物語となるのである。

4　交差する物語と親密性——つながりの未来へ

家族の物語であり、女性の物語でもある『パチンコ』は、ここまでにみたとおり、これまでほとんど例のない三言語による、アジアンの物語、移民の物語として、そのグローバル性と普遍性が注目された。もちろん、メディアの目を引いたのはそれだけではない。多くの記事は、『パチンコ』のあらすじを説明しながら、ドラマの時間軸の交差にも注目した。『パチンコ』は二十世紀前半のソンジャを中心に描きながら、二十世紀後半（一九八九年）のソロモンの時代へとタイムジャンプするように物語が交差している。こうした時代の交差が可能にする世代を超えた対話は、「共有メモリー（shared memory）」に最も近づける方法になっているという。(26) これは例えば、二十世紀前半、ソンジャが日本に渡る前、日本人にだけ許された朝鮮の白米を母がかろうじて用意し、娘に白米のご飯を食べさせるシーンと、一九八九年、ソロモンが不動産を売るよう説得するためにある在日コリアンの自宅をソンジャとともに訪問した際、韓国の白米のご飯を一緒に食べるシーンの重なりにみることができる。白米を通じて過去の記憶がよみがえるシーンは、登場人物たちだけでなく、視聴者にとっても時代や世代を超えて記憶を共有する瞬間だった。韓国（朝鮮）の白米、小さな木製のアヒル、懐中時計など、過去の記憶を呼び起こす様々な装置に誘われてタイムジャンプは繰り返される。そして時間と空間を超え、共有メモリーが構築されていくのである。(27)

また、『パチンコ』の物語は親密性によってより共感、共鳴されやすくなっている。海外のメディアは総じて、『パチンコ』は、巨大な歴史物語でありながらも、詳細を詰め込みすぎず、説教的でもなく、苦しみをフェティッシュ化することもなく、時代を生き延びた一人の女性の物語として描いている点で、感動的で共感できるとしている。(28) 人物のキャラクターを親密な視点から描き出すことで、視聴者が主人公たちと個人的な関係を形成し、彼ら／彼女らに情緒的に共感することが可能になる。ある記事は、親密に描かれたキャラクターに対し、「あなたやあなたの愛する人々はほぼ確実に親近感を覚えるだろう[29]」としている。

こうした親密性は、人間同士のつながりを作るといえる。その点で、『パチンコ』はテレビをより「つながりがある未来」へ推し進める作品になっているという評価もある。後半の四つのエピソードの演出を担当したジャスティン・チョンは、ある記事のなかで「私たち全員は異なるよりははるかに似ている」とし、「同じ伝統を共有していない視聴者が普遍的な要素を通じて、この物語に共感できることを望んでいる[30]」と語っている。また同じ記事のなかで、老年のスンジャ役のユン・ヨジョンは、「視聴者が日本と韓国の関係に注目しない」ことを望み、むしろ「人間のキャラクター、人間の感情、そして、彼らの愛とつながる」ことを望んでいると話している。視聴者が『パチンコ』をある特定の国や地域の物語と捉えて「壁」を作るのでなく、「人間」の物語と捉えて、その苦難や感情や愛に共感し、そのことを通じて様々な「壁」を打ち破り互いにつながることを望むという意味だろう。その点、『パチンコ』は、世界をより「つながりがある未来」へ推し進める可能性を秘めている。

おわりに――親密性を基盤とする物語の可能性

海外のメディアは、『パチンコ』が「家族の物語」「女性の物語」であると同時に、「三言語の物語（ドラマ）」「アジアンの物語」「移民の物語」である点と、壮大な歴史物語を時代や世代を超える形式で親密性をもって伝えたことに注目していた。これまでのアメリカ（または、英米圏）の商業的なドラマではほとんどみることがなかった「三言語のドラマ」であること、すなわち、植民地主義や移民を表象するにあたって、従来採用されてきた西洋中心の「世界史」とは異なる新たな「世界史」を描く試みであることが高く評価された。そして、アジアを背景とするコリアン移民家族の四世代の物語は、「特殊」でありながらも、「グローバル」であり、また、アメリカの移民たちの歴史と重ねられながら、「普遍的」な物語であると受け止められた。このように、『パチンコ』は、誰もが共感できる物語として評価された。もちろん、批判的な論評もある。おもに小説との違いに注目し、タイムジャンプの形式についての批判である。しかし、そのような論評も、ドラマ全体に対しては高く評価している。ドラマの演出には異見があるにせよ、『パチンコ』の物語がもつグローバル性や普遍性は、海外メディアのいずれからも高い評価を受けたといえる。

ドラマ『パチンコ』は、グローバルOTTの競争を背景に誕生した、これまでの「ハリウッドの常識」を破ったドラマといえる。このような試みは、東アジアからは生まれないだろうか。帝国主義や植民地主義は消え去ったわけではなく、人々の生のなかに世代を超えて、その痕跡をみることができる。それは、家族の物語、女性の物語、地域の物語など、様々な物語のなかにみることができる。その際、『パチンコ』が示したように、親密性を基盤とする物語は、視聴者が国や地域や性別など様々な壁を超えて物語の主人公と個人的につながること、そして、彼ら/彼女らの経験をともにすることを可能にするのではないだろうか。他者の経験をともにすることは、他者の痛みに共感することを可能にする。マーサ・ヌスバウムは、他者に対する共感の地平を拡張することを現代社会の重要課題として掲げ、そのために誰もが共通に備えている「傷つきやすさ(vulnerability)」を自覚させる必要があるという。[31] 親密性を基盤とする物語は、われわれに他者の経験をともにさせる。そのことはわれわれに自分の「傷つきやすさ」を自覚させ、他者の痛みに共感する契機となる。この役割を果たす、特殊だが普遍的な物語、ともに共感、共鳴できる親密性の物語が、東アジアからも登場する日を待ち望む。

注

(1) インターネットを通じてコンテンツを視聴者に直接配信するサービスをOTTと総称する。OTTサービス業者あるいはOTTプレーヤーは会員のサブスクリプションに基づいてコンテンツを専用のプラットフォームを通じて配信する。

（2）実際、テレビ業界の制作総責任者のなかでは数少ないコリアン・アメリカン女性であるスー・ヒューとテレビ制作会社メディア・レス（Media Res）が『パチンコ』ドラマ化に関する契約を結んだことやドラマの配信権利をめぐって、五つのネットワークが競争した末、「Apple TV+」が最終的に選択されたことは特ダネのニュースとして配信された。Lesley Goldberg, “'Pachinko' TV Series in the Works at Apple (Exclusive)”“The Hollywood Reporter” Aug, 7, 2018. (https://www.hollywoodreporter.com/tv/tv-news/pachinko-tv-series-works-at-apple-1132664/)［二〇二三年八月二十一日アクセス］

（3）ドラマ『パチンコ』を観なければならない十九の理由のなか、二番目として「三言語のドラマ」であることを挙げている。Rhianna Campbell, “'Pachinko': 19 Reasons To Watch This Book-To-Screen Adaptation”“BuzzFeed” Mar, 1, 2022. (https://www.buzzfeed.com/rhiannacampbell/pachinko-19-things-to-know)［二〇二三年八月二十一日アクセス］

（4）Quinci Legardye, “Everything We Know About Apple TV+'s Pachinko”“Happer's Bazaar” Mar, 14, 2022. (https://www.harpersbazaar.com/culture/film-tv/a39420950/pachinko-news-cast-release-date/)［二〇二三年八月二十一日アクセス］

（5）Daniel Fienberg, “Apple TV+'s 'Pachinko': TV Review”“The Hollywood Reporter” Mar, 11, 2022. (https://www.hollywoodreporter.com/tv/tv-reviews/pachinko-review-1235108946/)［二〇二三年八月二十一日アクセス］

（6）Kat Moon, “Pachinko Pushes TV Toward a More Connected Future”“TV Guide” Mar, 28, 2022. (https://www.tvguide.com/news/pachinko-pushes-tv-toward-a-more-connected-future/)［二〇二三年八月二十一日アクセス］

（7）Andrew R. Chow, “How Apple TV+ Made Pachinko, One of the Biggest Multilingual Shows Ever”“Time” Mar, 18, 2022. (https://time.com/6157906/pachinko-apple-tv/)［二〇二三年八月二十一日アクセス］

（8）Jeffery Zhang, “'Pachinko' Review: Soo Hugh's Stunning Aisan-Led Series Reveals The Hidden History Of Those That Endured”“The Playlist” Mar, 11, 2022. (https://theplaylist.net/pachinko-soo-hughs-stunning-asian-led-series-reveals-the-hidden-history-of-those-that-endured-20220311/)［二〇二三年八月二十一日アクセス］

（9）例えば、Luch Buglass, “‘Pachinko’—air date, cast, plot, and everything we know about the international drama series”“What to watch” Mar, 2, 2022.（https://www.whattowatch.com/watching-guides/pachinko-air-date-cast-plot-and-everything-we-know-about-the-international-drama-series）〔二〇二二年八月二十一日アクセス〕

（10）Chow, op. cit.

（11）しかし、植民地化の影響を視覚化するためには予算が必要である。移住に伴う撮影地の移動や多言語の使用など、アジアの「普通の」家族の物語をアジアの歴史を背景に描こうとすると、欧米の「特別な」家族の物語以上の複雑性が絡み合うのである。

（12）Kathryn VanArendonk, “Pachinko Builds Epic Family Drama on an Exquisitely Intimate Scale”“Vulture” Mar, 21, 2022.（https://www.vulture.com/article/pachinko-review-apple-tv-series.html）〔二〇二二年八月二十一日アクセス〕

（13）Inkoo Kang, “‘Pachinko,’ an epic of multigenerational loss, is hard to get lost in”“The Washington Post” Mar, 25, 2022.（https://www.washingtonpost.com/tv/2022/03/25/pachinko-show-review/）〔二〇二二年八月二十一日アクセス〕

（14）John Powers, “Deeply felt and unpredictable, ‘Pachinko’ follows the epic rise of a Korean family”“NPR” Mar, 23, 2022.（https://www.npr.org/2022/03/23/1088179222/pachinko-apple-tv-review）〔二〇二二年八月二十一日アクセス〕

（15）Kristen Baldwin, “Pachinko review: Is it too soon to crown the best show of 2022?”“Entertainment” Mar, 23, 2022.（https://ew.com/tv/tv-reviews/pachinko-review-apple-tv-plus/）〔二〇二二年八月二十一日アクセス〕

（16）Saloni Gajjar, “Apple TV Plus’Pachinko is an immersive, poignant, must-see journey”“AV Club” Mar, 23, 2022.（https://www.avclub.com/pachinko-review-apple-tv-plus-drama-transcends-boundari-1848672791）〔二〇二二年八月二十一日アクセス〕

（17）Thomas Hahn, “Emotionales Epos”“Süddeutsche Zeitung” Mar, 25, 2022.（https://www.sueddeutsche.de/medien/pachinko-appletv-korea-japan-serie-1.5553874）〔二〇二二年八月二十一日アクセス〕

（18）Sarah Shachat, “The Story of ‘Pachinko’ Can’t Be Contained by Time or Space”“IndieWire” Mar, 25, 2022.

（19）Stuart Jeffries, “Pachinko review-a sumptuous South Korean epic like nothing else on TV”“The Guardian” Mar, 25, 2022.（https://www.theguardian.com/tv-and-radio/2022/mar/25/pachinko-review-min-jin-lee-south-korea）〔二〇二二年八月二十一日アクセス〕

（20）Judy Berman, “Pachinko Is a Gorgeous Adaptation of a Literary Masterpiece, Marred by One Baffling Choice”“Time” Mar, 25, 2022.（https://time.com/6160244/pachinko-review-apple/）〔二〇二二年八月二十一日アクセス〕

（21）Kang, op. cit.

（22）Debashree Dutta, “Soji Arai: Up Close and Personal”“Rolling Stone INDIA” February, 19, 2022.（https://rollingstoneindia.com/soji-arai-up-close-and-personal/）〔二〇二二年八月二十一日アクセス〕

（23）Moon, op. cit.

（24）Robert Lloyd, “Apple’s stunning ‘Pachinko’ is so good it makes the competition look unworthy”“Los Angeles Times” Mar, 24, 2022.（https://www.latimes.com/entertainment-arts/tv/story/2022-03-24/pachinko-apple-tv-review）〔二〇二二年八月二十一日アクセス〕

（25）Fienberg, op. cit.

（26）Steve Greene, “‘Pachinko’ Review: A Gorgeous Family Drama That’s the Closest TV Can Get to a Shared Memory”“IndieWire” Mar, 11, 2022.（https://www.indiewire.com/criticism/shows/pachinko-review-apple-tv-plus-show-1234706842/）〔二〇二二年八月二十一日アクセス〕

（27）Lloyd, op. cit.

（28）Olivia Truffaut-Wong, “Pachinko turns a heralded novel into a laser-focused epic”“Polygon” Mar, 25, 2022.（https://www.polygon.com/reviews/22994599/pachinko-review-apple-tv）〔二〇二二年八月二十一日アクセス〕

（29）Richard Roeper, “Masterful ‘Pachinko’ spans generations in a story of the forces that shape a family”“Chicago Sun Times” Mar, 25, 2022.（https://chicago.suntimes.com/movies-and-tv/2022/3/24/22993752/pachinko-review-apple-tv-series-korea-lee-minho-minha-kim-jin-ha-yuh-jung-youn）〔二〇二二年八月二十一日アクセス〕

（30）Moon, op. cit.

（31） Martha C. Nussbaum, *Upheavals of Thought: The Intelligence of Emotions*, Cambridge University Press, 2001.

第9章　なぜ日本では『パチンコ』がはやらなかったのか

倉橋耕平

はじめに

二〇二二年、在米コリアン作家ミン・ジン・リーの同名小説をドラマ化した「Apple TV+」シリーズ『PACHINKO パチンコ』が配信された。原作はアメリカでベストセラーになり、ドラマも海外（アメリカ・韓国）では話題になったのだが、日本では原作もドラマも全く評判にならなかった。日本を舞台にして、登場人物が日本語で話す物語であるにもかかわらず。

もちろん日本での配信プラットフォームの普及不足、という単純な理由もある。現在四千万人超の利用があるといわれる動画配信サービスのなかでも、日本では「Apple TV+」の利用率は四・四パーセント[1]といわれ、最もよく利用されている「Amazon Prime Video」の四百七分の一の人気しかないようである[2]。つまり、そもそも誰もこの作品に気づいていない可能性はある。加えて、日本よりもアメリカや韓国でのプロモーションに力が注がれた、ということも話題にならなかった理由だろう。

さりとて、別のことも考えなくてはならない。同作についてファッション雑誌「GQ JAPAN」（コンデナスト・ジャパン）のウェブサイトに寄稿した内田樹は、こう首をひねってみせる。「どうして日本では、これと同じ時代の、同じ人々を描いた娯楽作品を創り出すことができないのか」「日本のメディアはこのドラマのことをほとんどシステマティックに黙殺した。（略）どうして、日本のメディアはこのドラマについて、その歴史的な意味について、作品としての良否について、縦横に論じることを忌避するのだろうか？」「どうして、日本人はこの時代のドラマを作ろうとしないのか」(3)。このようにたたみかけ、日本人と朝鮮人の間で何が起きたのかを知る仕事をネグレクトし、「自国史の暗部」に目を向けない日本社会を批判している。

では、日本社会で、なぜ「在日コリアン」の物語はエンターテインメントとして成立しないのか。

1　ウケる「国民の物語」

戦後日本の歴史学は、戦争への反省から国家の物語よりも国民の多様性、社会や民衆の立場から歴史を描くようになっていった。その意味では「在日」の人たちの歴史もその系譜にあり、数多くの実証的な研究蓄積がある。しかし、歴史学者がそうした「小さな物語」の研究を志向したり、実証主義的な手法によって事実を認定していく職人へと洗練されていった一方で、「大きな見取り図」としての「国民の物語」は右派・保守派知識人の牙城になってしまった感がある。

一九九〇年代末に活動を開始した「新しい歴史教科書をつくる会」の藤岡信勝は、歴史を「国民形成の物語」と位置づけていた。その理想は「司馬史観」だった。あるいは、同会の坂本多加雄も、「われわれ」についての物語を共有することなしに国民国家は成立しないとし、「国民形成の物語は個人の物語以上にフィクション性が強い」(4)と述べ、そのフィクションを維持するために「人為的努力」が必要だとした。実際、右派・保守派が陣取る「国民の物語」はよくウケていて、西尾幹二の『国民の歴史』[5]や百田尚樹の『日本国紀』[6]はベストセラーになった。むろん、これらの著作は、現実の国家内部の葛藤（民族、人種、階級、宗教などの対立）を「帰納」して作られた物語ではなく、国家統合という理想や目的から「演繹」して作られるため、はなから幻想であることはいうまでもない。

忘れてはならないのは、この「国民の物語」は一九九〇年代になってからはやり始めたことである。そして、これは当時国民国家への批判的検討や戦争責任論が左派の間で流行したのとコインの裏表の関係にあるだろう。「国民の物語」は、九〇年代の冷戦体制の（表向きの）崩壊、五五年体制の終焉、そして経済的グローバリゼーションの高まりがもたらした流動的な社会から国民を守るとする右派・保守派のナショナリズム扇動の流れのなかで志向された。

その過程で、近隣アジア諸国が民主化し、日本の戦争責任を問う小さな物語が台頭してきたことによって、むしろ「国民の物語」が必要とされたといってもいいだろう。なぜなら、そもそも国民形成には、差異と差別が必要とされ、国民とは人為的に作り出されたものだからだ。近代国民国家を生きる「日本人」というマジョリティが形成されるためには、沖縄、アイヌ、台湾、朝鮮の人たちを「野蛮（半開）」と位置づけ、二級市民／被差別民を作らなければならなかった。とするならば、マジョリティによる「国民の物語」が一九九〇年代以降に必要とされるとき、同時にというかあらためて、（在日）朝鮮人を二級市民にする差別的操作も生じる。それがまさに現在のヘイトスピーチに代表される差別のあり方だろう。

このように考えると、右派・保守派の「国民の物語」はまだ新しいともいえるし、いまだ構築中ともいえる。歴史修正主義者の関心が「過去」ではなく「未来」にあるとする武井彩佳の指摘[7]にならうなら、（おそらく）「未来」に向けて重要だと判断される対象が変われば過去の「国民の物語」もアップデートされることだろう。それが起こっているのが、中国大陸から朝鮮半島を経由して日本列島に渡来した弥生人が今日の日本人のルーツだとする「弥生人ルーツ説」を〝戦後の左翼史観〟と位置づけて批判する（数年前の）「縄文ブーム」だったのではないだろうか。[8]

「国民の物語」が構築中ということは、それを必要な人たち（消費者）が一定数いるということである。いまみたように、歴史物語は、必ずしも「過去の歴史」を表しているのではない。ならば、過去ではないものを消費する現代の「国民」がいるはずである。

メディア史研究の佐藤卓己は、歴史物語は「過去を舞台にしているが、登場人物は私たちが容易に感情移入できる「現代人」」であり、「歴史小説の主人公には、読者が生きている時代特有の感情や思考のパターンが投影されている」ため、物語で出会う歴史的人物たちは「自分たちの鏡像」であると指摘している。そして、物語には共感の最大化を狙う「メディアの論理」がはたらいている。[9]

佐藤が指摘していることは、最近のメディア文化研究でも続々と事例研究が発表されている。例えば、福間良明の研究が明らかにしたように、司馬遼太郎の作品（＝「司馬史観」）は、発売時期と読まれ始めた時期にズレがある。司馬作品は発売よりも少しあとの一九七〇年代に文庫化され、近代日本国家を立ち上げたエリートの奮闘と、新自由主義到来直前の時期の企業社会で働く男性サラリーマンや中間管理職の姿が重ね合わせられたことで、ようやく国民的人気が出た。[10] あるいは、井上義和が詳細に分析した「特攻文学」にしても、戦後六十年を境に記憶の継承の仕方が「生き残り」から聞き届けられるものではなく、主人公が「時間移動」することで直接体験するものに変わっていく。その変化は、「体験者の退場によって、生き残り者がずっと抱え続けた負い目や葛藤などの複雑な感情も削ぎ落とされて、研ぎ澄まされた死者のメッセージのみが遺される」[11] ものとして表される。となれば、焦点化されるのは、「私たちは彼らに恥じない生き方をしているか」「命のタスキ」といった継承の仕方になってしまう。[12] つまり、井上がそれ以前にも指摘していた「自己啓発」「活入れ」の文脈で理解できる「特攻」が前景化してくる。[13] こうした変遷をたどると、歴史物語は、「過去の歴史」の理解というよりも、「現代人」の思考パターンによる理解であることが想像できるだろう。

ともあれ、これらの先行研究からわかることは、消費者の側に共感するためのチャンネルが醸成されたこと／

変化が生じたことを契機として、物語が読まれているということである。しかしそれは、「移行期不正義(transition injustice)」を認めない日本社会に「植民地ドラマ」「在日ドラマ」を「受容できる」土壌はあるのか、という疑問にもおのずとたどり着くことになる。もしこのように問うことが妥当ならば、今回『パチンコ』がウケなかったのは、そこに描かれている登場人物に感情移入できる「現代人」が日本市場にはいなかったからだ、ということにならないだろうか（別様の言い方をするなら、登場人物に共感できるくらいに現代日本人の「人権意識」や「歴史への真摯さ」が爆上がりしないと、エンタメにはならない、と考えられないだろうか）。

2 「移行期不正義」を認めない日本社会

前述のように「国民の物語」が志向される一方で、『パチンコ』は、戦後日本社会にとって「かつて国民だった人たちの物語」、あるいは「棄民の物語」といっていい。それは、「国民統合」のフィクションにとって「ノイズ」である。先に言及したように、国民国家の統合は、国民の差異を覆い隠すことで成就し、その内側に二級、三級の市民を包摂する。そのため、敗戦によって統合から切り捨てたその二級・三級市民は、戦後の国民国家統合にとって大きな「ノイズ」になる。

実際に、そうした「ノイズ」を名指しながら否定する言説が、二〇〇〇年代以降日本の言説空間・言説政治の場で圧倒的に幅を利かせてきた。それらは自己啓発、スピリチュアル、縄文文化、ヘイト本など大衆文化の市場メカニズムを利用しながら、学知とは別のところで人口に膾炙した(14)。そこで展開される歴史修正主義言説／歴史否定論が、排外主義的な運動と連動していたことはもはや説明不要だろう。

もちろん大衆文化だけが原因ではない。ヨーロッパではヘイトスピーチ規制法でホロコースト否定論を禁止する国が数多くあるが、日本版歴史修正主義はそれとは異なり、「官製歴史修正主義」の側面をもっている。日本政府と関連した動きは、一方で連綿と続く朝鮮半島をめぐる「妄言」の数々に代表されるように、植民地主義の責任を「日本の朝鮮統治は朝鮮人に恩恵を与えた面もある」(久保田貫一郎：日韓会談日本側首席代表)とするような、矮小化の問題が指摘されている[15]。

その一方で、巧妙に責任を回避する政治言説が随所に登場する。例えば、二〇一五年の安倍晋三による戦後七十年談話の「満州事変、そして国際連盟からの脱退。日本は、次第に、国際社会が壮絶な犠牲のうえに築こうとした「新しい国際秩序」への「挑戦者」になっていった。進むべき針路を誤り、戦争への道を進んで行きました」という語りのように、満州事変以後に焦点を絞ることで植民地支配の歴史と責任を不問に付す。岸田文雄政権が「歴史戦チーム」を派遣したというNHKのニュースは、二〇二二年一月に話題になった佐渡金山の世界文化遺産への推薦を報じる際、国は佐渡金山の「顕著な普遍的価値」は「戦国時代末から江戸時代」にあるとして時期をしぼり、朝鮮人強制労働の問題をなかったことのように見せかけている(しかし、国連教育科学文化機関ユネスコに提出した推薦書は、書類不備で審査されず、翌年以降の登録を目指すことになった[16])。こうした時代や対象を限定して責任を回避する「選別的思考[17]」(前川一郎)をすることで、自らの「移行期不正義」を認めようとしない。

そして「歴史の否定」は、選別的思考に加えて「差別の否定」を伴って差別を助長する。「在日特権」は、特別永住資格に関する歴史否定であると同時に差別の否定である。従来見下げてきた対象を「われわれにはない「特権」を持っている」として攻撃するこの方法を、ハン・トンヒョンは「見上げるレイシズム[18]」と呼んだ。また、長崎の端島炭鉱(軍艦島)の「明治日本の産業革命遺産」登録についても、そこでも強制労働の問題があり、「犠牲者を記憶にとどめる」としたものの、「差別的対応はなかった」として歴史修正・否定をおこなったために、世界遺産委員会から是正を求められた。近年のものでもいい。BLM(ブラック・ライブズ・マター)運動の際にもSNSには「日本にはアメリカのようなひどい差別はない」といった意見が書かれたり、国が人種差別撤廃条約の締結国の報告書に「法律で対処するような深刻な差別はない」と書いたりする。差別は、人種や性別などの特徴から歴史的に不利益を被るマイノリティである他者を「貶価（demean）」することであるため[19]、差別を否定するためには歴史の否定が常につきまとうのであり、差別事案に関する対象ならば、その逆もしかりとなることは非常に多い。

このように史実と差別を否定するとき、加害／被害が転倒する現象が起こる。このことは、ヨーロッパでも右派ポピュリズムの「常套句[20]」のようだが、日本では先にふれた「在日特権」についてもそうだし、あいちトリエンナーレ二〇一九の「平和の少女像」が「日本人ヘイト」（「産経新聞」二〇一九年八月七日付）になるといった現象など多数確認できる。つまり、「こっちこそ被害者である」という立場だ。また「産経新聞」が飛びついたことで大きな話題になったハーバード大学のジョン・マーク・ラムザイヤー教授の論文にも同様の転倒があることがすでに指摘されている[21]。その手法は、「機会主義的エリート（opportunistic elite）」がアンダークラスの脆弱性に便乗し、マジョリティから利権を得ようとするために、むしろ差別が維持されると主張するものだったり、「慰安婦」の経済合理的な判断による自由な契約だったとして被害者に責任をなすりつけるものであったりする。それは翻って、被害者こそ悪い＝加害者という論理を暗に示している。

以上のような、「移行期不正義」を認めない態度をとる日本社会の言説政治の空間では、『パチンコ』がウケる隙などもはやないといえるだろう。いや、もう少し踏み込むべきなのではないか。むしろ『パチンコ』こそ、「国民の物語」への「加害（攻撃？）」として右派言説のなかに回収される社会状況があり（そしてそれがさらなる在日の人たちへのバッシングに転化しうる）、即時政治問題化される「市場」があるゆえ、内田樹が指摘するように「日本のメディアはこのドラマについて、その歴史的な意味について、作品としての良否について、縦横に論じることを忌避する」のである。

3　学知と社会の中間の模索

しかし、『パチンコ』に描かれるような在日コリアンや植民地の歴史を排除することが「国民の物語」であるとするならば、それはやはり歴史修正主義の物語である。では、どのような「物語」が必要であり、どのような条件がそろえばエンタメとして成立するのか。

以前、私たちはこの話題について一度話し合う機会があった。それが前川一郎編著『教養としての歴史問題』として発表されているものである。そこでの議論の主題をかいつまんでいえば、「ファクトに基づく「良質な物語＝大まかな見取り図」をどうつくるか」となる。もちろんこうすればいい、というものがあるわけではないが、少なくとも加害／被害、実証主義マチョイズム／歴史修正主義、という対立ではなく、ちょうどいい「健全な中間」（辻田真佐憲）が必要という議論になった。

その意味で、ドラマ『パチンコ』は、四世代の登場人物を通して「歴史物語＝戦中戦後の大まかな見取り図」を提示するものであり、学知と社会の中間が模索されている「良質な物語」といえるようにも思う（ドラマ版では、原作にはない関東大震災のシーンや「慰安婦」として連れていかれたのだろうと思われる人物の描写が付け加えられている。また、主人公であるキム・ソンジャを通して女性解放の物語を強調した点や、その孫であるソロモンが「現代人」の位置に置かれている構成も有効だったかもしれない）。また、翻訳されてすべて日本語で表現される小説とは異なり（原作の場合はすべて英語）、映像化されるドラマ作品は、済州島の方言や大阪の方言などそのままの言葉で演じられる。ただし、繰り返しになるが、それを受容する消費者の思考パターンなどが合わなければ共感を最大化する「メディアの論理」は使用できないため、第2シーズンでは物語の設計に工夫が必要になるだろう。

その一方で、本作品がアメリカ社会で共感を得やすかったのは、「ディアスポラもの」だからではないだろうか。著者のミン・ジン・リーは、在米コリアンである。「在米コリアンの書く在日コリアンの話」がアメリカでウケたことは、在米／在日というコリアン・ディアスポラの間の差異はおそらく関係がないことの証左であり、「移民である」ということのほうが重要なのだろう。すなわち、アメリカで『パチンコ』に共感できる人々を生み出せたのは、加害／被害関係から離れ、「移民」であることの経験に終始できたからだろう。[22]

このことは、制度化しているか否かにかかわらず（また、評価するか否かも別にして）、新しい国民国家の統合の方法である「多文化主義」の土壌があれば、共感は可能だということを意味するのかもしれない。しかし、ここにも注意すべき点はある。いまだ多数派支配のアメリカでは、多文化主義は資本によって商品化されているという点である。また多文化主義は、先住民にしてみれば、入植者（植民者）とその子孫がその土地に留まるための「巧妙な便法」であることだ。[23]こうした「欺瞞」の匂いが常につきまとう。

他方、「移民」に対するリアリティーがまだ醸成されていない日本では、また「国民の物語」を構築中の日本では、こうした「ディアスポラ」を否定したり、無視したりしておかなければならない。なぜなら、差別と差異の構造によって作られ、それを覆い隠す国民国家にとって、「棄民の物語」は、まさにこの国民国家の構造と本質を暴くきっかけになってしまうからだ。そしてそれは、先に述べたように被害／加害関係が転倒して受け止められる契機になる。

以上のようにみてくると、制作と受容の両側面で、「ファクトに基づく大まかな見取り図」「健全な中間」という私たちの議論にも課題は多い。その他にも、「大まかな見取り図」の「大まかな」をどこに置くのか。それは時間軸の話なのか、それとも地域や空間の話なのか。「健全な中間」の「中間」をどのように構成するのか。さらには、グローバル・プラットフォーム（オーバー・ザ・トップ・プラットフォーム）で作品が配信される現在のメディア環境では、流通過程のタイムラグや消費者の成熟を待ってくれる時間的な余裕はなく、かつてどこかの地域ではやった作品が、数年後にほかの地域でヒットするということは期待できない。こうした消費者を取り巻く状況も考慮しなければ「良質な物語」は形成できないだろう。

おわりに

日本でウケる「国民の物語」には、原爆、軍人（特攻）の記述が目立つ。そうした対象は、そのあとに国家による「救済（戦後補償）」がなされた特別な存在であり、その「救済」が物語を作る側に一定の許可を与えることだろう。やはり、それはナショナリズムの物語でしかない。しかし、「徴用工」や「慰安婦」被害の当事者たち、その他日本で強制労働をさせられた人たち、残留孤児、空襲被害を受けた人たちなどは、「救済」からいまなおはじかれている。こうした「戦争被害受忍論」に対し、玄武岩は、ポスト帝国の東アジアで、脱植民地化・脱冷戦化・脱帝国化を目指すアイデアとして「方法としての帝国臣民」という連帯の枠組みを提案している。[24] 学知と社会をつなぐためには、まず加害／被害関係を超えるこのような連帯の枠組みとアイデアを蓄積・共有し、それを提示する物語が必要になるのではないだろうか。

注

（1）「2021年 有料動画配信サービス利用動向に関する調査」「ＩＣＴ総研」二〇二一年八月十七日（https://ictr.co.jp/report/20210817.html/）［二〇二三年十二月五日アクセス］

（2）「Amazonプライム・ビデオ、日本だとApple TVより四百七倍人気 Appleが分析結果を公開」「IT Media NEWS」二〇二二年四月十一日（https://www.itmedia.co.jp/news/articles/2204/11/news138.html）［二〇二三年十二月五日アクセス］、Analysis Group, "The Success of Third-Party Apps on the App Store," Apple, April, 2022.（https://www.apple.com/newsroom/pdfs/the-success-of-third-party-apps-on-the-app-store.pdf）［二〇二三年十二月五日アクセ

ス」

（3）内田樹「内田樹が観た、ドラマ『Pachinko パチンコ』――日本を舞台にしながら、日本で黙殺される理由とは？」「GQ Japan」二〇二二年七月一日（https://www.gqjapan.jp/culture/article/20220701-pachinko-review）［二〇二三年十二月五日アクセス］

（4）坂本多加雄『歴史教育を考える――日本人は歴史を取り戻せるか』（ＰＨＰ新書）、ＰＨＰ研究所、一九九八年、六二ページ

（5）西尾幹二、新しい歴史教科書をつくる会編『国民の歴史』産経新聞ニュースサービス、一九九九年

（6）百田尚樹『日本国紀』幻冬舎、二〇一八年

（7）武井彩佳『歴史修正主義――ヒトラー賛美、ホロコースト否定論から法規制まで』（中公新書）、中央公論新社、二〇二一年、一三五ページ

（8）倉橋耕平「「歴史」はどう狙われたのか？」、前川一郎編著、倉橋耕平／呉座勇一／辻田真佐憲『教養としての歴史問題』所収、東洋経済新報社、二〇二〇年、四九ページ。「縄文ブーム」の著作の関心は、土器や土偶ではなく縄文人のＤＮＡに向けられていた。ＤＮＡの分析によって、縄文人に日本人のルーツを求め、日本人と沖縄人、アイヌ人は同根であることや、天皇家が万世一系であり、有史以来、一つの王朝を保ち続けている国は世界中に日本しかないと主張するのがこれらの本の特徴である。このように政治的イデオロギーをまとった「縄文本」は、古代史の専門家ではない著者によって、ＰＨＰ研究所や展転社、扶桑社といった右派の砦といっていい出版社から多数出版された。すなわち、それらの著作の特徴は、「嫌韓・反中」と呼ばれる排外主義志向であり、朝鮮半島からの影響を見いだす「弥生ルーツ説」を回避して「縄文人ルーツ説」を創作し、韓国・北朝鮮や中国と日本は「歴史的」にみてもルーツを異にしていて、日本は特別な独自の存在であることを主張している。

（9）佐藤卓己「「歴史のメディア化」に抗して――特攻ブームはなぜ生まれたか？」「中央公論」二〇一八年九月号、中央公論新社、七八ページ

（10）福間良明「「司馬史観」への共感とポスト「明治百年」――「教養主義の没落」後の中年教養文化」、日高勝之編著『1970年代文化論』（青弓社ライブラリー）所収、青弓社、二〇二二年、八五―一〇〇ページ。もちろん司馬作品の

文庫化とそのヒットの背景には、一九七〇年代初頭に起こった戦後第二次文庫ブームという追い風があったことも留意しておくべきだろう。

(11) 井上義和『特攻文学論』創元社、二〇二一年、八三―八八ページ

(12) 特攻文学に関する井上義和のメディア分析は慧眼だといえるが、同書の最終盤の「補章」で展開される「特攻作戦を否定しつつ特攻隊員を尊厳とともに包摂する」(同書二〇〇ページ)には大きな違和感を覚える。というのも、日本の戦後補償は軍人を特別扱いし、民間人の補償は宙吊りのままになっているからである。井上は、戦後自衛隊の任務のほうこそ宙吊りになったままというが(同書一九九ページ)、むしろ軍人補償の経緯から考えれば、自衛隊こそ特別な補償がおこなわれるはずである、ということは戦後補償論の先行研究の知見からいえるからである。すなわち、井上が想定する「未来の戦死に向き合う構想」ができていないのは、戦争被害受忍論を強いられている民間人のほうであり、これを抜きにして「(未来の)戦死」を論じてしまうと、結局「顕彰」「美化」しかねないという疑念が湧く。

(13) 井上義和「記憶の継承から遺志の継承へ――知覧巡礼の活入れ効果に着目して」、福間良明/山口誠編『知覧の誕生――特攻の記憶はいかに創られてきたのか』所収、柏書房、二〇一五年、三五七―三七三ページ

(14) 倉橋耕平『歴史修正主義とサブカルチャー――90年代保守言説のメディア文化』(青弓社ライブラリー)、青弓社、二〇一八年)、前掲「「歴史」はどう狙われたのか?」を参照。

(15) 高崎宗司『定本「妄言」の原形――日本人の朝鮮観』木犀社、二〇一四年、二二五ページ

(16) 二〇一五年に中国が南京大虐殺関連資料を世界記憶遺産の歴史的な文書保存の一環で登録を目指した際、日本はこれに抗議した。二一年に日本主導で関係国の異議があれば世界記憶遺産に登録しない、という制度を設立していたわけだが、今回佐渡金山の件では、その帳尻合わせを強いられる格好になった。この矛盾には、自分たちにだけ都合がいい歴史を求める「虫のよさ」が現れているといえる。

(17) 前川一郎「なぜ〝加害〟の歴史を問うことは難しいのか」、前掲『教養としての歴史問題』所収、一一一ページ

(18) 清水晶子/ハン・トンヒョン/飯野由里子『ポリティカル・コレクトネスからどこへ』有斐閣、二〇二二年、一一四ページ

(19) デボラ・ヘルマン『差別はいつ悪質になるのか』池田喬/堀田義太郎訳(サピエンティア)、法政大学出版局、二

〇一八年、五二―五三ページ
（20）ルート・ヴォダック『右翼ポピュリズムのディスコース――恐怖をあおる政治はどのようにつくられるのか』石部尚登／野呂香代子／神田靖子編訳、明石書店、二〇一九年
（21）米山リサ／板垣竜太「対談 共振する日米の歴史修正主義――ラムザイヤー論文という事件（上）：「被害者有責論」の生産・流通構造」「世界」二〇二二年一月号、岩波書店、二四六―二四七ページ
（22）私がこのように述べるのは、『パチンコ』でモーザス役を演じた在日三世の俳優で、アメリカで活躍する朴昭煕《パクソヒ》のインタビューの語りに由来する（「「在日コリアンが本名で生きる」その壁と希望。朴昭煕さんが、日米で活躍する俳優になるまで」「ハフポスト」二〇二三年七月二十一日［https://www.huffingtonpost.jp/entry/story_jp_6490fdfce4b048eb91179b3a］［二〇二三年十二月五日アクセス］）。
　同インタビューで朴は「『パチンコ』の映像化を知ったのは、俳優としてのアイデンティティが混乱の極みに達していた頃。韓国や日本が描かれる作品が増えても、ハリウッドでは誰も在日のことを知らないんじゃないかと感じてきました」と述べる。アメリカで俳優の活動を続ける朴は、「在日こそが自分のアイデンティティ」としながらも、アメリカ社会ではアジア人らしいバックグラウンドや容姿をもつ役者が起用される実態を鑑みて、悩んだ末に芸名を「ソウジ・アライ」に変える決断をしたという。本人自身は「通名」の使用も「在日文化のひとつ」として受け入れているが、おそらくアメリカ社会での『パチンコ』の受容という面では、彼のアイデンティティが重要視されることはなかっただろうと推察する。
（23）西川長夫『増補 国境の越え方――国民国家論序説』（平凡社ライブラリー）、平凡社、二〇〇一年、四〇七―四〇九ページ
（24）玄武岩『〈ポスト帝国〉の東アジア――言説・表象・記憶』青土社、二〇二二年、三九―四四ページ

第10章　『パチンコ』とOTTナラティブのリアリティー

――受容者資源論との接点

イム・ジョンス

はじめに

本章は、国民国家内で流通する既存テレビのチャンネルとは異なるOTT（オーバー・ザ・トップ：インターネットを介した動画配信サービス）プラットフォームでのメディアコンテンツのリアリティーについて論じる。とくに歴史的事実を背景にしたOTTの大河ドラマが既存のテレビドラマとどう違うのか説明することを目的とする。その目的の一端には、伝統的なメディア政治経済学とは異なるプラットフォーム政治経済学の新たな挑戦もある。受容者の財源とデータで作動する注目経済（attention economy）の地平で、歴史的事実の新たな再現ははたしてどこに向かうのだろうか。それを「Apple TV+」のオリジナルドラマシリーズ『パチンコ』を通してひもといてみよう。

1　グローバルＯＴＴと歴史再現の新たな挑戦

二〇一九年十一月にスタートした「Apple TV+」は二一年十一月に韓国向けサービスを開始し、二二年三月から配信したドラマ『パチンコ』は世界的な反響を呼んだ。『パチンコ』は評論家から高評価を得て、「放送界のピューリッツァー賞」と称されるピーボディ賞（Peabody Awards）のエンターテインメント部門を受賞したほか、数多くの賞を手にした。原作を脚色しプロデュースを担当したスー・ヒュー（Soo Hugh）は受賞にあたり、「国境を超える現代テレビの、グローバルで未来志向的なビジョンを示した作品」(1)と作品の制作意図について説明した。

『パチンコ』の何が〝グローバル〟で〝未来志向的〟なのだろうか。韓国にとってわれわれに関するものだが、〝われわれの物語〟と断言できないこれらのコンテンツが位置する場所はどこなのだろうか。それでも韓国で制作される初期ＯＴＴコンテンツの制作会社やキャスト、スタッフらは韓国のコンテンツ産業に属していたが、『パチンコ』のプロデューサーと監督は韓国系アメリカ人で、俳優とスタッフは彼らに雇われ、集められた。韓国の歴史が借用されたとみるのが正しいのだ。つまり、スー・ヒューは『パチンコ』がグローバルな観点で制作されたといっているのである。それはこれまで、韓国に限らず、ほとんどの国民国家の物語になかったことだ。そのようにメディア大衆文化のリアリティーは書き直されている。

伝統的にはテレビが、二〇二三年現在はＯＴＴが、メディア大衆文化のリアリティーを実現する代表的な文化機器（cultural machine）だ。リアリズムは十九世紀のロマン主義または新古典主義への反旗として、現実の模写が芸術の重要な役割であることを掲げる芸術思潮である。ここで最も重要なのは、何が現実をもっともらしくみせるのか、その〝方法〟だ。現実を描くにあたり、現実世界の道徳観念や関係性をそのまま描写して、それが自然な生活であるかのようにみせることもできれば、理想的だと思われる世界や人物を想定して望ましい世界観を強調することもできる。もしくは、物語の世界と受け手の現実を人為的に行き来して不安定にすることで、現実の特定の部分を際立たせて表現することも可能だ。

リアリティーの実現は、それを可能にする「条件」と不可分の関係にある。その条件の一次的なものは、創作のための物質的要素がどこから始まったのかだ。第二次世界大戦後にナチス・ドイツの悪行を描いた数多くの映画が制作されたことは、ハリウッドを動かす多くのユダヤ人クリエーターやユダヤ資本と切り離して考えられない。ハリウッドの映画制作会社大手七社のうち、パラマウント、二十世紀フォックス、MGM/ワーナー・ブラザーズ、コロンビア、ユニバーサルといった主要映画会社は、ユダヤ系のJ・P・モルガン、ロックフェラー、デュポンが設立者であるか、または大株主である。ハーケンクロイツの文様がタブー視された理由は、アメリカが、「加害者」であるナチスに迫害された「犠牲者」のユダヤ人、それらの人々を解放する「救援者」としてのアメリカという記号をめぐる闘争に勝利したことも一役買っただろう。

そうだとすれば、『パチンコ』を作ったAppleというプラットフォーム資本の影響力も考慮せざるをえない。『パチンコ』は歴史の直接的当事者の韓国ではなく、グローバルプラットフォーム(韓国系)がアメリカ人の作家と監督を雇って完成させた作品である。Appleは『パチンコ』の制作にあたって韓国の受容者もある程度考慮するが、それよりもはるかに大きいグローバル受容者の集団をより重要視せざるをえない。Appleの最終目的は全世界のOTT加入者の誘致と維持にあるからだ。したがって、伝統的なテレビ放送会社が国民国家内の広告主の資本に依存していたのとは異なり、OTTプラットフォームの資本は全世界の加入者を財源とする。前者がコンテンツに集まる受容者を広告主に販売する受容者商品論(audience commodity)のモデルで説明できるならば、後者は全世界の受容者の財源がコンテンツ生産の土台となる受容者資源論(audience resource)のモデルで説明が可能だ。歴史再現の新たな局面が到来したのだ。

2　OTT大河ドラマ『パチンコ』を読む

屈従のプンクトゥム、人間尊厳の生存法

二十世紀のハリウッド映画はヨーロッパ、中国、日本、インド、アフリカなどから物語の素材を借用しながら、常にハリウッド方式で、すなわちアメリカ式のキャラクターとナラティブ構造でストーリーを構成してきた。例えば二十世紀フォックスで製作した一九五六年の『王様と私』（監督：ウォルター・ラング）は、アジアの野蛮な君主が西欧の文明人に出会って開化し、国家も近代化の基礎を築くという西欧的視点に立つナラティブだ。シャム（タイ）の王（ユル・ブリンナー）の招きでイギリスからバンコクに到着した若い寡婦アンナ（デボラ・カー）は、粗野で文明化していないようにみえる王に失望して帰ろうとする。しかしほどなく、その王がむしろ近代化のために努力していることを知って彼を助ける。その後、ある誤解で二人の仲は再び破局を迎え、アンナが会ってくれないために王は書斎に閉じこもり本ばかり読んでいて病気になる。王の本心を知ったアンナは再び王と和解し、シャムの近代化のために献身することを約束するが、王は亡くなり、彼の息子が近代化の取り組みを続ける。『王様と私』は監督と俳優はもちろん、ナラティブの主題や叙述の方向がことごとく製作国である西欧（アメリカ）的価値観に基づいている。『ライオン・キング』（監督：ジョン・ファブロー、二〇一九年）、『ムーラン』（監督：ニキ・カーロ、二〇二〇年）、『ポカホンタス』（監督：マイク・ガブリエル／エリック・ゴールドバーグ、一九九五年）、『ジャングル・ブック』（監督：ジョン・ファブロー、二〇一六年）、『美女と野獣』（監督：ゲイリー・トルースデール／カーク・ワイズ、一九九一年）、『アナと雪の女王』（監督：クリス・バック／ジェニファー・リー、二〇一三年）など多くのハリウッドアニメーションも同様だ。

それに比べ、OTTはより現地の価値観に近くなっている（localization）。だからといってOTTコンテンツが

対象とする国のジャンル的慣習をそのまま踏襲するわけではない。OTTは、国によって異なるローカルのジャンル的慣習をグローバルのジャンル的慣習と混合するのである。『パチンコ』は、これまで韓国のテレビドラマが選択してきた植民地朝鮮人の苦難に満ちた人生あるいは決然とした抵抗を描くのではなく、ディアスポラ家族の年代記を描いている。それは韓国的な視点でも日本的な視点でもない、グローバルな視点に近いナラティブだ。『パチンコ』は、いうなれば被植民者とその子孫の家族年代記を虚構的演出で創作した民族誌映画、すなわち映像人類学に近い。

『パチンコ』で、植民地支配がローカルコードならば、グローバルコードはディアスポラだ。『パチンコ』はローカルコードを含有するが、グローバルコードにより重きを置くナラティブである。韓国のテレビドラマが描く植民地朝鮮のディアスポラは、日本帝国や地主の圧迫から逃れるため、あるいは独立運動のために満州に移住するケースがほとんどだ（一九八〇年代に制作された在日朝鮮人の帰国事業に関するドラマもこれに該当する。それらのドラマでは、帰国事業に朝鮮総連〔在日朝鮮人総聯合会〕が深く関わったと描かれている）。しかしグローバルな視点に立てば人の移動は古くから頻繁に起こっている。拉致・強制移住させられたアフリカの先住民、二十世紀ナチス体制下のユダヤ人、日本・アメリカに移住した韓国人、そして最近ではヨーロッパに移住したシリア難民などである。そして大衆文化をリードするアメリカは移住民が作った国家だ。

『パチンコ』は、ポストコロニアルの時代にディアスポラとなった在日コリアンのアイデンティティと人間の尊厳について語る。用いられる修辞法は、部分が全体の属性を代弁する提喩（synecdoche）である。『パチンコ』が描く在日コリアンは大きく二つの世代に分けられる。民族を内面化している主人公キム・ソンジャのような第一世代と、民族を他者化しているだけでなく日本、アメリカなど多国籍のアイデンティティを等しく内面化している孫ソロモンのような第二・第三世代だ。ソンジャは体が〝不自由〟だが限りない愛を与えてくれた父と朝鮮での暮らしを後にして、植民者の地である日本で熾烈に生きていく。ソロモンはそんなソンジャから愛され朝鮮民族の文化について教育を受けるが、韓国との接点はほとんどない。むしろ日本とアメリカで自分の志を遂げようとグローバル市民を目指すのだ。しかしソンジャはもちろん、ソロモンも日本でもアメリカでも、あるときには露骨な、またあるときには隠微な差別を受ける。西洋と東洋、日本と朝鮮、アメリカと日本という対立構造のなかで、ソンジャの家族が多くの差別を乗り越え、人生を肯定しながら生きていく姿を描く。

　結局、『パチンコ』は体が〝不自由〟な人に象徴される被植民者四世代の年代記を通じて、人間の尊厳をいかに生き延びさせるかを「問う」壮大な物語（epic）だ。『パチンコ』は登場人物に感情移入するよりも、そのような状態に置かれた人々を理解することを望むコンテンツだ。彼ら家族のルーツが朝鮮であるにもかかわらず、現実には日本やアメリカに散らばって生きていくだけでなく、もはや朝鮮がなじみの薄いものになってしまったという嘆きに、視聴者はディアスポラ家族のアイデンティティをみることになる。ソンジャから始まり、彼女の息子モーザス、孫ソロモンへと世代が進むほど、朝鮮人よりも日本人あるいはアメリカ人との情緒的な交流が多くなる。老年のソンジャも故郷に戻って昔の痕跡を探す機会があるが、その記憶は非常にぼんやりとしている。彼らの家族が朝鮮と唯一つながっているのは米飯、チョッカル（塩辛）、自分の体などのにおいだ。

『パチンコ』で、においは彼らのアイデンティティだが、屈従の傷跡を残すプンクトゥム（punctum）でもある。プンクトゥムとは映像テクストの慣習的で一般的なイメージストゥディウム（studium）のなかに現れ、受容者の思いがけない感情を活性化させるものをいう。この概念を提唱したロラン・バルトは、「それ自らがまるで矢のようにその場面を離れ、私を貫くために来る」[2]ものだと述べている。すなわちプンクトゥムは人物の台詞、ジェスチャー、目つきなど、物語を構成する連続的なシーケンス（sequence）、個別のシーン（scene）、特定のショットなどのうち受容者に感動を超える激動、転覆、衝撃などを呼び起こすものを指す。ストゥディウムが文化的・慣習的に理解できる楽しさ（plaisir）を誘発する平易な略号だとすると、プンクトゥムは怒り、虚無、愛、悲しみなど受容者の感情を刺すように突破する一種の快楽（jouissance）だ。

　ドラマ『パチンコ』では、日本へと旅立つソンジャに食べさせようと、朝鮮人には売ることができない白米を母ヤンジンがかろうじて手に入れ、丁寧にといでご飯を炊くシーンが印象的に描かれている。一九二〇年から三四年におこなわれた植民地朝鮮内の「産米増殖計画」は日本の食糧不足を解消するかわりに、朝鮮人を飢えてにおいを放つ民族にした。

においとともに『パチンコ』のもう一つの強烈なプンクトゥムとして、日本の巡査の前で頭を下げる被植民者の姿がある。被植民者は巡査が通りかかると仕事の手を止めて不動の姿勢をとった。ソンジャの家の下宿人は不敬な発言をしたとして縄で縛られ連行される。下宿人は頑丈な身体で彼を連行する巡査は小柄である。植民地の権力構造が介入しないかぎり、これほど大柄な人間をこれほど小柄な人間が捕縛するなど絶対にありえない光景なのでいっそう衝撃的だ。こうしたシーンは被植民者の自尊心がどれほどまでに痛めつけられているかを一目で理解させてくれる。自分の土地でとれたのに食べられない米を求めてさまようソンジャの母や巡査に不動の姿勢を取らなければならない人々の姿は、強烈な屈従のプンクトゥムだ。こうしたシーンは人間の尊厳の本来の姿と劇的に背馳しているため、『パチンコ』がどこに向かっているのかを受容者に提示する役割を果たしている。

『パチンコ』、巡査の新たなイメージ

『パチンコ』が日本の巡査をどのように描いているか、その表現に注目する必要がある。韓国の伝統的な物語は、巡査を卑劣、凶悪、残忍、無慈悲、差別的な人物として描いてきた。これは歴史的事実を反映している。日本帝国の朝鮮植民地統治初期、一九一〇年代の無断統治期には「憲兵警察」が、二〇年代のいわゆる文化統治期には「普通警察」が置かれた。軍人が警察の役割を遂行する憲兵警察は、軍服と刀、銃を身につけて朝鮮人を抑圧的に取り締まった。一二年に日本帝国は「朝鮮むち打ち令」を作り、治安維持を名目に物証も正式な裁判もなしに朝鮮人にむち打ちを加えた。二〇年代の普通警察は軍服ではなく一般の警察服を着用し、治安行政は多少緩くなったものの依然として帯刀しており、朝鮮人は巡査に頭を下げなければならなかった。

『パチンコ』の巡査も、伝統的なテレビドラマや映画のように強圧的で非人間的な支配者として描かれている。彼らは植民地支配者の威厳を表すこざっぱりとした制服を身につけ、しっかりした足取りである。被植民者から

の敬拝を受け被植民者を啓蒙する。ほとんどの朝鮮人とは異なり衛生的で小ぎれいな身なりの彼らは、被植民国家の国民が究極的に目指さなければならない近代人の姿にみえる。しかし『パチンコ』の巡査は従来のテレビドラマや映画にしばしばみられる「卑劣な巡査」ではない。情け容赦なかったとしても、卑劣な笑みを浮かべる人物にはみえない。

このことは『パチンコ』の第一話に見て取ることができる。ソンジャの家は市場で日銭を稼ぐ人々のための下宿をしているが、下宿ではときおり酒盛りがおこなわれる。そんなとき、下宿人の労働者は植民地朝鮮と自身の境遇を嘆き、愚痴をこぼす。しかし植民者を非難する愚痴は日本の統治権力が厳しく禁じていた。ある日、巡査は「不逞鮮人」だという理由で下宿人の労働者を捕らえ、ソンジャの父を取り調べる。体が不自由なソンジャの父は巡査におびえ、下宿人の不平不満など全く知らなかったと慌てて言う。これに巡査は「人の話を遮るな」と責めるが、すぐに自分たちだけで「締めつけすぎても爆発するぞ」と言い、「見逃すのは今回だけだ」と寛容な態度をとる。そして植民地の臣民として不届き者は当然通報すべきだと、啓蒙するように話す。さらには帰りがけにソンジャの母に「おかみさんは料理が上手だそうだな」と好奇心が入り交じった言葉をかける。彼はかすかに笑みも浮かべる。そして、「噂は本当なのか一度確かめに来よう」と言って立ち去る。

このような巡査の姿は、これまでの韓国のテレビドラマや映画にはみられなかったイメージだ。さらにいうならば、韓国料理をあざけるばかりだった従来の植民者の描き方とも対照的である。これは、長い間ハリウッド映画が描いてきた「卑劣なドイツ軍」の姿とも異なる。長年ハリウッドが描いてきた卑劣なドイツ軍は、韓国の映画やテレビドラマが描いてきた巡査のイメージと同じだ。そうだとすれば、なぜ『パチンコ』は新しい巡査像を描きえたのだろうか。

メディア資本とリアリティー――国民国家資本vsプラットフォーム資本

それはコンテンツを創作するメディア資本の性格によるのではないかと考える。表1は第二次世界大戦を描い

表1　国民国家資本とプラットフォーム資本のナラティブ：『シンドラーのリスト』vs『パチンコ』

	『シンドラーのリスト』(ft. 第2次世界大戦)	『パチンコ』(ft. 植民地朝鮮)
書き手	被害者	第三者
ナラティブの構造	二項対立（善悪構造）	生存闘争（善悪の曖昧性）
ナラティブの目標	感情移入	自己反映
劇形式	ドラマ	大河ドラマ
劇の役割	教訓主義（既存イデオロギーを確認）	自己省察（既存イデオロギーへの問い）
資本の形態	民族国家資本	プラットフォーム資本

た一九九三年の映画『シンドラーのリスト』（監督：スティーブン・スピルバーグ）と植民地朝鮮を描く『パチンコ』を比較したものだ。『シンドラーのリスト』はユダヤ人を救うドイツ人の物語で、ユダヤ人の虐殺を描いたほかの多くのハリウッド映画とは異なり、ドイツ兵の残酷性を純化したナラティブという点で『パチンコ』との比較が可能だ。『シンドラーのリスト』は当初ロマン・ポランスキーが監督を依頼されたが、自身がホロコーストの遺族であるため客観的演出は不可能だといって固辞した。最終的にはポランスキーと同じくユダヤ系のスティーブン・スピルバーグが監督した。

『シンドラーのリスト』と『パチンコ』は書き手、ナラティブの構造、ナラティブの目標、劇形式、劇の役割、資本の形態が対照的である。『シンドラーのリスト』はユダヤ人の民族性が反映された資本が制作した。そして、何が善で何が悪かを明確に二分化したナラティブだ。オスカー・シンドラーはドイツ人だが、ユダヤ民族の側に立っているため善なる人間だ。実際に彼はエルサレムに埋葬された唯一のナチス党員だ。『シンドラーのリスト』は、善と悪がぶつかり合うなかで何をおこなうのが正しいのかを明確に描く教訓主義のドラマである。このような特性は、韓国でこれまで生産された日本統治時代を描くテレビドラマや映画の表現と同じだ。視聴者は悪人と対比される主人公に感情移入し、国民国家のイデオロギーを再確認する。

一方、『パチンコ』は対立の歴史から離れたプラットフォーム資本によって生産された。善悪の対立が描かれないわけではないが、それよりも被植民者の生存闘争に重心が置かれている。祖国を離れた在日コリアンのどこにも属することができないアイデンティティが描かれる。これは人物や事件への感情移入を期待するテレビドラマとは異なる。ディアスポラ家族が直面する生きるための困難、帝国主義と人種主義が横行する時代の過酷さを描いて、生とは何かを問いかける壮大な物語だ。そのため韓国人はもちろん全世界の誰もが理解でき、加害者である日本人でさえも理解できる人類普遍のナラティブである。この点は作者ミン・ジン・リーが二〇二二年にハーバード大学での講演で話したことと一致する。彼女は「私たちが歴史をありのままに認めるならば、そのときから韓国と日本は和解を考慮できるだろう」と述べた。そして彼女は『パチンコ』を通して語りたいのは単に〝日本が悪い〟という民族主義的メッセージではなく、〝誤った歴史を誤りだったと言えないことこそ真の悪〟ということだと述べた。彼女のメッセージは、韓国にくみするものでも日本にくみするものでもなく、「人類普遍の心」を語るものだ。

卑劣なドイツ軍が第二次世界大戦の戦勝国アメリカと対比される国家像であるならば、卑劣な巡査はポストコロニアルの時代を代表する人物像だ。第二次世界大戦を描くハリウッドのテレビドラマや映画、日本統治時代を描く韓国のテレビドラマや映画は、いずれも国民国家を志向して生み出された。『パチンコ』はこれと対比できる。『パチンコ』の巡査は、ステレオタイプではない。こうした機能的行為者の表象は、これまでのテレビドラマや映画にはあまりみられなかったイメージだ。ナラティブも同様である。強力な善悪の構図で彼我を分けるよりも、受容者が被植民者とその子孫の置かれた時代を理解して彼らの選択を擁護し、彼らの生について洞察するように促す。『パチンコ』は歴史的経験を内在させた従来の国民国家メディアのナラティブとは異なり、プラットフォーム資本のOTTが他民族の歴史をどのようにナラティブ化できるのか、その一つの典型を示している。

3 OTT大河ドラマのリアリティー——受容者資源論

以上の考察から、OTT大河ドラマのリアリティーがメディア政治経済学的な枠組みから生まれることがわかる。長い間、メディア政治経済学は社会的コミュニケーションが資本の性格と結び付いていると洞察してきた。(3)国民国家のなかで繰り広げられるテレビビジネスは独自市場と広告市場という物的土台によって作動する。受容者商品論はこれを説明する正典のような理論だ。(4)しかし、マスメディア時代が終わってOTTやSNSのようなインターネット基盤の双方向サービスが普及し、受容者商品論では現状を説明しきれなくなっている。受容者がプラットフォーム企業の資源として新たに位置づけられているのだ。

歴史的に視聴者のメディア利用は労働（labor）であり地代（rent）的性格を同時に内包する。(5)視聴行為はテレビが広告主との取り引きを通じて収益活動を展開できるようにする労働だ。これは一般企業が労働者を雇って生産物を作るようなものだ。しかし、視聴者は一般労働者のように産業生産物を作るわけではない。かわりに視聴者は、メディアが作るコンテンツが〝商品性〟をもてるようにする。メディアが広告主と取り引きできるのは、視聴者の視聴行為でコンテンツが商品性をもつようになっただけでなく、彼らの特別な集合性が、究極的に広告主が販売しようとする財貨の消費者を意味するからだ。

受容者商品論を提示したダラス・W・スマイスは、メディアの第一の生産物は何かという問いを投げかけ、私たちが真っ先に思い浮かべるメッセージ、情報、意味などは効果（effect）に置き換えて認識する主観的で理想主義的な概念にすぎないと述べる。スマイスによると、それは実際の生活のプロセスと遊離した皮相的な外見（superficial appearance）だ。それよりも重要なのは、生活を構成する物的土台としての生産物とは何なのかである。メディアの生産物が物的土台と結び付いていないとすれば、メディアの効果は表れないからだ。人間の生活には食べ物や衣服、自動車、住宅などのような無視できない物的要素があり、メディアは商品化されたそれらの物的要素を販売する条件としてコンテンツを提供するため、メディア受容者のおこないにはメディアコンテンツの視聴以外に、そうした広告主の商品を購買するという、より重要な側面があるのだ。その点でメディアの第一の生産物は客観的で現実的な概念としての受容者、より正確にいうならばメディアの生産物を経由して広告主に販売される計量化された受容者の量だ。

受容者商品論は広告主に売られる受容者（の大きさ）に合わせてコンテンツが生産されることを示す。外見上はメディアが受容者にコンテンツを販売しているようにみえるが、社会全体の生活のプロセスからみれば、コンテンツ制作に費用をかけた広告主に受容者を販売しているのだ。このことは、メディアコンテンツが、メディア企業と広告主のビジネスが生まれる国民国家の規範に忠実にならざるをえないことを意味する。どちらもその社会の制度化された集団だからだ。そのため、既成のテレビドラマは歴史と生活世界を共有する構成員が共通して受け入れることができるナラティブだ。受容者商品論はメディア取り引きで受容者が商品のように扱われるだけでなく、受容者が享受するコンテンツが生産されうる物的土台はもちろん、創作の方法論や結果物の状態までも制限する。

しかし、受容者商品論をＯＴＴ環境にまで拡大適用することには無理があるように思われる。ＯＴＴの利用者は月単位で料金を支払い、視聴活動をおこない、付加的にそうした活動と結び付いた各種データを提供する。言い換えればＯＴＴ利用者はＯＴＴ事業者に月額料金を支払うのはもちろん、視聴行為で発生する各種のデータ、例えばどんな種類のコンテンツを選択したのか、どれくらい集中的に、あるいは散発的に視聴したのか、どの時間帯にどんなデバイスで視聴したのかといったデータを提供する。ＯＴＴ事業者にとって利用料金はコンテンツ制作とプラットフォーム運営のための財源であり、データは個人の美学的趣向に最適なソリューションを提供するための資料だ。これは一方で、個々人の美学的趣向に合わせた推薦と満足で補償される地代だ。土地の使用に対して支払う地代の本来の意味を思い出してみれば、ＯＴＴに支払う利用者の月の利用料金やデータは、該当メディアをいつでも利用できるだけでなく最も効果的に利用できるようにする、利用者の地位を保障する賃貸料だといえる。

これを受容者資源論と名づけることができる。しかし受容者資源は、自己資本や革新技術のようにメディアがもともともっていたものではない。ここでの受容者資源はメディアがチャンネル―メディアからプラットフォーム―メディアに転換するなかで、プラットフォームに参加する人々によって与えられた外部効果だ。前述したように、それは毎月送出されるキャッシュフローと日々のデータだ。この二つの資源はOTT内部の絶対地代、つまりコンテンツ革新と推薦技術革新と照応し、OTTという列車が引き続き走れるようにする。一次的に、利用者が直接支払う現金はコンテンツという絶対地代と取り引きしたことの補償だ。その補償は一回では終わらず、継続して再生産されなければならない。そのためOTTは利用者とコンテンツがどれだけ円滑に取り引きされるかを把握できるNQT（Netflix Quantum Theory、ネットフリックス推薦アルゴリズム）のような技術革新を追求する。データはそうした技術を作動させる資源だ。内部の絶対地代としてコンテンツが外的資源である現金に対応するならば、推薦技術はデータと対応するのだ。

OTTプラットフォームがコンテンツと技術革新を外的資源と結合させるこのような構造から、私たちは人間の知識や情緒、感情の結果物を生産し消費させる認知資本主義（cognitive capitalism）のプロセスを理解することができる。(6) 認知資本主義体制の下で、プラットフォーム―メディアの参加者は提供されるコンテンツから得る満足以外に、非物質的な生産物を作り出してプラットフォーム活動に寄与する情動労働に対する補償は主張できない。(7) 人間の社会的相互作用が、資本主義体制が作り出した巨大な「社会的工場」で一つの仕事（work）になり、もはや人間はシステムから自由な状態にはなれなくなった。デジタル転換以後、精神や感情はそれを演算するOTTやSNSといった自動化された技術のなかにすべて取り込まれるに至った。

そう考えると、OTT大河ドラマは国民国家のナラティブではなく、トランスナショナルな〈帝国〉（empire）のナラティブだ。OTTは、国民国家単位で遂行してきたテレビ放送が脱領土化し、〈帝国〉が全地球的支配を構造化する典型的な事例だ。(8)「Netflix」などのＯＴＴは、十九世紀から二十世紀初めに栄えた硬直した帝国主義の帝国とは異なり、柔軟で合理的な二十一世紀の帝国、国民や市民ではない大衆の趣向共同体のプラットフォーム――〈帝国〉だ。ここでは誰もが特別な美学的趣向の一つの系列として取り込まれる。そのためＯＴＴの物語、とりわけ歴史的事実をもとにした物語は国民国家の歴史的記憶とは関係なく、すなわち国籍や人種、そして歴史的文脈によって作られた従来のテレビドラマとは異なり、普遍的な関心や好みを狙って作られる。『パチンコ』もそうした傾向を背景に制作されたものだ。

おわりに――善良な巡査は存在するのか

『パチンコ』は受容者資源を土台にして誕生した。それは『パチンコ』がグローバル視聴者の文化的普遍性を志向するコンテンツだということを意味する。これまでテレビドラマは、国家の支配的観念から自由ではなかった。わずか二〇二一年三月にＳＢＳで放送された『朝鮮駆魔師』は歴史歪曲問題で広告主や自治体から圧力がかかり、わずか二話で打ち切りになった。キムチや韓服に対する中国の「文化工程」の影響が依然として残るなか、中国風に描かれた朝鮮時代が視聴者に受け入れられず、広告主と自治体が撮影支援を中止するという結果につながった。同時期に放送されたＪＴＢＣの『スノードロップ』(二〇二〇―二一年)は民主化運動を歪曲したと非難されたかと思えば、逆に北朝鮮のスパイと国家安全企画部を美化したという非難も受けた。これを払拭するために三日連続で放送したが、一度受容者に嫌われたドラマは視聴率を回復することができなかった。広告主との摩擦や協賛のキャンセルも相次いだ。それでも『スノードロップ』は、『朝鮮駆魔師』とは違って放送を中断することはなかった。

この二つのドラマはテレビドラマの国家・民族への属性を確認できるいい事例だ。テレビドラマは「情緒的リアリズム」が含意する「現実に対する支配的な感覚」（dominant sense of reality）を生産する。[9] ここでいう支配的な感覚とは、単に衣服や言葉遣いの問題ではない。それは特定の時代をみつめるドラマの視点が国民国家の普遍的な価値に基づいているか否かの問題だ。メディアと広告主、受容者は普遍的な価値で相互に結ばれているからだ。『朝鮮駆魔師』が単なる衣服や食べ物に関する問題であるようにみえたのに放送打ち切りになり、『スノードロップ』が事実を歪曲したと批判されたのに放送を続けられたのは、前者とは異なり後者のナラティブを貫通する価値が国民国家の構成員に容認されたからだ。

しかしOTT大河ドラマは「現実に対する支配的な美学」（dominant aesthetic of reality）を生産する。[10] 支配的な美学とは、テレビの支配的な感覚がもたらすその社会の代表的かつ平均的な文化ではなく、受容者がそれぞれ異なるコンテンツを消費するなかで、ある特定のコンテンツが蓋然性をもち美しいと感じる情緒的経験をいう。言い換えれば、個々人が当代の生を理解するのに寄与し、より面白く、より説得力があり、より完成度が高いものをいう。したがってOTT大河ドラマは、ある人にとってはこのうえなく楽しく美しいのに、別の人にはきわめて退屈で雑と感じられることもありえる。OTTは国民国家の構成員が内面化する価値とは全くなじまないものを作り出すかもしれない。

現実に対する支配的な美学を文化の地形に配置すると、OTTが創出する文化は民族、国家、地域、人種、性別などに区分されない普遍文化（cultural universal）だ。普遍文化は世界中の文化に共通して現れる要素やパターン、特性または制度を指す。従来の大衆文化が国民国家内の支配的な感覚に代表される共通文化（common culture）だったとすれば、これからの大衆文化は人間として誰もが共感する普遍文化だ。しかし、そのような普遍文化もまた、厳密にいえば西欧的理想に符合する文化的普遍性である確率が高い。そのため普遍文化は、国民国家では発見できなかった新しく肯定的なものかもしれないし、国民国家のタブーを刺激する危険なものかもしれない。「Netflix」オリジナルの『アンブレラ・アカデミー』に登場する旭日旗は日本の右翼の象徴でも帝国主義の象徴でもなく、第二次世界大戦の時期の象徴だ。しかしそれは韓国のタブーを刺激する。韓国にとって旭日旗はハーケンクロイツと同等のタブーであるにもかかわらず、ＯＴＴドラマは西欧のプラットフォームの視点からみるため、中立的な記号であるように表象される。

これはあたかも『パチンコ』における啓蒙する巡査、他者の文化に好奇心を示す巡査をみるようだ。日本統治時代には「善良な巡査」がいたのかもしれない。しかし韓国のテレビドラマが描く物語にはまだ「善良な巡査」は存在していない。それは「善良なナチス」がいないのと同じだ。オスカー・シンドラーはいても、あくまでも表現力を備えた国民国家が容認する場合だけの例外だ。ＯＴＴはある日突然、このような法則を無視して他者の歴史の中央に飛び込んだ。ＯＴＴにそれができるのは、受容者から提供されるグローバル財源とデータがあるからだ。全世界の受容者らの情動のエネルギーをビジネスの元手とする二十一世紀のメディアが新しい物語を開くのか危機を開くのか、見守る必要がある。

（翻訳：芳賀恵）

注

（1）『パチンコ』は人物の台詞、態度、心理などから主題意識を把握しやすい。第１シーズンの第六話にドラマ全体のテーマを暗示する台詞をみることができる。「自分を半分に割って生きられないからだ……成功することより、どうやって成功するかが重要だ」（キム・ソンジャから孫ソロモンへの言葉）、「自分の輪郭を意識しながら、持てる力を尽くして堂々と生きてほしい」（ソンジャの夫イサクが兄との会話で話した言葉）

（2）ロラン・バルト『明るい部屋――写真に関するノート』趙珖熙訳、悦話堂、一九九八年、三五ページ（韓国語版）

（3）Vincent Mosco, *The Political Economy of Communication*, 2nd edition, Sage, 2009.

（4）Dallas W. Smythe, "On The Audience Commodity and Its Work," in *Dependency Road: Communications, Capitalism, Consciousness, and Canada*, Norwood, Ablex, 1981, pp. 22-51.

（5）キム・ドンウォン「利用者を通じたメディア資本の価値創出」「韓国言論情報学報」第七十号、韓国言論情報学会、二〇一五年、一六五―一八八ページ（韓国文）

（6）チョ・ジョンファン『認知資本主義』カルムリ、二〇一一年（韓国文）

（7）Tiziana Terranova, “Free Labor: Producing Culture for the Digital Economy,” Social Text, 2000, p. 63.（https://web.mit.edu/schock/www/docs/18.2terranova.pdf）［二〇二三年十二月六日アクセス］

（8）マイケル・ハート&アントニオ・ネグリ『帝国』ユン・スジョン訳、而学社、二〇〇一年（韓国語版）

（9）John Fiske, *Television Culture*, Routledge, 1987, p. 21.

（10）イム・ジョンス「グローバルOTT、プラットフォームリアリズムの世界——OTT大河ドラマとホモサケルの奮闘」「コミュニケーション理論」第十九巻第一号、韓国言論学会、二〇二三年（韓国文）

第11章　歴史のナショナル／グローバルな占有を超えて

――ラムザイヤー論文と『パチンコ』の距離

趙慶喜

はじめに

本章の課題は、ラムザイヤー論文の問題点を明らかにするとともに、その批判を踏まえて『パチンコ』というテクストや現象を捉え返すことである。ラムザイヤー論文と『パチンコ』に直接的な関連性はないが、同時期にアメリカで発信されたこの二つの歴史叙述は一部のコリアンに共通の関心と異なった評価を引き起こした。例えば、アメリカで教鞭を執るある韓国人研究者はこう書いた。「ミン・ジン・リー作家の『パチンコ』とハーバードの「慰安婦」論争は、今後グローバルな市民政治に多大な影響を与えるであろう韓日文化戦争の始まりである(1)」。彼は歴史の犠牲者の扱いをめぐって、『パチンコ』とラムザイヤー論文を対照的なテクストとして言及している。もちろん『パチンコ』を礼賛し、ラムザイヤーをはじめとする日本・アメリカ・韓国の歴史否定論を非難するかたちで、である。興味深いのは、それらの問題をグローバルな秩序のなかの「韓日文化戦争」というナショナルな対立の枠組みで捉えていることである。

こうした発想は決して珍しくない。韓国では、ラムザイヤー論文の問題が明るみに出た直後から大きく報道され（「慰安婦」論文がメインではあったが）、学問的権威に依拠したラムザイヤーの歴史歪曲を厳しく追及する動きがみられた。他方、『パチンコ』については絶賛ともいえる評価が相次いだ。私は当初、在日朝鮮人の物語が韓国でこれほど人気を得たことをやや意外に思ったが、その疑問はほどなくして解けた。韓国で『パチンコ』は、ディアスポラの物語というよりは韓国人の物語であり、「苦難と逆境のなかで生き抜いた」「全世界を魅了した私たちの物語」なのだった。

もっとも著者のミン・ジン・リー自身が、誰でも世界文学を読む際にその世界観に染まるように「この小説を読むすべての読者が韓国人になる」[2]ことを望むと語っているように、韓国のグローバル化を自ら牽引することに積極的である。他方で（あとでみるように）、ラムザイヤー論文に通底する日本びいきと朝鮮半島の歴史への敵対的な論調は、明らかに歴史の被害者やマイノリティをおとしめるものであった。こうした状況をみるかぎり、韓国社会でみられたラムザイヤー論文への憤慨と『パチンコ』への礼賛は、グローバルに発信された二つの異なる歴史叙述に対するおおむね「正しい」反応だったといえる。

しかし、こうした現象には気になる問題点がある。まず指摘すべきは、これらの歴史叙述が韓国社会のナショナリスティックな態度や感情と呼応し、さらにそれを触発するという点だが、それだけではない。問題は他者の歴史を表象することの倫理について議論がほとんどなされていない点であり、これらのグローバルな波及力に対して歴史の当事者が介入する余地がほとんど残されていないという点である。『パチンコ』をめぐる韓国社会の礼賛は、グローバルな視線を引き受けながらディアスポラの歴史を「韓国人の苦難の物語」として領有する欲望と紙一重であり、必ずしも在日朝鮮人の歴史への関心に結び付いていないようにみえる。ラムザイヤー論文への反発もおもに日本軍「慰安婦」問題に集中していて、在日朝鮮人やその他のマイノリティに関する歴史歪曲については副次的なものとして捉えられている。見たいものだけを見ることであらためて歴史の簒奪や占有がなされたり、ある集団の最もローカルで基層的な歴史や文化を遠ざけてしまう危険性がある。こうしたことは受け手の問題に限らず、他者についての歴史叙述や文化表象につきまとう不可避な問題である。英語で書かれたグローバルなテクストの圧倒的な影響力に対して、それぞれの場所から口を挟んでいく必要がある。

本章では、このような韓国社会の現実から出発し、『パチンコ』ではなく、ラムザイヤー論文の問題点の解明に集中する。ハーバード大学教授ジョン・マーク・ラムザイヤーの論文が国際社会の批判と反発を引き起こしてから数年がたったが、十分な批判的検討がなされたとはいいがたい。ラムザイヤーはこれまで、日本軍「慰安婦」性被害を否定する論文だけでなく、被差別部落や沖縄や在日朝鮮人の歴史とアイデンティティを歪曲したり、関東大震災時の朝鮮人虐殺や済州島四・三事件のようなジェノサイド被害を事実と異なるかたちで矮小化する論文をたびたび発表してきた。本章では、「慰安婦」論文に比べてさほど注目されていない在日朝鮮人を扱った論文[3]を中心に、彼の認識論的な知の枠組みと他者表象がどのような情動と結び付いているのかを批判的に把握する。こうした検討をもとに、最後にあらためて『パチンコ』と『パチンコ』現象を考えたい。本章はラムザイヤー論文と『パチンコ』を対照的な歴史叙述として位置づけるものではない。むしろラムザイヤー論文の問題を浮き彫りにすることで、『パチンコ』を批判的に読解するための視座を開いていくものである。[4]

1　加害―被害の無効化

ラムザイヤーの一連の論文は、ハーバード大学ロースクールの「ディスカッションペーパー」として発表され、その一部は学会誌に正式な学術論文として掲載された。多くの論者も指摘しているように、一連の論文は、既存の学問的蓄積を意図的に無視し、日本政府や朝鮮総督府資料を無批判に引用するだけでなく、日本の右派ジャーナリズムやいわゆる嫌韓本という学術的価値が低い資料を恣意的に活用したり、資料の裏付けなしに主観的な解釈をおこなうなど研究倫理に大きく反するものだった。

関東大震災時の自警団に関する論文は、ひときわ深刻な問題を含んでいた。ラムザイヤーの論理によれば、機能不全に陥った政府や社会では警察の民営化が起きるが、関東大震災直後の日本でも混乱のなかで民間人が治安維持活動を担った。その過程で朝鮮人虐殺が起きたが、その規模は不明であり、他方で朝鮮人武装団体も反日テロや犯罪をおこなったと述べているのである。つまりこの論文は、朝鮮人による抵抗や反日テロが虐殺の背景にあったことを強調し、朝鮮人虐殺がまるで日本人の正当防衛だったかのように叙述している。自警団を虐殺の主体ではなく公権力を代行した地域の有志と見なし、朝鮮人をギャング（gangs）、武装団体（militants）、工作員（saboteurs）、テロリスト（terrorist）、暴徒（mob）などの言葉で表象することで加害―被害の関係を逆転させて無効化している。(5)

ラムザイヤーが書いた内容は、百年前の日本の公権力とメディアが拡散した「不逞鮮人」言説とさして変わらないか、あるいはそれをより粗雑に塗り替えているにすぎない。彼は「朝鮮人の犯罪」と「朝鮮人への虐殺」をどちらも「正確に算定することができない事柄」として同一に扱うことで、虐殺のリアリティーを消去する。今日の風潮に関連づけるならば、彼の論調は、虐殺の事実を全面否定はしないが、その意味を奪い脱文脈化するという意味でポスト・トゥルース時代の歴史否定言説の事例ともいえる。

ジェノサイド研究のテーマである関東大震災下の朝鮮人虐殺の歴史を、自警団の治安維持活動を合理化するために動員し矮小化したこの論文は、論理的にも倫理的にも見過ごせない重大な問題を含んでいる。いまもなお自然災害のたびにネット上に関東大震災時の朝鮮人虐殺を連想させる書き込みがみられる日本の現実を考えると、こうした内容はヘイト・スピーチにつながる危険性を多分に含んでいる。

2　普遍的主体の再生産

ところで、ラムザイヤー論文の根本的な問題点として挙げられるのは、歴史叙述の際に理論を誤用している点、あるいは逆に経済学理論の検証（あるいは自らの政治的主張）のために他者の歴史を利用している点である。例えば彼は、ゲーム理論を用いて、「慰安婦」女性を自発的に契約に参与する合理的人間として分析している。いわばホモ・エコノミクスとしての人間像を「慰安婦」女性に当てはめ、彼女たちが危険で過酷な仕事であることを理解したうえで契約に応じ、その分のインセンティブをもらうことを要求したと述べた。(6)彼は契約書やそれにまつわる証言など資料の裏付けなしにこうした主張をするのだが、たとえ契約書が存在したとしても、性奴隷の状態だったことを否定するものではない。詐欺的な「契約」のもとで被害者が強制されることはいくらでもあるからである。(7)

このような自由な経済的主体を想定する合理的選択モデルは、それ自体が特定の文化や制度の産物だが、ラムザイヤーはその特殊な規範をアジアの植民地支配の被害に当てはめることで歴史の固有の文脈を否定している。彼は個別の事例を恣意的に選別し、超越的な位置から歴史を叙述する。自らを普遍に位置づけ相手を特殊化するやり方は、自分への反論を学術的ではない道徳的表明（moral pronouncements）であると述べたり、韓国の「慰安婦」研究を超民族主義（hyper-nationalism）あるいは反日キャンペーン（anti-Japan campaign）と呼んでおとしめたりしている点にもよく表れている。(8)ラムザイヤー論文は、普遍と特殊、主体と客体といった二分法の解体と西洋近代の克服を目指してきたポストコロニアリズムを無効にし、自己完結的な西洋中心主義に回帰している。地域研究という学問が、ほかの地域の知だけでなく、その陰画として、西洋の自己画定のための知を生産してきたと述べた酒井直樹の指摘(9)のとおり、彼はアジアの被害者やマイノリティを語ることによって、普遍としての自らの位置を生産している。

他方で、ラムザイヤーが在日朝鮮人や日本のマイノリティ集団を論じる際に用いる概念は「社会資本」（social capital）と「統計的差別」（statistical discrimination）である。ラムザイヤーによれば、社会資本とは集団内の情報共有と処罰を通じて適切な行動規範を作り、これを互いに監視する能力やネットワークをいう。彼が引用したロバート・パットナムにならって再定義するならば、社会資本とは、人々の協調行動を活性化することによって社会の効率を改善する信頼と規範、ネットワークの総体である。(10)

社会資本論は、一九九〇年代以降に市民の自発的な社会参加やコミュニティーの持続可能性を追求する行政学的な文脈で導入された理論である。経済発展の要因として天然資源や物的・人的資本だけでなく、社会的規範や信頼やネットワークといった非物質的な要素を「資本」として重視する社会資本論は、先進国と発展途上国、あるいはマジョリティ集団とマイノリティ集団の間の構造的不平等の問題を考慮するよりは、主流社会の文化で形成された規範を一つの指標とし、その価値をマイノリティ集団に適用する一方的なモデルに陥る危険がある。例えば、白人・中産階級・高学歴・キリスト教者のライフコースのなかで共有され蓄積された社会資本を普遍化する場合、マイノリティ集団固有のコミュニティーや家族形態は社会資本が欠如したものとして否定的に評価され、経済的脆弱性や社会的周辺性の問題もその集団の自己責任になってしまう。ラムザイヤー論文には、このような社会資本論の危険性が色濃く表れている。

3　被害者の自己責任論

では、具体的に在日朝鮮人やその他のマイノリティ集団の社会資本をどのように論じているのか。ラムザイヤー論文は日本のマイノリティ集団を下層階級（underclass）として位置づけ、その集団の文化的・行動学的な問題点を叙述している。その論旨を一言でまとめるなら、社会資本が不在の被差別部落、在日朝鮮人、沖縄人は、私的利益を搾取する日和見的リーダーによって暴力的に掌握されたというものである。彼は「下層階級」の特徴について「社会的つながりがほとんどなく、宗教的献身が弱く、無計画な家族関係」のなかで生きていて、「社会、宗教、ビジネスネットワーク」から疎外されているため、ほかのメンバーとの約束を守ったり、互いをモニタリングする能力がないという。[11] 社会資本が不在であるため、これらの集団は日和見的なリーダーによって搾取され、生産性の低下と貧困、犯罪、麻薬、離婚など機能不全（dysfunction）レベルを高めることになったと述べている。

論文は多くのページを被差別部落、在日朝鮮人、沖縄人のネガティブな特徴の羅列に割いている。例えば在日朝鮮人については、もともと教育水準が低い短期滞在者だったが、戦後に済州島から日本に密航してきた共産主義者が、日本に残った日和見左派とともに最も脆弱で無秩序な同胞たちを掌握し、北朝鮮に資金と人々を送り込んだと書いた。[12] この論文を貫通する「邪悪なリーダー」と「愚昧で脆弱な同胞たち」という二分法は、在日朝鮮人の歴史的実像とは距離がある。[13] もっとも、こうした記述にはほとんど出典が明記されておらず、その学術的根拠さえ知ることができない。ラムザイヤー論文で社会資本という概念は、マイノリティ集団に対する偏見を固定し、階層再生産の現実を正当化するものとして用いられている。

そして、マイノリティ集団に対する日本人の差別は、偏見と蔑視に基づいた理不尽な差別ではなく、その集団の暴力的な文化に起因する「統計的差別」、つまり集団に対する合理的判断の結果として生じたものであることを何度も強調している。例えば、朝鮮人の「足りない業務能力」のために日本の雇用主は彼らを避けただけであり、彼らの犯罪率の高さや不衛生、無秩序な行動のために家主が好まなかっただけだ、というふうにである。[14]

こうした典型的な被害者責任論の立場について、彼は次のように明確に表明している。マジョリティ集団の構成員がマイノリティ集団を差別するのは、「教育への低い投資」や「暴力犯罪率の高さ」や「家族の不和」などをマイノリティ集団自身が選び取ったからだという。そして、一九六〇年代にアフリカ系アメリカ人の貧困と逸脱の原因を、奴隷制時代から続いた文化的規範の問題として把握したアメリカ上院議員ダニエル・モイニハンについて言及している。モイニハン・レポートと呼ばれるこの有名な報告書は社会学界で長い間批判の対象になったものである。アフリカ系アメリカ人の貧困と逸脱をもたらすのは劣悪な教育制度と経済的機会不足という構造的要因よりも、彼らの文化と慣習であるという認識を刻印したためだ。ラムザイヤーは同情的な語調でモイニハンに数回言及しながら、彼がどれだけ人々に攻撃されたのかを想起させている。[15] このような記述に注目してみると、ラムザイヤー論文はアメリカでの人種論争（ethnic dispute）、すなわちマイノリティの反差別闘争やアファーマティブアクションなどをめぐるPC論争に対する不満が反映されたものと読むことができる（この点については後述する）。

4 文化的レイシズム

反差別闘争やアイデンティティの政治への反動としての性格をもつラムザイヤー論文の内容は、エティエンヌ・バリバールが三十年前に指摘した「新しい人種主義」の特徴と類似している。バリバールは、一九八〇年代後半にヨーロッパで現れた外国人排斥政策を正当化する動きについて、新しい人種主義が文化的に構築されていると指摘した。新しい人種主義は「その支配的なテーマが生物学的遺伝ではなく、むしろ文化的差異の還元不可能であるような人種主義」であり、また、「ある特定グループなり人々の、他の者にたいする優越性を仮定するようなものではなく、むしろ「たんに」境界の消滅の有害さだけを、生活形態や伝統の両立不可能性だけを仮定しているような人種主義である」。[16] 言い換えると、グローバルな流動性の増加のなかで高まった多文化主義や差異の政治を逆手にとって差異を自然化し、本質化するレイシズムである。

決して新しくはない文化的レイシズムに追加する点があるとすれば、それはマイノリティ集団の階級性が決して宿命ではなく、その集団の能力や努力の結果であるという自己責任論が二十一世紀により強化されたことだろう。新自由主義の時代を経て、文化の社会構造的条件より個々の選択と主体性を強調する自己責任論が政治的合言葉になり、また文化現象になった。[17] この言説では、文化的差異からくる不平等は、アイデンティティや差異の権利を主張するマイノリティ自身が引き受けるべき責任になる。ラムザイヤー式にいうならば、日本のマイノリティ集団は「自己破壊的（self-destructive）」文化と行動方式を自ら「選択」したのであり、したがって主流社会の差別を呼び起こすのも自らの「責任」ということである。

バリバールは「総体的社会現象としての人種主義」あるいは「人種主義的複合体」が知識人によって合理化され、理論化されることを強調した。[18] 他者に関する知識や表象、実践の複合体としてのレイシズムは、情動を組織化しながら大衆と疎通する。ラムザイヤー論文は、多くのページでマイノリティ集団の否定的な文化的・行動的特徴を列挙することで、文化的レイシズムを「学術的」に遂行している。ここには、合理性と自律性を追求してきた西洋近代の普遍主義が差異に対する不安や不寛容に帰結するという逆説がよく表れている。レイシズム的実践は、先にみたように、常に西洋的主体に対する欲望とつながっているという点で自己言及的である。サラ・アーメッドが述べたように、「他者に対する否定的な愛着の情熱は、「白人」というシニフィアンの反復によって想像された主体への肯定的愛着として再定義される」。あるいは「嫌悪感を抱くというのは、結局のところ、自分が拒否した対象によって情動化される（to be affected）」ことを意味する。[19] ラムザイヤー論文は他者に対する拒否反応の産物であり、これを情動として循環させることで自らの主体の位置を再生産するのである。

5　歴史のグローバルな占有

ここまでみてきたように、ラムザイヤー論文の特徴は、アメリカの文脈に特化した合理的主体あるいは白人中産層の社会規範を普遍的な理論として設定し、アジアの被害者とマイノリティの事例をその枠組みに沿って論じるという点にある。逆にいえば、マイノリティ集団を社会資本が欠如した日和見的なコミュニティーとして表象することで、日本社会の差別を合理的なものとして擁護する。まるで日本の代理人のような位置から、日本と朝鮮半島の間のポストコロニアルな議論を無力化している。

ラムザイヤーは、アメリカ内の二極化が「エスニック・ポリティクスに対する率直な議論を非常に困難にする」ため、「なじみがない事例（unfamiliar examples）」を通して、より「率直で自由な」議論をすることを提案している。[20]つまり、アメリカ内でのエスニック問題をめぐる葛藤を回避するために、アメリカの社会的文脈では許されない言説政治を、日本と朝鮮半島の被害の歴史や日本のマイノリティ集団の事例を用いて展開しているのだ。

これに関連して米山リサは次のように述べている。ラムザイヤーの日本研究は、「北米における積極的差別是正措置の撤廃要求、ひいては「文化戦争」を挑発したバックラッシュ」と強力につながっていて、日本を語ることを通じてそれへの敵意を表明する、いわば「トランスナショナルな〈腹話術〉[21]」であるという。米山のこの指摘は、ラムザイヤーにとって在日朝鮮人問題などが、アメリカのエスニック問題への敵対と反発を解消するための「代理戦場」になっていることを示唆するものである。また、アジアのマイノリティ問題が、アメリカでは「なじみがない事例」として消費され、歪曲される危険性があることも示唆している。ラムザイヤー論文をめぐる事態は、グローバルな位階秩序に依拠したアメリカの地域研究の学問的な手続きや倫理を問う機会になるべきである。

おわりに

最後に、以上のようなラムザイヤー論文への批判を『パチンコ』への批評にどのようにつなげることができるだろうか。冒頭で述べたように『パチンコ』は韓国社会で絶賛を受けたが、ディアスポラ当事者や一部の論者たちは批判的な見方を提示した。文芸批評家の李知垠《イ・ジウン》は、「『パチンコ』がカウンターナラティブとして認識されたのはラムザイヤーの歴史否定論に対する反作用があったため」だと指摘しながらも、同時にこの二つのテクストに脱歴史的世界観という共通項を見いだそうとしている。ラムザイヤー論文が歴史否定論であるならば、『パチンコ』は歴史不在の物語であるという。

李は、「歴史が私たちを見捨てようと、関係ない」という最初の文章が象徴的だとして、『パチンコ』はどのような歴史的受難に対しても「関係ない」という態度で歴史を漂白したと述べる。例えば、在日朝鮮人の集住地域の猪飼野は貧困と犯罪の街として描かれ、場所性や共同体性が消去されていると指摘する。在日朝鮮人コミュニティーでありえただろう同胞同士の文化儀礼や協働よりもキリスト教的な規律と温情を描くことで、主人公の家族をコミュニティーから切り離しているという。そして、コミュニティーへの警戒を緩めない主人公の生活世界が、ラムザイヤーが述べる社会資本が欠如したマイノリティの姿とどれだけ異なるだろうか、と。[22]

ディアスポラの苦難の歴史を描いた『パチンコ』に対して、こうした見方は過酷すぎるだろうか。本章では問題提起にとどめるほかないが、李が「家族生存主義」と述べた歴史叙述、苦難を生き抜くための個人の能力主義や実力主義が『パチンコ』の基調をなしているのは否定できない。在日朝鮮人のローカルな共同性や協働性よりも、「差別がない」アメリカへの憧れや欲望が一貫して目につくのもこうした世界観を表している。歴史の簒奪や占有をおこなったラムザイヤー論文の対極という安全な場所に『パチンコ』を位置づける前に、キリスト教を背景とした在日の物語が、（当事者の違和感をよそに）グローバルな波及力をもったことの両義性を考えていく必要がある。

『パチンコ』にみられる家族の離散、異国での差別、アイデンティティの喪失と回復といったテーマや女性を中心としたナラティブは、読者や視聴者に普遍的かつ魅力的なものと受け止められただろうし、苦難に満ちた時間のなかでも人は生活を続けていくというメッセージが、ポストコロナ時代のリアリティーと響き合った面もあるかもしれない。そもそも、朝鮮半島の近現代史を考えると、みなが何らかのディアスポラ性をもっていて、在米コリアンである著者が在日の物語を書くことになったのも、自らの越境者としての経験や立ち位置と重ね合わせたからだろう。

だからこそ、『パチンコ』を韓国のグローバル化を牽引するKカルチャーとして占有するのではなく、在日朝鮮人の物語として閉じ込めるのでもなく、そのトランスローカルな境界性を掘り下げていくべきではないか。どこにも属さない未知なるディアスポラの物語として、その批評の可能性を開いていくことである。

注

(1) チョン・スンフン「日本の執拗な歴史歪曲…一気にひっくり返した「パチンコ」効果」「ハンギョレ」二〇二二年五月七日(https://www.hani.co.kr/arti/society/society_general/1041899.html)［二〇二三年十二月十日アクセス］

(2)「ハンギョレ」二〇二二年八月九日(https://www.hani.co.kr/arti/culture/book/1054007.html)［二〇二三年十二月十日アクセス］

(3) 本章でおもに扱うのは、以下の三本である。J. Mark Ramseyer, "Privatizing police: Japanese police, the Korean massacre, and private security firms," *Harvard Law School Discussion Paper*, No. 1008, 2019, "A Monitoring Theory of the Underclass: With Examples from Outcastes, Koreans, and Okinawans in Japan", *Harvard Law School Discussion Paper*, No. 1043, 2020, "Social capital and the problem of opportunistic leadership: the example of Koreans in Japan," *European Journal of Law and Economics*, 52, 2021. また、必要に応じて「慰安婦」問題についての論文にも言及している。

(4) 第1節から第5節の内容は、趙慶喜「歴史とアイデンティティの否定——朝鮮人虐殺とマイノリティ集団についてのラムザイヤー論文批判」(「女性・戦争・人権」学会学会誌編集委員会編「女性・戦争・人権」第二十号、行路社、二〇二二年)、およびハングル論文「인종화된 지식 생산과 혐오 정동의 순환－램지어 논문 비판 (人種化された知の生産と情動の循環——ラムザイヤー論文批判)」(*SAI*, 34, 2023) の内容を部分的に要約したものである。詳細はこれらの論文を参照されたい。

(5) Ramseyer, "Privatizing police", pp. 7-10.

(6) J. Mark Ramseyer, "Contracting for Sex in the Pacific War," *International Review of Law and Economics*, No. 65, 2021, p. 3.

(7) ゲーム理論家三千六百六十五人が連名で出した声明書には、次のような指摘がある。「「契約」という言葉は、人類の歴史のなかで、強圧的・略奪的関係の隠れ蓑として使われてきた。今日でも、性的奴隷やその他の形態の奴隷を含む人身売買はしばしば他国からの違法な密入国を伴うが、それらは多くの場合、どこの法制度であれ認められがたい、被害者を騙し強制する道具としての「契約」の形態を伴っている」。"Letter by Concerned Economists Regarding 'Contracting for Sex in the Pacific War' in the International Review of Law and Economics Statements."（日本語版）「インターナショナル・レビュー・オブ・ロー・アンド・エコノミクス掲載「太平洋戦争における性契約」について憂慮する経済学者による連名書状」(http://chwe.net/irle/letter/japanese.shtml)［二〇二三年十二月十日アクセス］

(8) J. Mark Ramseyer, "Contracting for Sex in the Pacific War: A Response to my Critics," *Harvard Law School Discussion Paper*, No. 1075, 2022, pp. 4, 6, 7.

(9) 酒井直樹「アジアという借りて来た指標――文明論的転移と植民地的近代」、東アジアと同時代日本語文学フォーラム／高麗大学校日本研究センター編「跨境――日本語文学研究」第八号、高麗大学校日本研究センター、二〇一九年、二九ページ

(10) ロバート・D・パットナム『哲学する民主主義――伝統と改革の市民的構造』河田潤一訳（叢書「世界認識の最前線」）、ＮＴＴ出版、二〇〇一年

(11) Ramseyer, "A Monitoring Theory of the Underclass," p. 8.

(12) Ibid., pp. 15-17, p. 28.

(13) 解放後の在日朝鮮人運動史を研究した鄭栄桓によれば、一九四五年に結成された在日朝鮮人連盟は、活動家養成のための高等学院や青年学院、洋裁学院を設置し、講習会や夜学、討論会など様々なプログラムを展開した。講師陣も朝連幹部だけでなく、著名な日本人学者、文学者、活動家などだった。こうして養成された急進的な新活動家たちは、大衆の教育と生活改善を推進しただけでなく、大衆と乖離した旧活動家たちを改革する役割も担っていた。鄭栄桓

『朝鮮独立への隘路――在日朝鮮人の解放五年史』(サピエンティア)、法政大学出版局、二〇一三年。また、帰国事業の背景としては、貧困や民族差別からの脱出だけではない。「子供の将来不安の解消、就職、進学、無償医療」などへの期待、「社会主義建設への参加」などが、在日朝鮮人を帰国運動に向かわせる要因になった。菊池嘉晃「北朝鮮帰国者の適応問題と現地社会との葛藤」、現代韓国朝鮮学会編「現代韓国朝鮮研究」第十七号、新書館、二〇一七年、一一、五四ページ

(14) Ramseyer, "A Monitoring Theory of the Underclass," pp. 18-19.

(15) Ibid., p. 8, Ramseyer, "Social capital and the problem of opportunistic leadership," pp. 4-5.

(16) エティエンヌ・バリバール/イマニュエル・ウォーラーステイン『人種・国民・階級――揺らぐアイデンティティ 新装版』若森章孝/岡田光正/須田文明訳、大村書店、一九九七年、三〇―三一ページ

(17) ヤシャ・モンク「自己責任の台頭」『自己責任の時代――その先に構想する、支えあう福祉国家』那須耕介/栗村亜寿香訳、みすず書房、二〇一九年

(18) 前掲『人種・国民・階級』二五―二七ページ

(19) Sara Ahmed, "Affective Economies," *Social Text*, 79(Vol. 22, No. 2), 2004, p. 118, *The Cultural Politics of Emotion*, Edinburgh University Press, 2014, p. 86.

(20) Ramseyer, "A Monitoring Theory of the Underclass," p. 2.

(21) 米山リサ「ラムザイヤー論文の〈腹話術〉と北米・知の生産のポリティクス」「世界史研究所」二〇二一年十一月一日(https://riwh.jp/?s=%E7%B1%B3%E5%B1%B1%E3%83%AA%E3%82%B5)[二〇二三年十二月十日アクセス]。小山エミも、アメリカでマイノリティや女性の権利獲得に不満をもつ白人男性研究者たちが、「それをそのまま発表すると差別的だと批判を浴びてしまうので、日本に「本来あるべき(人種的・ジェンダー的)秩序」を見出し、それらを称賛するという構図」について言及している。小山エミ「「ラムザイヤー論文騒動」の背景にある白人至上主義」「週刊金曜日オンライン」二〇二一年四月二十二日(https://www.kinyobi.co.jp/kinyobinews/2021/04/22/news-87/5/)[二〇二三年十二月十日アクセス]

(22) 이지은,「역사적 존재의 탈역사화, 그 '불공정' 함에 대하여――'램지어 사태와『파친코』열풍에 대한 비판적 고

찰」「문학의오늘」二〇二二年秋号、솔（李知垠「歴史的存在の脱歴史化、その〝不公正〟さについて――〝ラムザイヤー事態〟と『パチンコ』熱風についての批判的考察」「今日の文学」二〇二二年秋号、ソル）

コラム7　記憶のグローバル化とドラマ『パチンコ』

松井理恵

二〇一七年の夏のことだった。偶然訪れたクロアチア南部のある島の港で、古いテトラポッドの一部のような円柱形のコンクリート片、石、油絵、布、木の枝などで作られた作品が展示されているのを見かけた。飾られていた布の模様——白地の中央に配置された赤い丸に見覚えがあったので近づいてみると、赤い丸の下に「HIROSHIMA」の文字がある。日本語のガイドブックにも載っていない小さな島に、このような作品が展示されているとはにわかに信じられなかった。だが、その日が八月八日、つまり広島と長崎に原爆が投下された日に挟まれていたこともあり、やはり原爆の記憶を表現した作品だと解釈せざるをえなかった。クロアチアやボスニア・ヘルツェゴビナ、セルビアの町にはユーゴスラビア内戦の傷跡がいまだ生々しく残っていた。二十年ほど前の内戦の記憶を抱えながら暮らす人々は、何を思って日本に投下された原爆の記憶を表現したのだろうか。

日本に投下された原爆の記憶が、遠く離れたクロアチアの小さな島で想起される。このように、無関係だった歴史の記憶が出合い、連帯を目指す記憶のグローバル化を、林志弦は「地球規模の記憶構成体（global memory formation）の形成」という観点から説明する。植民地主義、戦争、ジェノサイドなどの過去がどのように記憶されるのか。記憶は過去に対する認識論的な政治であり、冷戦体制の制約を強く受けてきた。しかし、冷戦体制の崩壊によってこうした記憶は東西両陣営のイデオロギー的な縛りから抜け出し、犠牲者たちの人権への普遍的な関心が世界的に高まった。例えば、二〇〇〇年一月の「ストックホルム宣言」はユダヤ人の厄災だったホロコーストの記憶を、人類の普遍的苦痛を思い起こさせるグローバルな記憶へと拡張した。また同年十二月に東京で開かれた「日本軍性奴隷制度を裁く女性国際戦犯法廷」は「慰安婦」制度を人道に対する罪と断じた。こうして「自国や社会の集合的記憶を批判し、他民族ひいては敵対する民族の痛みにも共感する新たな記憶文化(1)」が地球規模の記憶空間に登場し、連帯を目指したのである。

しかしながら、地球規模の記憶空間に登場したのはこうした記憶文化だけではなかった。林志弦は「国境を超える記憶の連帯は、脱領土化された批判的記憶の領域でだけでなく、民族主義的な記憶を再領土化する弁護論的な記憶、さらには否定論の領域でも起きることである(2)」と指摘する。例えば、広島とアウシュヴィッツの犠牲者の連帯は脱領土化された地球規模の記憶構成体の形成に向けた動きである一方で、自らの加害の歴史に向き合わなければ犠牲者としての記憶を国内で定着させる再領土化へつながっていく。また、アウシュヴィッツにはユダヤ人、ポーランドの殉教者、ソ連軍捕虜や社会主義者、ロマ、同性愛者、ポーランドのレジスタンスなど、様々な犠牲の記憶が積み重なっている。そのため、特定民族が専有物として自らの記憶に取り込む対象とされ、政治的競争の場になっている。

否定論のグローバル化は、「単刀直入な否定論」、歴史的事実の問題を道徳的な感情と行動の問題に変えてしまう「疑念の否定論」、犠牲者の証言の信頼度を低めるための武器として実証主義を用いる「実証主義的な否定論」といった多様な否定論が合従連衡して展開される。本書のいくつかの章で言及されるラムザイヤー論文もこの否定論のグローバル化という文脈に位置づけられるだろう。ラムザイヤー論文の内容的な問題に加えて、ラムザイヤー論文を通じて北米の日本に関する知の生産の構造的な問題を議論する米山リサの指摘は興味深い。ラムザイヤーは「日本のマジョリティ擁護／マイノリティ批判を通じて、同時に米国のマジョリティ擁護／マイノリティ批判をして(3)」いて、「ラムザイヤーの日本版被害者責任論は、北米の「文化戦争」を仕掛けたバックラッシュの動きと、歴史思想的にも社会学的にも、強力につながっている(4)」。このようなラムザイヤー論文のトランスナショナルなあり方からは、この論文が地球規模の記憶空間を前提として書かれ、また「記憶の戦争」の一端を担っているのがわかる。

ドラマ『PACHINKO パチンコ』（二〇二二年公開）はこうした記憶のグローバル化の流れのなか、アメリカで制作され、「Apple TV+」を通じてグローバルに配信された。日本による植民地支配下の朝鮮半島で生まれ育った人々が日本に渡って、子を産み、育て、生き抜いていく。こうした物語が舞台になった日韓両国だけでなく、世界中の人々の共感を呼ぶという前提があったからこそ制作されたドラマといえるだろう。一方、私がドラマ『パチンコ』を実際に観て印象的だったのは、在日コリアンの物語とも、韓国人の物語とも、ましてや日本の物語ともいいがたく、視点をどこに合わせて観ればいいのかわからない宙ぶらりんな感覚だった。いま、ドラマの舞台である日本と韓国、さらには日韓両国を足場として生きている人のなかに、ドラマ『パチンコ』を完全なる自分たちの物語、すなわち専有物として観ることができる人はいないのではないか。

例えば、私はこれまでの人生のほとんどを日本で、いわゆる日本人として暮らしてきた。その私にとって最も印象深かったのは、ドラマに出演する俳優の日本語の多彩さだった。例えば、主人公キム・ソンジャの次男モーザスを演じるパク・ソヒは、在日コリアンの俳優として在日コリアンを演じる。そして、その息子ソロモンを演じるジン・ハは韓国出身のアメリカ人俳優である。また、ユン・ヨジョン、イ・ミンホといった韓国で活躍する俳優が日本語を話すシーンも多い。したがって、ドラマのなかで在日コリアンを演じる彼らが話す日本語は、決して一様ではない。私は俳優たちの演技に引き込まれながらも、日本語の台詞を聞く際に緊張を強いられる。日本で制作されたドラマから聞こえてくる、意識せずとも頭に勝手に入ってくる滑らかな日本語ではなく、ゴツゴツとしていて注意深く聞き取らなければならないけれど、何かを強く伝えてくる日本語。こうして、私はドラマ『パチンコ』の世界へと誘われるのである。

おそらく私と同じような立場の人々はもちろん、異なる立場からこのドラマを観た人々も何らかの違和感を抱えながら、ソンジャと彼女の家族たちの物語に共感したのではないか。グローバルな物語として制作されたからこそ、どのような立場にある者に対しても違和感や緊張感を強いる。ドラマ『パチンコ』の可能性は、ここにある。このどこかしっくりこない感覚は、林志弦の言葉を借りるならば、特定の国民や民族の専有物として記憶を取り込む「記憶の再領土化」を阻む。そして、脱領土化された地球規模の記憶構成体の形成への道筋を示してくれるかもしれない。

注

(1) 林志弦『犠牲者意識ナショナリズム——国境を超える「記憶」の戦争』澤田克己訳、東洋経済新報社、二〇二二年、七八ページ
(2) 同書二九八ページ
(3) 米山リサ／板垣竜太「対談 共振する日米の歴史修正主義——ラムザイヤー論文という事件 上：「被害者有責論」の生産・流通構造」「世界」二〇二二年一月号、岩波書店、二四九ページ
(4) 同論考二五一ページ

コラム8　小説『パチンコ』と対照的な、マーク・ラムザイヤーの在日コリアン論文の語り

宮地忠彦

小説『パチンコ』が出版された二〇一七年ごろから、アメリカの日本研究者マーク・ラムザイヤーは在日コリアンに関する論文を英語圏で発表している。このうち民営警察の視点から関東大震災時の自警団による朝鮮人虐殺を検討した論文（以下、民営警察論文）と、社会資本論の観点から戦前期からの在日コリアンを検討した論文（以下、社会資本論文）は、小説やドラマ版『PACHINKO パチンコ』第1シーズンに関わる内容を含む[1]。実は両論文には在日コリアンを犯罪者予備軍と見なすような主張が認められる。この主張の一背景を明らかにするため、本コラムは、ラムザイヤーが史料として用いた「司法研究」収録の検事の調査報告とラムザイヤーがその史料から導き出したとする主張との相違を検討する。そのうえで、『パチンコ』の語りと対照的なラムザイヤーの在日コリアン史の語りの特徴を析出する。

はじめに、両論文での在日コリアンの犯罪に関するラムザイヤーの主張を整理する。ラムザイヤーは、民営警察論文で「司法研究」収録の新井育三「内地に於ける朝鮮人と其犯罪に就て」や国勢調査などに基づいて、若い男性の在日コリアンの犯罪発生率の高さを指摘した。そして彼らが犯罪者予備軍であり、関東大震災時の流言飛語で語られた犯罪も、そうした彼らの仕業であるかのように述べた[2]。また社会資本論文でも国勢調査などを踏まえ、当時の在日コリアンの多くが高い賃金を求めて渡日し、稼げるだけ稼いで帰郷する若い男性だった点や、彼らの犯罪発生率が高い点を説明した。そのうえで、彼らが機に乗じた振る舞いをして家主との間に借家紛議を起こしたことも「司法研究」収録の三木今二の調査に基づいて指摘した。社会資本論文は、以上の指摘の直後に、大震災時の流言飛語が伝えた犯罪、そしてコリアンによる「破壊活動」など

を説明した点で、民営警察論文と似た論理構成をもっていて、在日コリアンを犯罪者予備軍であると語ったように読める。[3]

ただし新井や三木の調査は、在日コリアンの犯罪発生率が高い要因として、当時の彼らの苦境を挙げた点で、ラムザイヤーの主張と異なる。新井の調査に関しては趙慶喜氏が検討しているため、[4]本コラムでは三木の調査で、在日コリアンの苦境と犯罪の関係がどう語られたかを分析する。

第一に、ラムザイヤーが渡日の動機として注目した在日コリアンの賃金は、朝鮮の労働者の賃金よりも高いが、日本内地では生活費も高く、日本の労働者よりも在日コリアンの賃金は低いから、在日コリアンが日本の内地で「相当切りつめた生活」をせざるをえないと三木は指摘した。[5]

第二に、三木によれば、当時の在日コリアンによる犯罪の約七五パーセントを占めた「窃盗賭博」のおもな原因は経済的困窮だった。[6]また大阪在住コリアンの間で、賭博や傷害の犯罪が工場労働者や職人に多い点に関して三木は「終日の労働に慰安を安価な酒に求め酒を食って骨牌を弄する〔麻雀で遊ぶ：引用者注〕か酩酊し些細な事より喧嘩を始めて犯行に出づる」と説明し「彼等の教養の無いことに同情の念を禁じ得ない」[7]と語った。さらにラムザイヤーが注目した借家紛議も、在日コリアンが「生活の諸圧迫に対抗」するために起こしていて、彼らの文化や経済生活の水準を日本人労働者並みに向上させなければ解決できないと三木は論じた。[8]

第三に、窃盗などの主原因である「経済的圧迫」を生み出した経済構造として、朝鮮農民の大部分が、日韓併合後の産業政策による「土地所有権の確立」などのせいで、生活の基礎である土地を失った点を三木は指摘した。そのため彼らは自分の労働力を売るしかない賃金労働者になった末、困窮して日本の内地へ移住したのである。[9]

以上の在日コリアンの苦境と犯罪の関係についての三木の説明に、ラムザイヤーは何ら関心をもたなかったようである。確かに三木の「同情」には、先述の賭博犯の労働者に関する主張にみられるとおり、在日コリアンを見下ろす視線があるが、在日コリアンを犯罪者予備軍のようにみる姿勢は三木にはない(10)。

この「コリアンは犯罪者である」という日本人の多数派のまなざしを、『パチンコ』の著者ミン・ジン・リーは滞日中に知ったと語っているが(11)、在日コリアンを犯罪者扱いするラムザイヤーの主張は、リーの指摘した多数派のまなざしを強めるものといえる。そして彼は、この主張を導くために、当時の史料から自説に合致する部分だけ利用し、先述の三木の調査にあったような都合が悪い説明を無視する歴史の語り方を選んだのである。

筆者が本書第6章第2節で検討したとおり、ミン・ジン・リーは、各登場人物たちの苦境に共感するフェアな姿勢を『パチンコ』の語り手に求めた。フェアな語り手が必要なのは、在日コリアン問題が論争的だからである。そしてフェアに語られる小説を通じ、リーはこの論争的な問題の歴史に関する「和解」を考え始めようとした。

一方ラムザイヤーは、在日コリアンの歴史について、彼らの犯罪を取り締まる検事の三木より、フェアでも「同情」的でもない語りを生み出した。そうした語りが読者を導く先に「分断」以外の何があるだろうか。

注

（1）J. Mark Ramseyer, “Privatizing Police: Japanese Police, the Korean Massacre, and Private Security Firms,” *Harvard Law School Discussion Paper*, No. 1008, 2019, “Social capital and the problem of opportunistic leadership: the example of Koreans in Japan,” *European Journal of Law and Economics*, Vol. 52, 2021, pp. 1-32.

（2）Ramseyer, “Privatizing Police,” p. 7、新井育三「内地に於ける朝鮮人と其犯罪に就て」「司法研究 第五輯 報告書集十」司法省調査課、一九二七年、五九―六四ページ

（3）Ramseyer, “Social capital and the problem of opportunistic leadership,” pp. 6, 13-16, 三木今二「内地に於ける朝鮮人とその犯罪に就て」「司法研究 第十七輯 報告書集二」司法省調査課、一九三三年、五二―六一ページ

（4）趙慶喜「歴史とアイデンティティの否定――朝鮮人虐殺とマイノリティ集団についてのラムザイヤー論文批判」、「女性・戦争・人権」学会学会誌編集委員会編「女性・戦争・人権」第二十号、行路社、二〇二二年、一〇八ページ
（5）前掲「内地に於ける朝鮮人とその犯罪に就て」四四―四五ページ
（6）同論考一六七―一六八、三〇一―三〇二ページ
（7）同論考二七九ページ
（8）同論考六一ページ。ただし三木は、借家紛議に関わる日本の内地人とコリアンの犯罪への断固とした対応も求めた。同論考二五九ページ
（9）同論考一六―一七ページ。なお朝鮮の農民の「賃金労働者」への「没落」を「資本主義化の必然的過程」と捉える三木と似た議論は、当時の京城大学の津曲蔵之丞「朝鮮に於ける小作問題の発展過程――その経済的並に法律的考察」（船田享二編『朝鮮経済の研究』所収、刀江書院、一九二九年）三三〇ページにある。そこで津曲は、朝鮮の小作人の「賃労働者」への「没落」が「近代的土地私有形態の必然的派生物」であり「資本制生産の本質的機構」だと論じた。三木がこの論文を参照したかは不明だが、両者の視点は明らかに似ている。その意味では、津曲のようなマルクス主義的な朝鮮経済像の一部が検事の三木にも受容されていたといえる。
（10）例えば前掲「内地に於ける朝鮮人とその犯罪に就て」二五三ページで三木は、借家紛議でのコリアンの犯罪が「一般の善良なる朝鮮人に対する家主の誤解を深めている」と嘆いた。
（11）“Min Jin Lee Discusses Her Acclaimed Novel “Pachinko””“YouTube”（https://www.youtube.com/watch?v=lvb4-uYK2x0）［二〇二三年六月三十日アクセス］

あとがき

玄武岩

本書はドラマ『PACHINKO パチンコ』をテーマにした国際シンポジウムとセミナーをきっかけとして誕生した。二〇二二年十月二十九日に東京大学で開催した国際シンポジウム「グローバルな物語としての「パチンコ」――「在日」の表象と植民地主義の記憶」では、オーストラリア国立大学名誉教授テッサ・モーリス＝スズキが基調講演をおこなった。第一部で、モーリス＝スズキ教授と、漢陽大学の鄭炳浩名誉教授、作家の姜信子氏が座談会をおこなった。続く第二部のパネルディスカッションでは、日本映画大学のハン・トンヒョン准教授、作家の深沢潮氏、大阪公立大学の伊地知紀子教授、専修大学の宮地忠彦准教授、創価大学の倉橋耕平准教授が問題提起して議論を交わした。

本シンポジウムは、コロナ禍のなかで対面参加者を制限しておこなうことになったが、オンライン参加者を含めるとおよそ五百人が参加するなど、大きな注目を集めた。

それに先立ち、同年八月二十日には北海道大学大学院メディア・コミュニケーション研究院と韓国言論学会との共催で、日韓合同セミナー「『パチンコ』、ＯＴＴと歴史的リアリティを語る」を開催した。同セミナーでは、世宗《セジョン》大学のイム・ジョンス教授、専修大学社会知性開発研究センターの小薗崇明客員研究員が研究発表をおこなった。本書は、これらの国際シンポジウム／セミナーの登壇者とコメンテーター、ならびに国際シンポジウムに向けて北海道大学大学院メディア・コミュニケーション研究院東アジアメディア研究センターが立ち上げた研究会の参加者が執筆した。ドラマ『パチンコ』のスー・ヒュー総括プロデューサーにもコラムを寄稿していただいた。

筆者は、東京大学の国際シンポジウムに参加した在阪済州島人についての研究が専門の高鮮徽氏に本書コラムの執筆を依頼した。高鮮徽氏は自身のブログ（韓国語）にドラマ『パチンコ』について文章を多数書いていて、とくに主人公の一人であるコ・ハンスについて、自身の研究成果に基づきながら済州島から日本への渡航過程を想像力を加味してひもといている。高鮮徽氏はコラムの執筆を快く引き受けてくれたが、闘病中の二〇二三年一月に死去した。高鮮徽氏のコラムは、筆者が氏のブログを再構成したもので、ご遺族の了承を得て掲載するものである。執筆者を代表して、高鮮徽氏のご冥福をお祈りします。

以上の国際的な議論の場は、筆者と早稲田大学の金敬黙教授、東京大学（二〇二三年十月現在は大妻女子大学）の李美淑准教授、跡見女子学園大学の松井理恵准教授が中心となって遂行する韓国国際交流財団の海外支援研究プロジェクト Political Sociology of the 'Korea-Japan Solidarity' の研究活動の一環として企画したものである。また、前記四人も共同研究者として参加する科学研究費補助金基盤研究（B）「親密圏と公共圏からみる〈日韓連帯〉の政治社会学」（研究代表者：玄武岩）の研究活動とも連携した。

国際シンポジウムと日韓合同セミナーで問題提起・研究発表をおこなった登壇者とコメンテーター、通訳、スタッフなどシンポジウム／セミナーの実施に向けてご協力いただいた方々にお礼を申し上げたい。青弓社の矢野未知生さんには本書の出版に向けて様々なアドバイスをいただいた。シンポジウム／セミナーの記録を「ドラマ本」として出版するための適切な助言がなければ、本書が日の目を見ることはなかっただろう。この場を借りてお礼を申し上げたい。

なお、本書の出版にあたり、北海道大学大学院メディア・コミュニケーション研究院共同研究補助金の出版助成を受けた。また、同研究院東アジアメディア研究センターの経費も活用した。

このように多方面にわたる方々の参画や研究・出版助成によって生まれた『パチンコ』本が、一ドラマについての分析にとどまらず、大衆文化として現れるポストコロニアルの東アジアでの感情の政治学（レオ・チン）について議論するプラットフォームとして意義を示すことになれば幸いである。

二〇二三年十月九日　　編者を代表して

小薗崇明（こぞの たかあき）
政治経済研究所付属東京大空襲・戦災資料センター研究員
専門は日本近現代史、災害史
著書に『写真集関東大震災』（西日本出版社）、共編著に『子どもとつくる平和の教室』（はるか書房）、共著に『関東大震災 記憶の継承』（日本経済評論社）など

高鮮徽（コ ソンフィ）
中央大学、立教大学などで非常勤講師を務める
専門は社会学
著書に『20世紀の滞日済州島人』（明石書店）、『在日済州島出身者の生活過程』（新幹社）、共著に『排外主義の国際比較』（ミネルヴァ書房）など

武藤 優（むとう ゆう）
北海道大学大学院メディア・コミュニケーション研究院学術研究員
専門は朝鮮近代史
共著に『東アジアとの対話』（花書院）、論文に「「皇国臣民誓詞之柱」と李王職雅楽部」（「韓国朝鮮の文化と社会」第21号）、「「朝鮮雅楽」の公開演奏」（「韓国朝鮮の文化と社会」第18号）など

藤野陽平（ふじの ようへい）
北海道大学大学院メディア・コミュニケーション研究院准教授
専門は文化人類学
著書に『台湾における民衆キリスト教の人類学』（風響社）、共編著に『モノとメディアの人類学』（ナカニシヤ出版）、『ミャンマーの民主化を求めて』（寿郎社）など

倉橋耕平（くらはし こうへい）
創価大学文学部准教授
専門は社会学、メディア文化論、ジェンダー論
著書に『歴史修正主義とサブカルチャー』（青弓社）、共著に『教養としての歴史問題』（東洋経済新報社）、『ネット右翼とは何か』（青弓社）、監訳書にレオ・チン『反日』（人文書院）など

イム・ジョンス
世宗大学校メディア・コミュニケーション学科教授
専門は文化理論、サイバー・コミュニケーション論
共著に『イカゲームとコンテンツ革命』（人物と思想社）、『ジャーナリズム・モーフォシス』（ファンダムブックス）など

趙慶喜（チョ キョンヒ）
聖公会大学東アジア研究所教員
専門は歴史社会学、マイノリティ研究
共編著に『主権の野蛮』『「私」を証明する』（ともにハンウル）、共著に『残余の声を聴く』（明石書店）、共訳書に金東椿『朝鮮戦争の社会史』（平凡社）など

れ、ふたたび』(新泉社)、『忘却の野に春を想う』(山内明美との共著、白水社)、『語りと祈り』(みすず書房) など、著書多数。編著に『死ぬふりだけでやめとけや 谺雄二詩文集』(みすず書房)、『金石範評論集Ⅰ・Ⅱ』(明石書店)、『被災物 モノ語りは増殖する』(かたばみ書房) など。また訳書に『あなたたちの天国』(李清俊、みすず書房)、詩集『数学者の朝』(キム・ソヨン、CUON)、監訳に『奥歯を噛みしめる』(キム・ソヨン、かたばみ書房) などがある

李成市 (リ ソンシ)
早稲田大学文学学術院名誉教授
専門は東アジア史
著書に『東アジアの王権と交易』(青木書店)、『古代東アジアの民族と国家』『闘争の場としての古代史』(ともに岩波書店)、『東アジア文化圏の形成』(山川出版社)、編著に『植民地近代の視座』(岩波書店)、『東アジアのなかの二・八独立宣言』(明石書店) など

伊地知紀子 (いぢち のりこ)
大阪公立大学文学研究科教授
専門は文化人類学、朝鮮地域研究、生活世界の社会学
著書に『在日朝鮮人の名前』(明石書店)、『生活世界の創造と実践』(御茶の水書房)、『消されたマッコリ。』(社会評論社)、共著に『阪神都市圏の研究』(ナカニシヤ出版)、『和解をめぐる市民運動の取り組み』(明石書店) など

スー・ヒュー
テレビ脚本家/プロデューサー
ドラマ『パチンコ』で構成・脚本・製作総指揮を務める
代表作に *The Whispers* (2015)、*The Terror* (2018) など

ハン・トンヒョン
日本映画大学教授
専門は社会学、ネイションとエスニシティ
著書に『チマ・チョゴリ制服の民族誌《エスノグラフィー》』(双風舎)、共著に『ポリティカル・コレクトネスからどこへ』(有斐閣)、『韓国映画・ドラマ わたしたちのおしゃべりの記録 2014~2020』(駒草出版)、『朝鮮籍とは何か』(明石書店)、『平成史【完全版】』(河出書房新社) など

深沢 潮 (ふかざわ うしお)
小説家
著書に『李の花は散っても』(朝日新聞出版)、『わたしのアグアをさがして』『翡翠色の海へうたう』(ともに KADOKAWA)、『乳房のくにで』(双葉社) など

宮地忠彦 (みやち ただひこ)
専修大学法学部准教授
専門は現代日本政治論、近現代日本の警察の社会史
著書に『震災と治安秩序構想』(クレイン)、共著に『自由主義の政治家と政治思想』(中央公論新社)、論文に「警察の「大正民主主義」再考」(「日本史研究」第666号) など

［編著者略歴］

玄武岩（ヒョン ムアン）
北海道大学大学院メディア・コミュニケーション研究院教授
専門はメディア文化論、日韓関係論
著書に『〈ポスト帝国〉の東アジア』（青弓社）、『「反日」と「嫌韓」の同時代史』（勉誠出版）、『コリアン・ネットワーク』（北海道大学出版会）など

金敬黙（キム ギョンムク）
早稲田大学文学学術院教授
専門は東アジア市民社会論、平和研究、NGO 論
著書に『越境する NGO ネットワーク』（明石書店）、編著に『越境する平和学』（法律文化社）など

李美淑（イ ミスク）
大妻女子大学文学部准教授
専門はメディア研究、ジャーナリズム研究
著書に『「日韓連帯運動」の時代』（東京大学出版会）、共著に『ジェンダーで学ぶメディア論』（世界思想社）、『いいね！ ボタンを押す前に』『足をどかしてくれませんか。』（ともに亜紀書房）など

松井理恵（まつい りえ）
跡見学園女子大学観光コミュニティ学部准教授
専門は社会学
論文に「方法としての「朝鮮」」（「部落解放研究」第27号）、「植民地朝鮮とは何か」（「理論と動態」第11号）、編訳書にハーゲン・クー『特権と不安』（岩波書店）など

［著者略歴］

テッサ・モーリス＝スズキ（Tessa Morris-Suzuki）
AUSTRALIAN INSTITUTE OF INTERNATIONAL AFFAIRS フェロー、オーストラリア国立大学名誉教授
専門は歴史学、日本近代史
著書に『過去は死なない』（岩波書店）、『批判的想像力のために』（平凡社）、『北朝鮮へのエクソダス』（朝日新聞社）、『辺境から眺める』（みすず書房）など多数

鄭炳浩（チョン ビョンホ）
漢陽大学名誉教授、アメリカ・イリノイ大学で人類学の博士号を取得
専門は文化変動論、実践人類学
韓国の共同保育と共同体教育運動を導きながら、北朝鮮の子どもの飢餓救護活動、脱北青少年教育支援に関わる
著書に『人類学者がのぞいた北朝鮮』（青土社）、共著に *North Korea*（Rowman & Littlefield Publishers〔鄭炳浩／権憲益『「劇場国家」北朝鮮』法政大学出版局〕）など

姜信子（きょう のぶこ／カン シンジャ）
横浜生まれ。『生きとし生ける空白の物語』（港の人）、『現代説経集』（ぷねうま舎）、『はじま

グローバルな物語《ものがたり》の時代《じだい》と歴史表象《れきしひょうしょう》

『PACHINKO パチンコ』が紡ぐ植民地主義の記憶

発行――――2024年2月22日　第1刷
定価――――2800円＋税
編著者―――玄武岩／金敬黙／李美淑／松井理恵
発行者―――矢野未知生
発行所―――株式会社青弓社
〒162-0801 東京都新宿区山吹町337
電話 03-3268-0381（代）
http://www.seikyusha.co.jp
印刷所―――三松堂
製本所―――三松堂

ISBN978-4-7872-3532-9　C0036

倉橋耕平

歴史修正主義とサブカルチャー

90年代保守言説のメディア文化

なぜ歴史修正主義（歴史否定論）を支持するのか――。自己啓発書や雑誌、マンガ、新聞報道などを対象に、1990年代の保守言説とメディア文化の結び付きをアマチュアリズムと参加型文化の視点からあぶり出す。　定価1600円＋税

鄭康烈

新自由主義の時代の在日コリアン

オールドカマー移民の分極化と交差性

現代を生きる在日コリアンの経験を、人種やエスニシティ、ジェンダーなどの複数の要因の絡み合いを想定する交差性の視角から分析し、移民としての背景をもつエスニック集団が直面する社会的不平等の実相に迫る。定価3400円＋税

ポリタスTV編　山口智美／斉藤正美

宗教右派とフェミニズム

1990年代に始まったバックラッシュから、安倍政権以後の家族や女性、LGBTQ＋をめぐる政策と右派・宗教との関係までを、具体的な政策や右派運動、テーマにフォーカスして解説し、問題点を批判的に検証する。定価1800円＋税

河合優子

日本の人種主義

トランスナショナルな視点からの入門書

欧米と日本の人種主義の歴史的・社会的な背景、基本的な知識を押さえたうえで、差別、偏見とステレオタイプ、アイデンティティなどの視点から、私たちの日常的な意識や振る舞いに潜む人種主義を浮き彫りにする。定価1800円＋税

伊藤昌亮

ネット右派の歴史社会学

アンダーグラウンド平成史1990－2000年代

保守的・愛国的な信条を背景に、その言動で他者を排撃するネット右派。彼らはどのように日本社会を侵食していったのか。政治・文化・社会問題・運動など、日本社会に全面展開するネット右派の現代史を描く。　定価3000円＋税